KB206119

CNB 547 에스라–느헤미야–에스더서 구속사 관점 강해
역사의 암울한 시대에 보여주는 소망의 메시지

에스라 · 느헤미야 · 에스더

이 광 호

2023

교회와성경

지은이 | 이광호

영남대학교와 경북대학교대학원에서 법학과 서양사학을 공부했으며, 고려신학대학원
(M.Div.)과 ACTS(Th.M.)에서 신학일반 및 조직신학을 공부한 후 대구 가톨릭대학교
(Ph.D.)에서 선교학을 위한 비교종교학을 연구하였다. '홍은개혁신학연구원'에서 성경신
학 담당교수를 비롯해 고신대학교, 고려신학대학원, 영남신학대학교, 브니엘신학교, 대구
가톨릭대학교, 숭실대학교 등에서 학생들을 가르쳤으며, 이슬람 전문선교단체인 국제
WIN선교회 한국대표, 한국개혁장로회신학교 교장을 지냈다. 현재는 실로암교회에서 담
임목회를 하면서 한국개혁장로회신학교와 부경신학연구원에서 강의하고 있다.

저서

- 성경에 나타난 성도의 사회참여(1990)
- 갈라디아서 강해(1990)
- 더불어 나누는 즐거움(1995)
- 기독교관점에서 본 세계문화사(1998)
- 세계 선교의 새로운 과제들(1998)
- 이슬람과 한국의 민간신앙(1998)
- 아빠, 교회 그만하고 슈퍼하자요(1995)
- 교회와 신앙(2002)
- 한국교회 무엇을 개혁할 것인가(2004)
- 한의 학제적 연구(공저)(2004)
- 세상속의 교회(2005)
- 한국교회의 문제점과 극복방안(공저)(2005)
- 교회, 변화인가 변질인가(2015)
- CNB 501 에세이 산상수훈(2005)
- CNB 502 예수님 생애 마지막 7일(2006)
- CNB 503 구약신학의 구속사적 이해(2006)
- CNB 504 신약신학의 구속사적 이해(2006)
- CNB 505 창세기(2007)
- CNB 506 바울의 생애와 바울서신(2007)
- CNB 507 손에 잡히는 신앙생활(2007)
- CNB 508 아름다운 신앙생활(2007)
- CNB 509 열매 맺는 신앙생활(2007)
- CNB 510 웨스트민스터 신앙고백(2008)
- CNB 511 사무엘서(2010)
- CNB 512 요한복음(2009)
- CNB 513 요한계시록(2009)
- CNB 514 로마서(2010)
- CNB 515 야고보서(2010)
- CNB 516 다니엘서(2011)
- CNB 517 열왕기상하(2011)

- CNB 518 고린도전서(2012)
- CNB 519 개혁조직신학(2012)
- CNB 520 마태복음(2013)
- CNB 521 히브리서(2013)
- CNB 522 출애굽기(2013)
- CNB 523 목회서신(2014)
- CNB 524 사사기, 룻기(2014)
- CNB 525 옥중서신(2014)
- CNB 526 요한 1, 2, 3서, 유다서(2014)
- CNB 527 레위기(2015)
- CNB 528 스코틀랜드 신앙고백서(2015)
- CNB 529 이사야(2016)
- CNB 530 갈라디아서(2016)
- CNB 531 잠언(2017)
- CNB 532 욥기(2018)
- CNB 533 교회헌법해설(2018)
- CNB 534 사도행전(2018)
- CNB 535 소선지서(I)(2018)
- CNB 536 소선지서(II)(2019)
- CNB 537 시대 분별과 신학적 균형(2019)
- CNB 538 역대상, 하(2019)
- CNB 539 누가복음(2020)
- CNB 540 신명기(2021)
- CNB 541 아가서(2021)
- CNB 542 베드로전후서(2021)
- CNB 543 전도서(2021)
- CNB 544 예레미야, 예레미야애가(2022)
- CNB 545 여호수아(2022)
- CNB 546 데살로니가전후서(2022)

역서

- 모슬렘 세계에 예수 그리스도를 심자(Charles R. Marsh, 1985년, CLC)
  - 예수님의 수제자들(F. F. Bruce, 1988년, CLC)
  - 치유함을 받으라(Colin Urquhart, 1988년, CLC)

홈페이지 http://siloam-church.org

에스라 · 느헤미야 · 에스더

CNB 547

에스라 · 느헤미야 · 에스더

A Study on the Book of Ezra, Nehemiah, Esther
by Kwangho Lee
Copyright ⓒ 2023 by Kwangho Lee

Published by the Church & Bible Publishing House

초판 인쇄 ∣ 2023년 1월 23일
초판 발행 ∣ 2023년 1월 30일

발행처 ∣ 교회와성경
주소 ∣ 평택시 특구로 43번길 90 (서정동)
전화 ∣ 070-4894-7722
등록번호 ∣ 제2012-03호
등록일자 ∣ 2012년 7월 12일

발행인 ∣ 문민규
지은이 ∣ 이광호
편집주간 ∣ 송영찬
편집 ∣ 신명기
디자인 ∣ 조혜진

─────────────────────
총판 ∣ (주) 비전북출판유통
주소 ∣ 경기도 고양시 일산구 장항동 568-17호 (우) 411-834
전화 ∣ 031-907-3927(대)   팩스 031-905-3927

─────────────────────
저작권자 ⓒ 2023 이광호

값은 표지에 있습니다.
파손된 책은 구입처나 출판사에서 교환해 드립니다.
ISBN 978-89-98322-45-8 93230

Printed in Seoul of Korea

CNB카페 ∣ http://cafe.daum.net/C.N.B.(교회와 성경)

CNB 시리즈
서 문

CNB The Church and The Bible 시리즈는 개혁신앙의 교회관과 성경신학적 구속사 해석에 근거한 신·구약 성경 연구 시리즈이다.

이 시리즈는 보다 정확한 성경 본문 해석을 바탕으로 역사적 개혁 교회의 면모를 조명하고 우리 시대의 교회가 마땅히 추구해야 할 방향을 제시함으로써 교회의 삶과 문화를 창달하는 것을 그 목적으로 하고 있다.

따라서 이 시리즈는 진지하게 성경을 연구하며 본문이 제시하는 메시지에 충실하고 있다. 그렇다고 이 시리즈가 다분히 학문적이거나 또는 적용이라는 의미에 국한되지 않는다. 학구적인 자세는 변함 없지만 궁극적으로 하나님의 나라를 지향함에 있어 개혁주의 교회관을 분명히 하기 위해 보다 더 관심을 가진다는 의미이다.

본 시리즈의 집필자들은 이미 신·구약 계시로써 말씀하셨던 하나님께서 지금도 말씀하고 계시며, 몸된 교회의 머리이자 영원한 왕이신 그리스도께서 지금도 통치하시며, 태초부터 모든 성도들을 부르시어 복음으로 성장하게 하시는 성령께서 지금도 구원 사역을 성취하심으로써 창세로부터 종말에 이르기까지 거룩한 나라로서 교회가 여전히 존재하고 있음을 그 무엇보다도 중요하게 여기고 있다.

아무쪼록 이 시리즈를 통해 계시에 근거한 바른 교회관과 성경관을 가지고 이 땅에 진정한 그리스도인의 삶과 문화가 확장되기를 바라는 바이다.

시리즈 편집인

송영찬 목사, 교회와성경 편집인, 샤로수교회, M.Div.
이광호 목사, 한국개혁장로회신학교 교장, 실로암교회, Ph.D.

에스라 · 느헤미야 · 에스더

머리말

BC 587년 바벨론 제국의 느부갓네살 왕에 의해 예루살렘 성전과 성벽이 파괴됨으로써 유다 왕국이 패망하자 많은 백성이 포로가 되어 이방 지역으로 사로잡혀갔다. 그후 BC 538년 페르시아 제국이 바벨론을 멸망시키고 세력을 장악하자 나라를 개국한 고레스 왕은 특별한 칙령을 내려 유다인들에게 본토로 돌아가도록 허용하였다.

고레스 왕의 칙령에 따라 유다인들은 세 차례에 걸쳐 본토로 귀환하게 된다. 물론 그 주된 목적은 파괴된 예루살렘을 회복하는 일이었다. 그 일을 위해 스룹바벨과 예수아가 BC 538년에 첫 번째로 귀환하고, BC 458년에는 에스라가 두 번째로 귀환하였다. 그리고 BC 444년에 느헤미야가 세 번째로 귀환하게 되었다. 하지만 예루살렘을 회복하는 일에는 여러 가지 정치적인 우여곡절이 많이 있었다.

스룹바벨과 예수아는 고레스의 칙령에 따라 예루살렘에 도착했으나 성전 재건이 순조롭지 못했다. 고레스 왕의 뒤를 이은 아닥사스다로 칭함을 받은 캄비세스가 그 공사에 제동을 걸었기 때문이다. 아닥사스다의 뒤를 이은 다리오 왕 때인 BC 516년이 되어서야 비로소 파괴된 예루살렘 성전을 재건할 수 있었다.

다리오 왕의 통치 후반기에는 이오니아 지역에서 페르시아 제국에 저항하는 세력이 일어나게 되었다. 그로 인해 BC 492년과 490년에 그리스인들을 상대로 한 페르시아 전쟁이 있었다. 하지만 페르시아는 이 두 번의 전쟁에서 실패하였다. 그 다음에 다리오 왕을 계승한 아하수에로 왕이 BC 485년에 즉위하고 나서 몇 년이 지난 BC 480년에 한 번

더 그리스인들을 침공하지만, 이 전쟁에서도 성공을 거두지 못했다.

이처럼 페르시아 제국의 복잡한 정치적 상황 가운데 유다 민족 출신인 에스더가 아하수에로 왕의 왕후 자리에 오르게 된다. 그리고 에스더의 사촌 오라비인 모르드개가 총리대신의 자리에 올라 아하수에로 왕 아래에서 전 페르시아 제국을 총괄하게 되었다. 그 모든 일은 하나님의 섭리와 경륜에 따른 것이었다.

이는 과거와 달리 그 시대에 변화된 유다인들의 위상을 잘 말해주고 있다. 그러던 중 BC 465년에는 아하수에로 왕이 자기의 신하에 의해 피살되는 사건이 발생하게 된다. 그러나 왕자였던 아닥사스다 1세가 그 신하를 처형하고 왕위에 오른다. 아닥사스다 1세는 아버지와 왕후 에스더, 그리고 총리대신 모르드개를 보면서 유다인들에 대한 우호적인 감정을 지니고 있었다.

이러한 아닥사스다가 통치하던 시기에 학사 겸 제사장이었던 에스라가 왕의 허락으로 유다 백성들을 인도하여 두 번째 예루살렘으로 귀환하게 되었다. 에스라는 흐트러진 백성들을 다잡아 하나님의 율법을 가르치며 메시아를 기다리는 민족적 정체성을 확립하고자 애썼다. 언약의 자손들이 하나님의 도성 안에 세워진 거룩한 성전에서 하나님을 경배하며 살아가는 근거는 오직 모세 율법에 기초하고 있어야만 했다.

그리고 십여 년이 지난 후에는 아닥사스다 왕이 예루살렘 성벽을 중건하고자 하는 느헤미야를 예루살렘으로 보내주게 된다. 느헤미야의 주된 임무는 바벨론 제국의 느부갓네살에 의해 허물어진 예루살렘 성벽을 중수하는 일이었다. 그것은 하나님의 성전을 보호하고, 동시에 제사장들로 하여금 원만한 제사를 지내게 하는 일과 연관되어 있었다. 그 성전을 통해 장차 이 땅에 메시아가 오실 것이기 때문이다. 이러한 과정을 통해 하나님께서는 메시아를 보내시고자 하는 자신의 뜻을 진행해 나가셨다.

오래전 바벨론은 BC 605년, BC 598년, BC 587년 세 차례에 걸쳐 유다 백성을 이방 지역으로 잡아감으로써 그들의 정체성을 무너뜨리고 급기야는 성전과 성벽을 완전히 허물어 버렸다. 그리하여 언약의 자손들은 이방 땅에 머물며 예루살렘의 성전과 성벽이 사라진 상태에서 신음하며 살아가야만 했다.

나중 세계를 제패한 페르시아 제국은 앞의 바벨론 제국과는 달리 BC 538년, BC 458년, BC 444년 세 차례에 걸쳐 포로로 잡혀 온 유다 민족을 예루살렘으로 되돌려 보냈다. 유다인들은 약화된 율법과 파괴된 성전과 허물어진 성벽을 다시금 세워 원상태로 회복하게 되었다. 하나님께서는 이를 통해 장차 이 땅에 오실 메시아의 강림을 예비하도록 하셨다.

이처럼 포로 생활에서 귀환한 스룹바벨과 에스라를 거쳐 느헤미야가 그 시대에 예루살렘 성벽을 중수했던 것은 메시아 언약과 밀접하게 연관되어 있음을 기억해야 한다. 나아가 우리는 이스라엘 자손들의 바벨론 포로 이후 귀환한 시대의 역사를 보여주는 에스라서, 느헤미야서, 에스더서를 통해 실제적인 교훈을 받아야 한다. 그리고 그 신앙 정신을 이어받아 구체적으로 적용하며 실천할 수 있어야 한다.

이 책이 나오기까지 많은 힘을 기울인 CNB(교회와 성경) 송영찬 목사님을 비롯한 관계자 여러분께 깊이 감사드린다. 그리고 실로암교회 성도님들과 한국개혁장로회신학교 학생들의 사랑을 기억한다. 또한 교정을 보며 수고한 아내 정정희와 신학생 최은숙, 김지분, 연로하신 부모님이신 이재일 장로님과 김옥금 권사님께 고마운 마음을 남긴다.

2023년 1월

아름다운 못 대미지(大美池)가 내려다보이는
실로암교회 서재에서
이광호 목사

차 례

에스라

제1부 | 스룹바벨의 인도로 포로에서 귀환한 백성의 성전 재건 역사

제2부 | 에스라의 인도로 귀환한 백성과 개혁 운동

느헤미야

에스더

에스라, 느헤미야, 에스더 개괄

〈1〉 포로 귀환 시대 역사서의 특징

에스라서, 에스더서, 느헤미야서는 포로 귀환 시대 역사서라 할 수 있다. 다른 역사서들에 비해 이 책들에는 유다 왕국이 패망한 이후 이스라엘 자손이 바벨론의 느부갓네살에 의해 포로로 잡혀갔다가, 가나안 본토로의 귀환과 그 이후 사건들이 기록되어 있다.

이 서책들은 역사적 발생 순서대로 성경에 수록된 것이 아니다. 그 기록자의 순서로 따지자면 에스더, 에스라, 느헤미야의 순으로 사건들이 전개되고 있다. 물론 에스라서에는 고레스 왕의 칙령에 따라 유다 자손들이 첫 번째 귀환한 사건부터 기록되어 있어서 그 상황을 전체적으로 보여주고 있다.

우리는 이 포로 귀환 시대 역사서들을 왕정사와 구속사, 그리고 그와 더불어 그 가운데 혼재하는 사건들을 이해할 수 있어야 한다. 하나님께서 유다 자손들을 바벨론 포로에서 해방시켜 가나안 본토로 인도하신 것은 예루살렘 성전과 성곽을 중수하여 그 가운데서 하나님의 율법에 따라 살게 하시기 위해서였다.

이는 그들이 본토로 돌아와 평안한 삶을 살도록 하고자 하는 것이 목

16

적이 아니었다. 유다 자손들이 본토로 돌아왔다고 해서 그들이 국가적 혹은 민족적으로 독립한 것은 아니다. 그들은 여전히 페르시아의 통치 아래 있었으며 이방인들의 권력 지배를 받아야만 했다.

그럼에도 불구하고 그들은 예루살렘과 거룩한 성전을 중심으로 이방 인들과 구별되는 삶을 살도록 허락되었다. 그들이 그렇게 했던 것은 장차 오실 메시아를 기다리며 소망하는 것에 연관되어 있다. 재건된 예루살렘 성전에서 제사장들이 율법에 따라 제물을 바치며 제사를 지냄으로써 장차 이땅에 오셔서 완벽한 희생 제사인 십자가 사역을 감당하실 주님을 바라볼 수 있었다.

〈2〉 페르시아 왕정사의 개략

우리가 성경의 역사서들을 올바르게 깨닫기 위해서 먼저 그에 연관된 일반 왕정사(王政史)를 이해할 필요가 있다. 그 가운데 반드시 기억해야 할 바는 제국의 중심에 존재한 여러 통치자들이다. 먼저 페르시아 제국을 세운 고레스 왕과 그 뒤를 이은 아닥사스다 곧 캄비세스 왕을 기억해야 한다. 그리고 조로아스터교 사제 출신인 가우마타(Gaumata)는 BC 522년 혼란한 국제 정세를 틈타 자신을 이미 암살당한 캄비세스의 동생 스메르디스(Smerdis)라 속이고 반란을 일으켰다. 하지만 불과 7개월이 지나지 않아 다리오가 그를 제압하고 적법한 왕위에 오르게 되었다.

또한 다리오 왕을 이은 아하수에로 왕과 그 뒤를 이어 왕위를 계승한 아닥사스다 1세 왕이 있다. 이들이 후기 역사서에서 페르시아 제국을 통치한 통치자들이다. 우리는 여기서 '왕'의 칭호에 대한 이해를 어느 정도 해야 한다. 먼저 바벨론 왕 벨사살의 정권을 무너뜨리고 페르시아 제국의 초대 왕위에 올랐던 '고레스'(Cyrus)는 그의 성명(姓名)을 일컫는 고유명사가 아니다. 그것은 '태양'이란 의미를 지닌 최고 통치자에게 부여된 칭호였다.

그리고 페르시아 제국의 통치자들 가운데 '아닥사스다'란 칭호를 가진 왕들은 여러 명이 있었다. 그 의미는 '대왕'(大王)이란 뜻을 지니고 있으며 실상은 종교성을 지닌 신적인 권위를 드러내는 것으로 이해된다. 여기서 '아닥사스다'는 '아르타크세르크세스'(Arta-Xerxes)의 한글식 음역이다. 고레스의 뒤를 이어 왕위를 계승한 캄비세스도 그 칭호를 가졌다.

이는 나중 에스더의 남편 아하수에로 왕의 다른 칭호인 '크세르크세스'(Xerxes)와 유사한 것으로 이해할 수 있다. 캄비세스가 '아닥사스다' 곧 '아르타크세르크세스'의 칭호를 가진 것과 후일 아하수에로 왕을 계승한 그의 아들이 동일한 이름 '아닥사스다'(1세)로 불린 것은 제국의 역사 과정에서 자연스럽게 진행되었다.

아하수에로 왕이 '크세르크세스'로 불린 것 역시 과거 캄비세스의 칭호와 연관되어 주어진 이름으로 이해할 수 있다. 물론 '아르타크세르크세스'와 '크세르크세스' 두 호칭 사이에 실제적인 권위의 차이가 난 것 같지 않다. 나중에는 페르시아 제국의 여러 왕들이 '아닥사스다'(Arta-Xerxes)라는 동일한 칭호를 가지게 된다.

우리는 여기서 그 특별한 이름을 이해하기 위해 '아르타'(Arta)라는 용어를 생각해 볼 필요가 있다. 고대 페르시아어에서 '아샤'(Asha)와 동일한 의미를 지닌 '아르타'는 조로아스터교의 신(神)과 연관된 중요한 개념을 내포하고 있었다. 즉 '아르타'와 '아샤'는 진리의 원천과 불의 심판에 연관된다는 것이다. 따라서 그들의 경전이라 할 수 있는 '가타'(Gathas)에서는 '아르타'가 신과 불가분의 관계에서 쓰인 용어라고 한다(Wikipedia, 참조).

따라서 '아닥사스다'(Arta-Xerxes)는 신적인 존재로서 왕을 일컫는 페르시아의 특별한 호칭으로 이해할 수 있다. 즉 페르시아 제국에서 왕은 신적인 권위를 소유한 자로 받아들여졌다. 바로 그 왕들이 통치하는 페르시아의 정치적 환경을 통해 여호와 하나님의 구속사가 진행되었다. 제국의 통치자들이 왕국을 이끌어갈 때 하나님께서는 그 가운데서 자신의 거룩한 역사를 이루어 가셨다.

〈3〉 하나님의 구속사와 정치적인 사건

고레스 왕이 BC 538년 칙령을 내림으로써 유다인들이 본토로 귀환하게 되었을 때 하나님께서는 스룹바벨과 예수아를 지도자로 세워 언약의 자손들을 본토로 인도하셨다. 물론 하나님이 페르시아의 통치자인 고레스의 마음을 움직이셨다. 하지만 그들이 가나안 본토로 돌아와 성전 기초를 놓았으나 중간에 캄비세스 왕의 방해 공작으로 인해 공사가 중단될 수밖에 없었다.

그러다가 다리오 왕이 즉위한 후 BC 516년이 되어서야 드디어 예루살렘 성전이 완공된다. 모리아 산 위에 하나님 성전을 세우게 되자 그곳에서 하나님을 향한 제사가 정상적으로 드려지게 되었다. 그렇다고 해서 주변에 있던 이방인들에 의한 방해가 완전히 사라진 것은 아니었다. 오히려 그것을 시기하는 자들이 많이 나타났다.

그런 와중에 다리오 왕이 통치하던 시기 말기에 이오니아 반란이 일어났으며 그것을 진압하는 과정에서, BC 492년과 490년에는 그리스와 맞서 싸우는 페르시아 전쟁이 발발했다. 그리고 아하수에로 왕이 통치하던 때인 BC 480년 세 번째 전쟁을 일으켰다. 하지만 페르시아인들은 그 전쟁에서 승리를 거두지 못하고 패배하게 되었다.

그즈음에 아하수에로 왕 곧 크세르크세스 때는 일부 정치인 중에 유다인들을 말살시키려는 운동이 일어났다. 하지만 하나님께서는 유다인들을 보호하여 도리어 민족적 정체성을 유지하게 해 주셨다. 그 와중에 에스더가 기적적인 방법으로 아하수에로 왕의 왕비가 되었다. 그리고 모르드개가 페르시아 제국의 왕 다음가는 최고 권력자인 총리대신의 자리에 올랐으며 그 과정에서 유다인들이 대적자들을 물리치고 '부림절'과 더불어 확실한 민족 정체성을 회복하게 되었다.

나중 BC 465년에는 아하수에로 왕이 신하였던 아르파타나에 의해 암살당하게 된다. 그 정변을 일으킨 자를 죽이고 왕의 권좌에 오른 자가 왕자였던 아닥사스다 1세이다. 그가 정치하던 시대에 이스라엘 민족 지도자 가운데 한 사람이 학사 겸 제사장 에스라였다. 하나님께서는 BC 458년 그로 하여금 백성들과 함께 가나안 본토로 귀환시켜 하나님의 율법을 따르도록 백성들을 가르치고 지도하는 직무를 맡겼다.

그후 하나님께서는 아닥사스다 1세의 마음을 움직여 느헤미야를 가나안 본토로 보내셨다. 그는 유다 백성들 가운데 사역하는 전문 종교인이 아니라 페르시아 제국의 고위 정치 관료였다. 그는 왕의 측근에서 술을 관리하던 공직자 출신의 총독이었으나 예루살렘에서 성벽을 중수하는 중요한 직무를 담당했다.

느헤미야가 가나안 본토로 돌아와 많은 반대 세력을 물리치고 폐허된 예루살렘 성벽을 재건함으로써 마침내 하나님께서 요구하신 모든 일이 완성된 것으로 볼 수 있다. 즉 예루살렘 성벽이 다시금 세워지게 되어 성전과 그 성읍 안에 거하는 백성들을 보호할 수 있게 되었다. 이는 바벨론에 의해 파괴된 성전을 재건하고 성벽을 중수함으로써 하나님을 향한 제사 행위가 원활하게 진행되도록 보호하는 기틀이 마련되었음을 말해주고 있다.

에스라

서 문

에스라서는 바벨론 포로 생활 이후, 유다 족속의 가나안 본토 귀환 초기 내용부터 기록하고 있으나 역사적 순서로 보아 에스더서보다 나중이자 느헤미야서보다는 앞선 시기의 것으로 이해할 수 있다. 페르시아 제국을 세운 고레스 왕은 칙령을 내려 유다인들의 본토 귀환과 더불어 예루살렘 성전과 성읍을 재건하도록 허락했다. 그에 따라 예루살렘으로 돌아온 스룹바벨은 성전 기초석을 놓았지만(스3:8-13; 슥4:9, 참조) 공사를 지속하기 어려웠다.

이는 고레스를 계승한 캄비세스 왕 곧 아닥사스다가 성전 재건 공사를 중단시킨 것에 관련되어 있다. 하지만 그의 뒤를 이어 왕위에 오른 다리오가 성전 공사를 재개하도록 허락함으로써 그 일이 다시금 진척될 수 있었다. 그것은 당시 학개와 스가랴 선지자의 예언에 따라 이루어졌으며(스5:1), 스룹바벨과 예수아의 총괄 지휘 아래 공사가 재개되었다. 그리하여 유다 백성들이 본토로 귀환한 후 약 20년이 지난 다리오왕 즉위 6년인 BC 516년에 이르러서야 성전이 완공되고 그와 더불어 성전 제사가 회복될 수 있었다.

다리오 왕이 죽은 후 그를 계승한 아하수에로 왕 때는 하나님께서 에스더를 그의 왕비로서 왕궁으로 들여보냈으며 모르드개는 페르시아 제국의 총리가 되어 정치를 주도하게 되었다. 거기에는 하나님의 특별한 섭리가 들어 있었다. 그 모든 과정에서 유다 자손들은 원수들에게 피흘리는 복수를 가함으로써 그들을 제압하게 되었다. 그로 말미암아 '부림절'이 제정되기에 이르렀으며 언약의 자손으로서 흐트러진 정체성이 다시금 확립되었다.

그런데 그후 배도에 빠진 유다인들 가운데 또다시 이방인들과 통혼하는 자들이 생겨났다. 또한 세월이 흘러가면서 예루살렘 성전이 서서히 훼손되어 가기 시작했다. 그리고 당시에는 예루살렘 성벽이 제대로 중수되지 않은 상태로 있었다. 무너진 성전 재건이 완공된 지 60년가량 지난 후 하나님께서는 학사 겸 제사장이었던 에스라를 불러 페르시아 땅의 유다 자손들을 두 번째 약속의 땅 본토로 인도하게 하여 율법의 회복과 더불어 성전 보수와 성벽을 중수하는 일에 참여하게 하셨다.

에스라서 본문은 크게 보아 두 부분으로 나누어진다. 1장에서 6장까지는 BC 538년 고레스 왕의 칙령에 따라 스룹바벨과 예수아의 인도로 본토로 귀환한 유다인들에 관한 내용이 기록되어 있다. 당시 그들은 캄비세스 왕의 성전 공사 중단 명령과 그 다음 왕이었던 다리오 시대에 재개된 성전 재건 공사에 관련된 다양한 형편이 기록되어 있다. 그리하여 귀환한 유다 백성들은 성전봉헌식(스6:14-18)과 더불어 유월절을 지키게 되었다(스6:19-22).

그리고 7장에서 10장까지는 아닥사스다 왕 7년 곧 BC 458년 학사 겸 제사장 에스라의 인도로 두 번째 귀환한 사건과 더불어 일어난 여러 일들에 관한 기록이 나타난다. 당시 본토로 돌아온 유다인들이 가장 먼저 수행해야 할 직무는 율법의 회복과 훼손되어 가는 성전을 보수하는 일 그리고 하나님을 향한 제사를 회복하는 일이었다. 학사 겸 에스라는 자기에게 맡겨진 그 모든 직무를 성실하게 감당하게 되었다.

21세기에 살아가는 우리는 에스라를 통해 일하신 하나님이 곧 우리의 하나님이라는 사실을 명확하게 기억해야 한다. 따라서 우리 시대를 에스라 시대와 주의 깊게 비교해 볼 수 있어야 한다. 구약 시대 하나님의 성전이 파괴되고 그 기능을 상실했던 것처럼 우리 시대는 그와 같지 않은가? 당시 예루살렘 성전을 재건했으나 그 기능이 약화하여 올바른 제사를 지내지 못했듯이 우리 시대 교회는 그런 안타까운 형편에 처해 있지 않은가? 또한 성전을 보호하는 성벽을 중수해야 했듯이 우리는 교회를 보호해야 할 영적인 성벽을 허물어진 상태로 방치하고 있지는 않은가?

현대 교회에 속한 우리는 에스라서를 통해 구속사 가운데 일하신 여호와 하나님의 놀라운 경륜을 잘 읽어낼 수 있어야 한다. 그리고 계시된 성경에 기록된 모든 내용을 단순히 과거의 지나간 역사만으로 이해해서는 안 되며 우리 시대 교회를 위한 소중한 거울로 삼을 수 있어야 한다. 그렇게 함으로써 과학 문명이 극도로 발달하고 인간의 본질적 가치가 허물어지는 퇴폐적인 문화에 휩싸인 현대를 살아가는 우리에게 실질적인 교훈이 되어야만 하는 것이다.

이 책의 내용은 2022년 봄학기 한국개혁장로회(KRPC) 신학교 강의를 위해 준비되었다. 어려운 환경 가운데서 하나님의 말씀을 읽고 묵상하며 함께 공부한 학생들이 고맙다. 교회가 점차 그 본질을 상실해가는 안타까운 시대에 살면서 오직 하나님의 말씀을 부여잡고 살아가기 위해 몸부림치는 그들에게 하나님의 은총이 함께하기를 바란다.

〈차 례〉

서문

| 제1부 |

스룹바벨의 인도로 포로에서 귀환한 백성의 성전 재건 역사

제1장

페르시아 왕 고레스의 칙령과
예루살렘 성전 건축에 대한 명령
(스1:1-11)

1. 페르시아 왕 고레스를 향한 하나님의 성전 건축 명령 (스1:1,2)

이스라엘 역사 가운데는 이방인 통치자들이 언약의 자손들에게 심대한 영향력을 끼친 경우가 많이 있다. 때로는 부정적인 영향을 끼쳤는가 하면 때로는 긍정적인 영향을 끼치기도 했다. 애굽의 바로 왕이나 바벨론 제국의 느부갓네살 왕 같은 경우는 이스라엘 민족에 대하여 나쁜 영향력을 끼쳤다.

그에 반해 페르시아의 고레스 왕의 경우에는 이스라엘 민족을 위해 긍정적인 영향을 끼친 인물이다. 물론 긍정적이고 좋은 영향을 끼쳤다고 해서 그가 언약의 백성 안으로 들어와 하나님의 자녀가 되었다는 것을 의미하지 않는다. 믿음을 소유한 참 언약의 백성이 되기 위해서는 반드시 규례를 좇아 할례를 받고 모세 율법에 따라 안식일을 비롯한 각종 절기를 지켜야만 한다. 그리고 제사장들이 드리는 제사의 의미에 온전히 참여하는 가운데 장차 오실 메시아에 대한 소망을 가지고 있어야 했다.

하지만 고레스 왕의 경우는 그와 같은 언약 신앙을 가진 인물로 볼 수 없다. 그가 할례를 받고 이방인으로 사는 삶을 청산했다거나 규례에 따라 안식일과 절기를 지키며 제사장들이 지내는 제사의 의미에 온전히 참여했다고 볼 만한 근거가 보이지 않는다. 그와 같은 신앙의 기본적인 요건이 갖추어지지 않은 상태에서는 언약의 자녀로 보기 어렵다.

그럼에도 불구하고 여호와 하나님께서 페르시아 제국의 고레스 왕에게 역사적인 중대한 직무를 맡기셨으며 성경은 그에 대하여 긍정적인 기술을 하고 있다. 이는 하나님께서 이방 왕국의 최고 권력자의 지위에 있는 그를 이스라엘 자손을 위한 선한 도구로 사용하셨음을 말해준다. 아직 페르시아가 세계적인 패권을 장악하지 않고 고레스 왕이 역사적인 전면에 등장하기 오래전에 이미 하나님께서는 선지자 이사야를 통해 장차 나타나게 될 그에 연관된 예언의 말씀을 주셨다.

> "나 여호와는 나의 기름 받은 고레스의 오른손을 잡고 열국으로 그 앞에 항복하게 하며 열왕의 허리를 풀며 성 문을 그 앞에 열어서 닫지 못하게 하리라 내가 고레스에게 이르기를 내가 네 앞서 가서 험한 곳을 평탄케 하며 놋문을 쳐서 부수며 쇠빗장을 꺾고 네게 흑암 중의 보화와 은밀한 곳에 숨은 재물을 주어서 너로 너를 지명하여 부른 자가 나 여호와 이스라엘의 하나님인줄 알게 하리라 내가 나의 종 야곱, 나의 택한 이스라엘을 위하여 너를 지명하여 불렀나니 너는 나를 알지 못하였을찌라도 나는 네게 칭호를 주었노라" (사45:1-4)

이사야서 본문에 나타난 고레스는 우선 특정 인물을 지칭하는 고유명사가 아니라 페르시아의 최고 통치자라는 의미를 지닌 칭호로 이해해야 한다. 애굽의 바로(Praoh)나 로마 제국의 카이사르(Kaisar)가 개인의 이름을 넘어 최고 통치자에 대한 칭호인 것과 같다. 물론 카이사르는 원래 개인의 이름[1]이었으나 나중 황제를 일컫는 호칭이 된다. 페르시아의 고레스도 그와 같은 언어적 성격을 가지고 있었다.[2]

하나님께서는 선지자 이사야를 통해 장차 이스라엘 역사 가운데 일어날 사건에 대해 예언을 하면서 페르시아의 고레스가 막강한 권력을 쟁취하게 되리라고 말씀하셨다. 그리고 고난 중에 신음하게 될 이스라엘 자손을 위해 그를 특별히 부르시게 된다고 하셨다. 즉 그 일을 위하여 하나님께서 저를 최고 권력의 자리에 앉게 하시리라는 것이었다.

하나님께서 오래전 선지자 이사야를 통해 예언하신 대로, 변방에 있던 페르시아의 고레스 왕이 막강한 바벨론 제국의 놋문과 쇠빗장을 부수고 그들을 멸망시켰다(사45:2). 그리고 그가 이스라엘 자손을 포로로 잡아간 느부갓네살의 바벨론 제국을 제압하고 최고 통치권자의 지위에 오르게 되었다. 그 모든 것은 하나님의 경륜 가운데 이루어진 일이었다.

그에 대해서는 고레스 왕 자신이 하나님께서 알려주신 바에 따라 그 사실을 명확하게 인식하고 있었다. 그것은 하나님의 특별한 계시에 따른 것이었다. 따라서 그는 자기가 최고의 통치권을 가진 권좌(權座)에 오르게 된 것이 이스라엘의 하나님에 의한 것이라고 말했다. 여호와 하나님이 세상 만국을 자기에게 주셨다는 것이다.

따라서 고레스가 왕위에 올랐을 때 하나님께서는 예레미야를 통해 이스라엘의 회복을 예언하신 약속이 응하도록 섭리하시고자 했다. 고레스를 페르시아 제국의 최고 통치자로 세우신 것은 그를 통해 하나님의 뜻을 이루어 가시고자 하는 경륜적 방편이었다. 그리하여 하나님께

---

1) 실존 인물로서 '율리우스 카이사르' 곧 '줄리어스 시저'(Julius Caesar)는 BC 44년 로마 권력의 최고 지위에 오른다. 하지만 그는 의붓아들 '브루투스'에 의해 살해당하게 되었다. 나중 로마 제국에서는 그의 이름을 본뜬 '카이사르'가 황제 칭호로 사용된다.

2) 이광호, 이사야, 서울: 교회와 성경, 2016, pp.441-444. 참조.

서 페르시아의 최고 권력자인 고레스 왕의 마음을 감동하게 하셨다.

그로 말미암아 고레스 왕은 BC 538년 온 나라에 특별한 칙령과 더불어 조서를 내렸다. 그는 먼저 하늘의 신 여호와께서 세상 만국을 자기에게 주신 사실에 대해 언급했다. 바로 그 하나님이 자기에게 유다 지역에 있는 예루살렘에 하나님의 성전을 재건하라는 명령을 내리셨다고 했다. 이처럼 하나님께서는 언약의 자손들을 위하여 고레스를 이방 왕국의 최고 통치자로 세우는 일에 특별히 간섭하셨으며, 그를 통해 바벨론의 느부갓네살에 의해 포로로 잡혀간 백성들을 가나안 본토로 귀환시키고자 하셨다.

2. 여호와 하나님에 대한 고레스의 진술과 특별한 명령 (스1:3,4)

페르시아 제국의 고레스 왕은 이스라엘 민족의 하나님인 여호와에 대하여 긍정적인 언급을 하고 있다. 그것은 하나님께서 그에게 역사하신 결과였을 것이 분명하다. 하지만 그가 하나님에 대하여 긍정적으로 생각하는 것과, 하나님의 언약을 통해 아브라함과 이삭과 야곱의 하나님을 신앙으로 받아들였는가 하는 점과는 상당한 차이가 난다.

그와 같은 상황에서 고레스는 이스라엘의 하나님이 참 신(神)이라는 사실을 온 백성들 앞에 선포했다. 그리고 그들 가운데 여호와 하나님에게 속한 자들은 이제 유다 땅 예루살렘으로 올라가서 그곳에 여호와의 성전을 재건하라는 명령을 내렸다. 그리고 그 모든 과정에서 하나님이 저들과 함께하기를 기원했다.

하지만 당시 유다 땅으로 돌아가지 않고 페르시아 지역에 남아있게 되는 백성들은 어느 곳에 살고 있든지 가나안 땅으로 돌아가는 자들을 위해 지원을 아끼지 말라는 당부를 했다. 은과 금을 비롯한 귀중품들과 그것들을 등에 지고 옮겨야 할 다양한 짐승으로 그들을 도와주라는 것이었다. 그리고 하나님의 성전을 건축하는 데 필요한 예물들을 즐거운 마음으로 바치도록 했다.

고레스 왕은 이땅에 메시아를 보내 자기 자녀들을 죄로부터 구원하시게 되는 여호와 하나님에 대한 진정한 믿음이 있었던 것은 아니다. 그러나 하나님으로부터 제공된 일반적인 지식을 통해 바벨론 제국에 의해 파괴된 예루살렘 성전이 다시금 건립되어야 한다는 당위성을 알고 있었다. 따라서 그는 성전 건축이 이루어질 수 있도록 적극적으로 지원하게 되었다. 고레스의 그와 같은 행동은 포로로 잡혀 온 유다인들을 위한다는 종교적인 명분을 넘어 자기의 정치적 세력을 구축하고자 하는 의도와 맞물려 있었을 것이 틀림없다.

즉 그가 취한 모든 결정이 순수한 신앙에 근거한 것이 아니면서도 그에 적극적이었던 이유는 당시의 정치적 상황과 밀접하게 연관되어 있었을 것이란 사실을 쉽게 추론해 볼 수 있다. 즉 막강한 세력을 자랑하던 바벨론 제국을 물리치고 주도권을 장악하게 된 페르시아의 고레스 왕으로서는 당시 바벨론에 의해 강압적인 지배를 받아온 유다인들로부터 환심을 살 필요가 있었다. 따라서 신생 페르시아 제국의 입장에서는 유다인들과 원만한 관계를 형성하는 것이 정치적으로 매우 중요한 일이었다.

우리가 잘 알고 있듯이 유다인들에게는 바벨론 제국이 철천지원수(徹天之怨讐)와 같은 존재에 지나지 않았다. 사악한 바벨론 군대가 예루살렘 성읍을 파괴하고 거룩한 하나님의 성전을 완전히 훼파해 버렸기 때문이다. 나아가 그들은 이스라엘 민족을 포로로 잡아 이방 지역인 바벨론 땅으로 끌고 갔다. 뿐만 아니라 거룩한 성전 외부에 설치되어 있던 귀중한 물품들과 성전 내부의 거룩한 성물들을 빼앗아가서 바벨론의 더러운 이방 신당에 넣어 두었다.

그와 같은 모든 일들로 말미암아 마음이 크게 상해 있던 유다인들에게는 고레스 왕과 페르시아 제국이 여간 고마운 존재가 아닐 수 없었다. 고레스는 바벨론 제국을 패망시킴으로써 원수를 대신 갚아준 인물이 되었다. 따라서 그는 저들의 영웅으로서 포로로 잡혀 온 이스라엘 백성의 귀환을 허락한 은인(恩人)으로 부각되었다. 거기다가 파괴된 예루살렘 성전을 재건하도록 지원했으므로 그 고마움은 말로 형언하기 어려울 지경이었다.

그 모든 상황은 하나님의 특별한 섭리와 경륜에 따라 진행된 결과였다. 고레스 왕으로부터 새로운 희망을 얻게 된 이스라엘 백성에게는 그가 최고 통치자로서 더할 나위 없이 고마운 인물로 자리매김했다. 또한 고레스와 페르시아 제국의 입장에서도 그 모든 일들을 통해 저항의 기미가 보이던 유다인들로부터 환심을 사는 좋은 기회로 삼을 수 있었다. 이렇게 하여 겉보기에 서로간 우호적인 관계가 조성되어 갔던 것이다.

3. 유다 백성들의 복종 (스1:5,6)

이방인인 페르시아 제국의 고레스 왕이 유다인들에게 호의를 베풀었을 때 그에 대하여 의심을 하는 자는 아무도 없었다. 진정한 신앙에 대해서는 알 수 없었을지라도 그의 마음은 진심으로 받아들여졌기 때문이다. 하나님께서 그의 마음을 움직이셨으므로 모든 것은 순조롭게 진행되어 갔다.

그러므로 고레스 왕이 반포한 본토 귀환과 예루살렘 성전 재건에 연관된 칙령을 들은 유다인들 가운데는 이제 본국으로 돌아가고자 하는 자들이 많이 생겨났다. 특히 유다 지파와 베냐민 지파의 족장들과 레위 지파 사람들이 그에 앞장섰다. 유다와 베냐민 지파 사람들이 주도적으로 그렇게 하고자 했던 것은 그들이 원래부터 예루살렘 성읍 가까이 살고 있던 유다 왕국 백성들이었기 때문이다.

유다 지파 사람들은 성전이 건립되어 있던 예루살렘을 중심으로 살았으며 베냐민 지파는 예루살렘으로부터 바로 지근(至近)의 거리에서 살았다. 또한 레위 지파에 속한 사람들은 예루살렘 성전에서 수종들던

자들이었다. 그 세 지파의 지도자들이 본토 귀환에 앞장섰던 까닭은 그
와 같은 형편과 밀접하게 연관되었기 때문인 것이 분명하다.

　그리하여 유다와 베냐민과 레위 지파에 속한 사람들과 그와 함께 하
나님의 감동을 받은 백성들은 가나안 본토로 돌아가기 위한 준비를 서
둘렀다. 그들의 주된 관심은 고향 땅으로 돌아가 예루살렘에 여호와의
거룩한 성전을 건축하는 일이었다. 그것은 단순한 성전 건물을 다시 짓
는 행위 자체에 국한되지 않았다.

　이스라엘 자손은 예루살렘에 파괴된 성전을 재건하여 그곳에서 여호
와 하나님께 제사를 지내기를 원했다. 그들은 그와 더불어 장차 오시게
될 메시아를 간절히 소망하는 일을 구체적으로 구현하고자 했다. 그것
은 기록된 하나님의 율법과 조상들로부터 전해 받은 믿음의 상속에 근
거한 것으로 이해해야 한다.

　그리하여 페르시아에 남은 이스라엘 자손들은 본토로 먼저 돌아가는
자들을 위해 은그릇과 황금을 비롯한 각종 물건들을 그들의 손에 쥐어
주었다. 그리고 그들을 위해 다양한 짐승들을 내어놓았다. 또한 그것들
외에도 가나안 땅을 향해 떠나갈 자들에게 필요한 것과 성전 건축에 필
요한 많은 물품들을 주었다.[3] 이렇게 하여 귀환하지 않고 페르시아 지
역에 남은 자들도 그 일에 간접적으로 참여했다.

4. 고레스 왕의 특별한 결단 (스1:7-11)

　가나안 땅 본토로 먼저 귀환할 자들과 페르시아 제국의 땅에 남아있
는 자들이 서로간 협력하여 귀환을 준비하는 동안 고레스 왕은 매우 중
요한 일을 했다. 그는 오래전 바벨론 제국의 느부갓네살이 예루살렘 성
전으로부터 빼앗아 바벨론인들이 믿는 이방 신들의 신당에 보관하고

---

3) 우리는 이스라엘 자손이 출애굽할 때 금붙이를 비롯한 많은 보물들을 취하여
　가지고 나온 사실을 이와 더불어 생각해 볼 수 있다.

있던 성전 물건들을 끄집어냈다.[4] 그 성물들을 귀환하는 유다인들에게 돌려줌으로써 예루살렘 성전 건립을 현실화하고자 했다.

그러므로 고레스는 그것들을 책임지고 있던 담당 장관에게 느부갓네살이 탈취한 성물의 수를 정확하게 계수하도록 했다. 그리고 그것을 유다인들의 관리책임자인 세스바살에게 전해주라는 명령을 내렸다. 그때 유다인들이 전해 받은 것들 가운데는 금 그릇과 은 그릇을 비롯하여 값진 칼도 있었다. 또한 금 대접과 은 대접뿐 아니라 다양한 물건들이 포함되어 있었다. 그리하여 이스라엘 백성이 본토로 귀환할 때 세스바살은 오천사백여 개나 되는 금은으로 된 물건들을 받아 가지고 갔다.[5]

우리는 여기서 하나님께서 자신의 사역을 위해 이방인을 특별히 불러 사용하시는 것을 보게 된다. 하나님께서는 언약에 속한 믿는 성도가 아니라 할지라도 자신의 목적을 이루어가는 도구로 사용하시는 것이다. 어떤 이방인은 배도에 빠진 언약의 백성들을 징계하는 채찍으로 사용하시는가 하면 또 다른 어떤 이방인은 그들을 돕기 위한 선한 도구로 사용하시기도 한다. 우리는 여기서 페르시아의 고레스 왕을 통해 바벨론의 포로로 잡혀간 이스라엘 백성을 본토로 귀환시켜 성전을 재건하고자 하는 하나님의 놀라운 섭리를 볼 수 있다.

---

4) 이는 이사야 45:3에 언급된 '흑암 중의 보화와 은밀한 곳에 숨은 재물' 과 직접 연관되어 있다. 즉 바벨론의 느부갓네살 왕이 예루살렘 성전에서 빼앗아 저들의 이방 신전에 보관한 그 물건들을 의미하고 있는 것이다.
5) 당시 책임을 맡은 자들은 그 모든 물품을 대충 취급한 것이 아니라 물품 대장에 정확하게 기록하여 관리했을 것이 분명하다.

제2장

약속의 땅 가나안 본토로 귀환한 언약의 백성들

(스2:1-70)

1. 예루살렘과 유다 지역으로 귀환한 지도자들과 백성의 숫자(스2:1)

이스라엘 자손은 오래전 바벨론 제국의 느부갓네살 군대의 포로가 되어 낯선 이방 지역으로 사로잡혀 갔었다. 첫 번째 유다 포로들이 BC 605년에 바벨론으로 끌려갔으며, 그 다음 BC 598년에 두 번째로 잡혀가게 되었다. 그리고 BC 587년 이후에는 세 번째로 유다 백성들이 포로로 잡혀가는 굴욕을 겪어야만 했다.

유다 왕국이 패망할 당시는 예루살렘이 완전히 훼파되어 이방인들의 군화(軍靴)에 의해 잔인하게 짓밟히게 되었다. 또한 모리아 산 위에 세워진 하나님의 거룩한 성전이 파괴되는 극한 상황에 처해 있었다. 당시 많은 성전 기물들이 전리품이 되어 부정한 이방 지역으로 옮겨져 저들의 신당에 보관된 것은 견디기 힘든 수모가 아닐 수 없었다. 그와 더불어 당시 마지막 유다 왕이었던 시드기야는 두 눈알이 뽑히는 모욕적인 과정과 함께 이스라엘 왕국은 막을 내릴 수밖에 없게 되었다.

바벨론 지역으로 끌려간 이스라엘 자손은 자존심이 완전히 꺾이는 온갖 수모를 겪으면서 살아가야만 했다. 세월이 흘러가면서 그들 가운데 신앙의 기조를 유지하는 자들은 항상 예루살렘을 바라보며 하나님의 은총을 구했다.[6] 하지만 어리석은 자들은 바벨론 제국의 이방 문화를 받아들이는 예가 발생하기도 했다. 패망한 왕국 백성으로서는 어떻게 할 도리가 없었던 것이다.

그러던 중 때가 이르러 저들에게 하나님의 놀라운 은총이 베풀어지게 되었다. 바벨론 제국을 패망시킨 페르시아의 고레스 왕이 칙령을 내려 이스라엘 자손들로 하여금 저들의 본향으로 돌아갈 수 있도록 허용했기 때문이다.[7] 그들에게 있어서 가나안 땅을 향한 귀환 자체보다 더욱 중요한 것은 파괴된 예루살렘 성전의 재건이 허락되었다는 사실이다.

당시 고레스 왕은 성전의 재건을 허락했을 뿐 아니라 그것을 위해 적극적인 지원을 아끼지 않았다. 그것은 놀라운 일이 아닐 수 없었다. 물론 그 모든 것은 전적으로 여호와 하나님의 작정과 경륜 가운데 진행되는 일이었다. 그리하여 이스라엘 자손들은 바벨론의 포로에서 해방되어 유다 지역과 예루살렘으로 돌아가게 되었다.

2. 가문(家門)에 따른 구별 (스2:2-20)

페르시아 제국의 고레스 왕에 의해 바벨론 포로에서 해방된 이스라엘 자손은 본토로 귀환하면서 질서정연한 조직을 갖추었다. 각 개인이

---

6) 이에 대해서는 다니엘이 예루살렘을 향해 하루 세 번씩 기도한 사실에 잘 나타나 있다(단6:10, 참조). 그와 같은 신앙 행위는 비록 다니엘뿐 아니라 당시 경건한 많은 유다인들이 그렇게 했을 것이 틀림없다.

7) 이에 대해서는 유다인들뿐 아니라 당시 바벨론 제국에 의해 사로잡혀 온 모든 종족에게 모두 허락된 일이었다. 하지만 여러 종족 가운데 유다인들은 특별한 대우를 받은 것으로 보인다.

아무렇게나 유대 땅으로 발걸음을 옮겼던 것이 아니라 지원서와 함께 규례에 따른 명령과 더불어 그 일이 진행되었다. 즉 공적인 기관은 본토로 귀환하는 백성들의 수를 정확하게 파악했으며 책임있는 지도자들의 지휘 아래 움직였다.

당시 이스라엘 자손을 가나안 본토로 인도하는 최고 책임자라 할 수 있는 사람은 스룹바벨이었다. 그는 유다 지파 중에도 다윗 왕의 족보에 속한 자로서 만일 유다 왕국이 패망하지 않았다면 왕통을 이어받아야 할 인물이었다. 구속사의 역사적 관점에서 볼 때 나중 예수 그리스도는 그의 자손으로 이땅에 오시게 된다(마1:12,13).

그와 더불어 중요한 지도자로 세움받은 자들은 예수아, 느헤미야, 스라야, 르엘라야, 모르드개, 빌산, 미스발, 비그왜, 르훔, 바아나 등이었다(스2:2).[8] 그들이 각 가문에 속한 사람들의 수를 정확하게 계수하여 가나안 땅으로 인도했다. 모든 백성은 그들의 지휘에 온전히 순종하여 따라야만 했다.

우리는 에스라서 본문 가운데 이방의 포로에서 해방되어 본토로 돌아가게 된 자들이 가문과 지역에 따라 마지막 한 자릿수까지 정확하게 계수되어 있다는 사실을 눈여겨볼 필요가 있다.[9] 이는 이스라엘 자손이 마치 피난민이 몰려가듯이 무질서하게 움직인 것이 아니라 한 사람까지 정확하게 파악했음을 말해주고 있기 때문이다. 그와 같은 과정을 통해 이스라엘 자손들이 가나안 본토에 돌아와 혼란에 빠지지 않고 다시금 정착할 수 있게 되었다.

---

8) 이들 가운데 우리에게 익숙한 이름들이 나온다. 특히 느헤미야와 모르드개가 그런 자들이다. 하지만 그들은 우리가 알고 있는, 나중 제3차 유다인들의 귀환을 인도하는 느헤미야와 아하수에로 왕 시대에 총리대신을 지낸 에스더의 오라비 모르드개와는 다른 인물인 동명이인으로 보인다.

9) 나중 우리가 영원한 천국에 들어갈 때도 생명책에 기록된 성도의 명부대로 한 자릿수까지 정확하게 파악이 될 것이다.

3. 지역에 따른 계수 (스2:21-35)

앞에서는 각 가문에 따라 가나안 본토로 귀환한 사람의 수를 정확하게 기록하고 있다. 그와 동시에 이 본문에서는 유다 자손들이 포로로 잡혀가기 전 특정 지역에 살았던 자들의 집안을 중심으로 하여 별도로 계수되었다. 물론 원래 그 지역에 살았던 조상들의 절대다수는 이방 바벨론 지역에서 눈물을 흘리며 살다가 죽었을 것이다. 따라서 여기서 계수된 사람들은 그 후손들로서 상당수는 바벨론 지역에서 출생하여 가나안 땅에 살아본 경험이 전혀 없었을 것이다.

그런 형편 가운데서 에스라는 가나안 땅 각 지역에 살던 사람들의 후손을 구별하여 작성된 명단을 기록으로 남겼다. 지도자들은 백성들이 가나안 본토에서 제각각 원하는 지역 아무 데서나 임의로 정착하여 살도록 허락하지 않았던 것 같다. 오히려 각 가족을 옛 조상의 고향으로 보내 그곳에서 정착하도록 한 것으로 보인다.

4. 제사장들과 레위인들에 대한 계수 (스2:36-40)

에스라서에는 제사장 가문과 레위 지파에 속한 가문이 별도로 계수되고 있다. 그들은 본토에 돌아가서 다른 지파 사람들과 아무렇게나 뒤섞여 살 수 없었다. 그들은 여호와 하나님을 분깃으로 받은 자들로서 특별히 구별될 필요가 있었기 때문이다.[10]

그들은 아마도 가나안 땅으로 귀환한 후에 규례에 따라 지정받은 성

---

10) 유다 자손들은 바벨론에서 포로가 되어 살아갈 때도 직분적 질서가 유지되었던 것으로 이해해야 한다. 즉 노예 생활을 하기 때문에 아무렇게나 살아갔던 것이 아니라 그 전부터 상속되어 온 감당해야 할 직무에 관한 의미가 존재했다.

읍에 살았을 것으로 보인다. 아론 지파 제사장들 가운데는 예수아의 집 안을 비롯하여 여러 가문이 있었다. 그들의 전체 수는 사천 명이 훨씬 넘는 인원이었다.

우리는 여기서 매우 중요한 언약적 의미를 생각해 볼 수 있어야 한 다. 특히 제사장들의 수가 사천 명이 훨씬 넘는다는 사실은 많은 점을 시사하고 있다. 이는 이스라엘 자손이 바벨론의 포로로 잡혀가 이방인 들을 섬기는 노예와 같은 생활을 하는 중에도 하나님을 섬기는 저들의 기본적인 직분이 존속했다는 사실을 말해주고 있기 때문이다.

물론 예루살렘 성전이 완전히 파괴된 상태에서 제사장들이 하나님께 제물을 바치는 제사 행위를 지속할 수는 없었다. 하지만 그들은 다른 레위인들과 함께 맡겨진 직무를 수행하기 위해 최선을 다했을 것이다. 그 가운데 가장 중요한 사명은 그들이 이스라엘 각 지파에 속한 사람들 에게 하나님의 율법을 가르치며 그에 따른 삶을 살도록 지도하는 직무 였을 것이 분명하다. 모든 언약의 자손들은 어떤 환경에 처해 있을지라 도 율법에 따른 교육과 생활지도가 필요했다.

이제 그들이 가나안 땅 본토로 돌아오게 되었을 때 저들의 직무는 그 대로 계승되어야 한다. 모리아 산 위에 예루살렘 성전이 다시금 세워지 게 되면 제사장들은 그 일에 적극적으로 참여해야 하며 맡겨진 사명을 잘 감당할 수 있어야 한다. 즉 성전 건축에 관한 일반적인 노동행위가 아니라 성전 제사를 위해 힘을 다해야 한다.

그리고 제사장들과 레위인들은 포로 생활을 청산하고 본토로 귀환한 백성들에게 하나님의 율법을 가르쳐 지키도록 해야만 했다. 그와 더불 어 제사장들이 하나님을 제사하는 일에 적극적으로 가담하는 마음을 가지도록 힘써야 했다. 그리고 성전을 중심으로 한 유월절, 장막절, 칠 칠절, 그리고 에스라 시대 당시로 보아 수십 년 전에 확립된 부림절 등 각종 절기를 지키는 일을 위해 백성들을 지도해야만 했다.

5. 노래하는 직임을 맡은 자들과 경비병의 자손들 (스2:41-42)

에스라는 또한 레위 자손으로서 노래하는 직임을 맡은 자들과 경비하는 일을 담당한 자들의 후손들에 관한 기록을 하고 있다. 전반적인 상황을 고려할 때 이스라엘 자손이 바벨론의 포로로 잡혀간 상태에서 성전 예배를 기억하며 공적으로 하나님을 노래하는 일은 쉽지 않았을 것으로 보인다. 하지만 그 자손들은 조상들이 감당한 그 직무를 기억하며 저들도 그리해야 한다는 사실을 기억하고 있었을 것이 분명하다. 물론 포로가 된 형편에서도 건전한 백성들은 개별적으로나 가정적으로 시편을 노래하는 삶을 포기하지 않았을 것이다.

또한 문지기의 자손들로 일컬어지는 성전에서 경비 업무를 담당하던 자들 역시 더 이상 그 직무를 감당할 수 없었다. 성전이 파괴되고 멀리 이방 지역에 포로로 사로잡혀 간 상태에서 그들이 할 수 있는 일은 별로 없었다. 그렇지만 그 자손들은 저들의 조상이 맡은 일을 기억하며 그 직무에 연관된 일을 상속받고 있다는 사실을 잊어버리지 않았을 것이다. 따라서 이스라엘 민족 내부에서 우리 시대의 경찰과 같은 역할을 했을 수도 있다.

그와 같은 상황에서 에스라서에는 노래하는 자들과 경비하는 문지기의 자손들이 특별히 계수되었음을 기록하고 있다. 이는 그 자손들로 하여금 조상들이 담당했던 일을 상속받는 위치에 있다는 사실을 일깨우는 역할을 하게 되었다. 또한 이제 그들이 가나안 본토로 돌아가 예루살렘 성전이 재건되고 성곽이 세워지게 되면 그 조상들이 담당한 일들을 이어받아 실천해야만 했다.

노래하는 자들은 재건된 예루살렘 성전을 중심으로 그 직무를 감당해야 했으며 경비를 맡은 자들 역시 질서와 안전을 도모하는 그 일을 원만하게 수행해야만 했다. 이제 그 자손들을 구별하여 특별히 계수한 것은 예루살렘 성전의 재건과 완전한 민족 정체성의 회복이 곧 이루어진다는 사실을 선포하는 의미를 지니고 있다. 장차 그들을 통해 오래전 예루살렘 성전과 성읍에서 실행되었던 모든 직무가 회복되는 것이다.

6. 다양한 계층에 속한 사람들 : 느디님의 자손들, 솔로몬의 신하였던 자들의 후손들, 계보가 불분명한 이방 출신 언약의 자손들

(1) 느디님의 자손들(스2:43-54)

느디님 사람들(Nethinim, the temple servants)이란 이방인 출신으로 이스라엘 백성들 가운데 남아있으면서 성전에서 봉사하는 하인들을 일컫는다. 언약 공동체 내부로 들어온 그들은 나무를 쪼개거나 물을 길어 나르는 등 허드렛일을 주로 했다(대상9:2). 그들 가운데 초기의 대표적인 사람들은 기브온 족속이었다(수9:23).[11]

그들은 혈통적으로 보아 이방인이었음에도 율법 준수를 위한 맹세를 해야 했으며 제사장들이나 레위인들처럼 세금을 면제받는 적법한 권한을 누리기도 했다(스7:24). 그것은 특별한 권리였으며 이방인 출신 백성들에 대한 파격적인 예우이기도 했다. 이는 그들이 이방인으로 할례받은 자들이었다는 사실을 말해주고 있다.

그와 같은 규례는 하나님께서 혈통주의를 지향하는 것이 아니라 언약을 중심에 두고 계신다는 사실을 말해준다. 따라서 에스라서에는 느디님에 속한 자손들이 각기 그 가문에 따라 특별히 언급되어 계수된 사실이 기록되어 있다. 이는 장차 예루살렘 성전이 건축되면 그들이 담당해야 할 직무가 있다는 사실을 말해주고 있다.

---

11) 그들은 아직 예루살렘 성전이 건립되기 전부터 그 역할을 감당했다. 당시는 성막과 언약궤를 중심으로 하여 그 직무가 수행되었을 것이다.

(2) 솔로몬의 신하였던 자들의 후손(스2:55-58)

에스라는 앞에서 언급된 느디님 자손들 외에 솔로몬의 신하였던 자들의 후손에 관한 언급을 하고 있다. 여기서 솔로몬의 하인들은 그가 예루살렘 성전을 건축할 때 그 일을 도우며 참여했던 자들로 여겨진다. 특별한 직무를 감당했던 그들은 아마도 성전이 건축된 후에도 여전히 성전을 돕는 신하로서 역할을 담당했던 것으로 보인다.

그러므로 본문에는 또다시 성전 하인들인 느디님 사람들에 관한 내용이 언급되고 있다. 이처럼 사백 명에 가까운 솔로몬의 하인들의 자손과 모든 느디님 사람들을 따로 계수한 것은 매우 중요한 의미를 지니고 있다. 즉 이제 곧 예루살렘 성전이 건축되면 거기서 과거 저들의 조상들이 담당했던 일을 맡아 행해야 한다는 사실을 말해주고 있기 때문이다. 그 자손들이 바벨론 포로로 잡혀간 후에도 그들의 조상이 가졌던 신분을 상속받게 된 사실은 그와 밀접하게 연관되어 있다.

(3) 계보가 불분명한 이방인 출신 혼혈인들(스2:59,60)

언약 공동체에 속한 무리 가운데는 이방인 출신의 자손들과 혼인한 경우가 많이 있었던 것이 분명하다. 경우가 다르기는 할지라도 과거 요셉이 애굽에서 이방인 출신의 여인과 혼인을 하고 모세가 시내광야에서 이방 여인과 혼인한 것을 통해 그에 관한 충분한 짐작을 할 수 있다. 그들은 혈통적으로 보아 히브리인들의 순수한 피를 이어받은 것은 아니지만 언약의 무리에 속한 후에는 별 문제가 되지 않았다.

그러므로 이스라엘 백성 가운데는 이방인의 혈통을 가진 자들이 상당수 있었으므로 그들의 종족과 계보를 명확하게 입증하기 어려운 경우가 많았다. 즉 그들이 이스라엘 열두 지파 가운데 어느 지파에 속해 있는지 입증하기는 쉽지 않았다. 그런 자들 가운데 가나안 본토로 돌아가는 자들의 수가 육백 명이 넘는다고 했다.

　우리가 여기서 알 수 있는 점은 가나안 땅 본향으로 돌아가는 모든 사람이 반드시 맡겨진 직무가 있었기 때문은 아니라는 것이다. 분명한 사실은 그들 역시 하나님의 언약에 대한 이해와 예루살렘과 가나안 본토에 대한 귀환 열망이 가득했다는 점이다. 그것은 본인의 순수한 판단과 더불어 특별한 문제가 없으면 본토 귀환이 허용되었다. 우리는 여기서 언약의 백성들이 혈통주의나 기능주의에 빠지지 않은 상태에서 언약의 공동체를 이루어가고 있다는 사실을 알 수 있다.

7. 제사장 직분을 감당할 수 없는 제사장의 후손들 (스2:61-63)

　제사장 직분을 감당하기 위해서는 엄격한 규례를 따라야 한다. 그것은 개인의 일반적인 능력이나 의도에 따라 허락될 수 있는 직분이 아니다. 기본적으로 제사장이 되기 위해서는 반드시 레위 지파에 속한 아론의 자손이어야 했다.

　우리는 또한 모든 제사장이 예루살렘 성전에서 하나님 앞에 제물을 바치며 제사 행위에 수종드는 것이 아니었다는 사실을 기억해야 한다. 그들 가운데는 하나님의 율법을 가르치는 자들이 있었으며 흩어진 회당 가운데서 중요한 책임을 맡은 자들도 있었다. 제사장들은 각기 자기에게 맡겨진 고유한 직책을 감당해야만 했다.

　그리고 제사장이란 신분이 허락된 듯이 보일지라도 그 직책을 행하지 못하도록 금지된 자들이 상당수 있었다. 우리가 여기서 특히 관심을 기울여 생각해야 하는 것은 그 이유가 해당 당사자의 직접적인 실책이나 범죄행위 때문만은 아니란 사실이다. 즉 개인이 직접적인 악행을 저지르지 않았으나 그 조상들이 그와 같은 행위를 한 경우가 있을 때는 그 자손들이 제사장 직무를 수행할 수 없었다.

　그러므로 에스라는 제사장 가문 가운데 특정한 집안들을 열거하면서

그들은 가나안 본토로 돌아갈지라도 그 직무를 행할 수 없다는 사실을
분명히 밝혔다. 그들 가운데는 길르앗 사람 바르실래의 딸들 가운데 한
여인을 아내로 맞은 후 원래의 성을 버리고 처가의 성을 이어받은 자의
집안도 포함되어 있었다. 그들은 스스로 제사장 가문에 속했다고 주장
하고 있으나 그 족보 중에서 이름을 찾을 수 없었다.

그런 자들은 부정한 자로 간주되어 제사장 직분을 감당하는 것이 금
지되었다. 당시 유다 지도자들은 하나님의 뜻을 묻는 신탁(神託)의 도구
인 대제사장의 판결 흉패 안에 보관된 '우림과 둠밈'(Urim and
Thummim)으로 하나님의 판결을 물어 그들이 실제로 제사장 자격을 갖
춘 자인지 분명히 밝혀질 때까지는 제사장들만 먹을 수 있는 거룩한 음
식을 먹지 못하도록 금지명령을 내렸다(출28:30; 레8:8, 참조).

제사장에 연관된 이와 같은 엄격한 규례에도 불구하고 배도에 빠진
사악한 자들은 나중 그것을 무시하는 경우가 많이 나타났다. 그들은 단
순한 열성을 가지고 잘못된 종교 행위를 되풀이하면서 그렇게 하는 것
이 마치 하나님을 잘 섬기는 것인 양 착각했다. 하지만 그로 말미암아
하나님의 무서운 진노를 불러일으키게 되었다.

8. 그 외 남녀 노비들과 일반 노래를 부르는 자들 (스2:64,65)

바벨론의 포로가 되어 이방 지역으로 사로잡혀 갔다는 것은 노예 신
분으로 전락한 것과 마찬가지였다. 그들은 바벨론 사람들을 섬겨야 하
는 자리에 놓일 수밖에 없었다. 즉 이스라엘의 언약에 속한 백성은 그
자체로서 노예나 하인과 같은 최하위의 지위에 놓이게 되었다.

그런데 본문 가운데는 수만 명의 이스라엘 일반 백성들 이외에 노비
가 칠천 명이 넘는다는 사실도 언급하고 있다. 그들은 이스라엘 자손이
바벨론의 노예라는 의미와 달리, 그들이 오히려 이스라엘 백성을 섬기
는 노비 신분을 가진 자들이었다. 즉 여기서 노비는 이방인 출신으로서

이스라엘 자손이 부리는 하인들을 의미하는 것으로 보인다.

이를 통해 우리가 짐작할 수 있는 사실은 예루살렘과 유다 왕국이 완전히 패망하고 많은 유다 백성들이 바벨론 땅으로 잡혀갔음에도 불구하고 이스라엘 백성 내부에서는 여전히 신분적 질서가 유지되었다는 점이다. 즉 포로로 잡혀간 이스라엘 백성 내부에서는 여전히 다양한 직분의 역할이 존재하고 있었다. 그 가운데는 바벨론의 노예가 된 이스라엘 백성들보다 더 낮은 계층에 해당하는 노비들이 있었다는 것이다.

그리고 백성들 가운데는 또한 노래부르는 자들이 이백 명이 된다고 했다. 여기서 노래부르는 자들이란 에스라서 2장 41절에 기록된 '노래하는 자들'과 구별되는 의미를 지니고 있다. 그들은 아삽의 자손으로서 성전에서 시편을 노래부르며 봉사하는 자들이었다. 그에 반해 2장 65절에 기록된 노래하는 남녀란 분위기를 고조시키기 위한 일반적인 경우에 해당하는 자들로 이해하는 것이 자연스럽다(대하35:25; 전2:8, 참조).[12]

9. 말과 낙타와 나귀 (스2:66,67)

에스라는 이스라엘 민족에 속한 다양한 부류의 사람들 이외에 동물들까지 계수에 포함했다. 말과 노새와 약대와 나귀의 수를 정확하게 헤아렸다. 우리는 이를 특별한 의미 없이 그렇게 한 것으로 생각해서는 안 된다. 동물의 수를 정확하게 세는 것은 유다인들의 본토까지 이동과 예루살렘 성전 기물들을 비롯한 보물들을 이동하는 중요한 수단이 되었기 때문인 것으로 이해해야 한다.

나아가 바벨론 지역으로부터 본토로 귀환하면서 백성들과 더불어

---

12) 그들은 아마도 혼례식이나 장례식과 같은 특별한 자리에서 노래를 부르며 분위기를 고조시키는 일을 감당했을 것으로 보인다.

동물들의 수를 정확하게 센 것은 위에 언급한 사실과 더불어 하나님의 성전 건축과 성읍 건설을 위한 노동력에 연관된 것으로 보인다. 유다 자손들이 가나안 땅으로 돌아가서 시행해야 할 가장 중요한 사명은 파괴된 예루살렘 성전을 재건하는 일이었다. 따라서 백성들과 더불어 가나안 본토로 가게 되는 동물들을 계수하는 것은 백성들의 본토 귀환과 파괴된 성읍 및 성전의 재건에 밀접하게 연관되어 있음을 말해주고 있다.

10. 성전 재건을 위한 준비 (스2:68-70)

유다 백성들은 예루살렘 성전을 재건하기 위한 목적을 가지고 과거 성전 터가 있던 모리아 산에 이르렀다. 그곳에 무너진 성전을 다시 세우고자 했기 때문이다. 여러 족장과 지도자들은 그 일을 위해 감사하고 즐거운 마음으로 필요한 예물들을 자원하여 드렸다.

그들은 힘이 미치는 대로 건축을 위한 기금을 마련하여 금고에 들여놓았다. 많은 사람이 낸 그 물질 가운데는 큰 액수의 금과 은이 포함되어 있었다. 또한 제사장들이 입을 수 있는 예복이 백 벌이나 되었다. 제사장들의 총 숫자는 그보다 훨씬 많았으나 직접 필요한 예복이 그 정도 된 것으로 보인다.

그리하여 본토로 귀환한 다수의 백성은 제각기 지정된 성읍으로 가서 자신의 거처를 마련했다. 그리고 제사장들과 레위인들과 일부 백성들은 예루살렘 본성에 남게 되었다. 또한 성전에서 노래하는 자들과 경비를 서는 자들과 성전에서 허드렛일을 하는 이방인 출신 느디님 사람들과 상당수 이스라엘 자손들도 예루살렘에 남아 거처를 마련했다.

이렇게 하여 유다 백성들은 이방 지역에서의 포로 생활을 청산하고 가나안 본토로 돌아와 새로운 삶을 시작하게 되었다. 그들에게 주어진 가장 중요한 사명은 예루살렘 성전 재건과 성읍 및 성곽을 다시 세우는 일이었다. 그 가운데는 여호와 하나님께서 주도하시는 언약의 역사적 과정을 통해 이땅에 하나님의 아들 메시아를 보내고자 하시는 놀라운 뜻이 담겨 있었다.

제3장
제사 및 절기 회복과 성전 건축 시작
(스3:1-13)

1. 첫 달인 칠월(Tishrei)에 절기와 제사를 위하여 예루살렘에 모임
(스3:1,2)

오래전 바벨론 제국의 느부갓네살 왕에 의해 포로가 되어 멀리 이방 지역으로 끌려갔던 유다 백성의 자손들이 해방을 맞았다. 페르시아 제국의 고레스 왕의 도움으로 인해 이제 가나안 본토로 귀환할 수 있게 된 것이다. 그것은 물론 실제적으로는 하나님의 은혜와 경륜으로 말미암은 것이었다.

가나안 땅 본토로 귀환하게 된 백성들은 개별적인 판단에 따라 아무 데서나 자유롭게 터를 잡고 살았던 것이 아니라 질서에 따라 원칙적으로 조상 때부터 각기 자기의 연고가 있는 성읍을 중심으로 흩어져 거주했다. 그러던 중 백성들이 유대인의 달력으로 칠월 곧 한 해를 시작하는 첫 달(Tishrei)에 일제히 예루살렘 성에 모였다. 그 달에는 이스라엘 자손에게 중요한 절기들이 많이 들어 있었다.

칠월 첫째 날은 한 해를 시작하는 날로서 나팔절(Rosh Hashana)을 지키며 새해를 맞이했다. 그리고 그 달 10일은 대속죄일(Yom Kippur)로서 제사장들의 속죄 제사와 더불어 저들의 모든 죄가 하나님 앞에서 소멸되는 의미를 선포하는 날이었다. 또한 15일에서 21일까지는 장막절(Feast of Tabernacles)로 지켰다.

장막절 기간에는 이스라엘 백성이 과거 애굽을 탈출하여 시내 광야에서 나그네로 살아가면서 장막에 거하던 때를 기억하며 언약적 교훈을 되새기게 되었다. 이스라엘 백성은 그 절기를 통해 인간들이 이 세상에 살아가는 것은 잠시 지나가는 나그네와 같은 성격을 지닌다는 사실을 확인했다. 결국 하나님의 백성들이 소유한 삶은 잠시 지나가는 이 세상이 아니라 영원한 천상의 나라에 있는 것이다.

이처럼 가나안 본토로 귀환한 언약의 자손들은 새해를 알리는 달이 이르게 되자 저들의 잘못을 속죄받고 한 주간 동안 과거 조상들이 겪었던 장막 생활을 기억하며 하나님을 경배하고자 했다. 그것을 위해 요사닥의 아들 예수아를 비롯한 그의 형제 제사장들과 스알디엘의 아들 스룹바벨과 그 형제들이 백성들을 인도하며 지도했다. 예수아는 레위 지파 제사장 가문에 속한 인물이었으며 스룹바벨은 유다 지파에 속한 자로서 장차 이땅에 오실 메시아를 위한 언약적 통로 역할을 하는 인물이었다.

그들은 파괴된 예루살렘 성전이 다시금 재건되기 전에 먼저 성전이 들어설 그 자리에서 하나님을 위한 거룩한 제단을 만들었다. 즉 성전을 짓기 위한 기초가 닦여지지 않은 상태에서 하나님께 먼저 제물을 바치고자 했다. 이는 모세 율법에 기록한 대로 하나님 앞에 번제를 드리는 것이 가장 중요한 일이었기 때문이다.

우리는 이를 통해 이스라엘 민족이 가나안 본토로 귀환하게 된 근본적인 이유를 확인할 수 있다. 즉 그들의 귀환 목적은 유다 백성의 주권을 회복하여 그곳에서 평화로운 삶을 유지하는 것에 있지 않았다. 하나님께서 그들을 포로 상태에서 해방시켜 가나안 본토로 인도하신 근원적인 뜻은 언약에 따라 그들 가운데서 메시아를 보내시기 위해서였다. 따라서 본토로 귀환한 백성들은 항상 그 점을 염두에 두고 있어야만 했다.

2. 초막절과 더불어 상번제, 안식일, 월삭, 절기 제사를 시작함
(스3:3-6)

가나안 땅 본토로 귀환한 유다 백성이 예루살렘에서 여호와 하나님 앞에 제물을 바치고자 했으나 그것은 그리 쉽지 않은 일이었다. 가나안 땅에 살아가던 사마리아인들과 주변의 숱하게 많은 이방인들의 훼방이 두려웠기 때문이다. 이는 여호와 하나님을 멸시하거나 그를 알지 못하는 자들이 멀리서 돌아온 유다 자손이 하나님께 제사지내는 것을 달가워하지 않았음을 말해주고 있다.

그럼에도 불구하고 유다 백성은 여호와 하나님 앞에서 거룩한 제사를 드리며 경배하는 일을 시작하지 않을 수 없었다. 그 일을 회복하기 위해 본토로 돌아오게 되었기 때문이다. 따라서 백성들은 상번제(常燔祭) 곧 날마다 아침 저녁으로 하나님께 바치는 번제를 드렸다. 그리고 안식일 준수와 더불어 율법에 기록된 규례에 따라 초막절을 지켰으며 그 기간 동안 매일 정한 수대로 하나님께 제물을 바치며 제사를 지냈다.

그후부터 백성들은 항상 드리는 상번제와 매월 초하루에 바치는 월삭 제사를 위한 제물을 하나님께 바쳤다. 그리고 이스라엘 백성들이 언약 가운데 지키는 거룩한 절기 곧 유월절과 칠칠절과 초막절에 시행되어야 할 제사를 회복했다. 거기다가 하나님의 언약 가운데 제정된 부림절을 지켰다. 그들은 여호와 하나님 앞에 자원하는 자세와 기쁘고 감사한 마음으로 예물을 바치기 시작했다.

포로 생활에서 귀환한 백성들은 그때부터 하나님을 향한 모든 언약적 제사를 회복하여 지내게 되었다. 즉 새해가 시작되는 그해 칠월 초 하루부터 하나님 앞에 번제를 드렸다. 하지만 당시는 아직 여호와의 성전을 재건하기 위한 기초를 닦지 않은 상태였다. 따라서 미리 그 자리에서 제사를 드림으로써 그것이 예루살렘 성전 건축의 시작을 알리는 중요한 선언적 역할을 하기도 했다.

3. 성전 건축 준비와 시행 (스3:7-9)

이스라엘 자손이 가나안 땅 본토로 귀환한 후 첫 번째 새해인 칠월을 맞아 나팔절과 초막절을 비롯한 제사를 회복하기 위한 모든 준비를 갖추었다. 그로부터 이듬해 이월 곧 시브(Ziv) 월에 예루살렘 성전 공사를 시작하게 되었다. 하지만 그 일은 고레스 왕의 뒤를 잇는 아닥사스다 왕에 의해 중단된다.

유다 자손들이 성전 재건에 관하여 그렇게 할 수 있었던 것은 외견상 보기에 순전한 개별적인 판단에 의한 것이 아니었다. 그와 같은 일을 착수하기 위해서는 반드시 국가 당국의 허가를 받아서 행해야 할 일이었기 때문이다. 이처럼 예루살렘 성전 건축을 위한 모든 일이 시행될 수 있었던 것은 페르시아 왕 고레스의 칙령에 따른 것이었다.

즉 고레스 왕이 파괴된 예루살렘의 성전을 다시금 건축하도록 명령했으므로 이스라엘 백성들은 그에 순종하는 모양새를 띠고 있었다. 이는 하나님께서 그 모든 일을 주도하고 계셨다는 사실을 말해주고 있다. 그로 말미암아 페르시아 제국의 법적인 걸림돌 없이 모든 일이 순조롭게 진행되어 가게 되었다.

이처럼 예루살렘 성전 건축을 진행해 가는 실무 책임자들은 돌을 다듬는 석수와 나무를 제작하는 목수들을 구해 적절한 노임을 지불하고 그 모든 일을 맡겼다. 또한 식량을 비롯한 다양한 대가를 지불하고 시돈과 두로 지역에 거주하는 사람들을 고용하여 성전 건축에 연관된 필

요한 노동을 시켰다. 따라서 저들로 하여금 질 좋은 아름다운 백향목을
베어 레바논에서 욥바까지 배로 운송하도록 했다.

그 모든 일은 백성들이 바벨론 포로에서 본토로 돌아와 예루살렘 성
읍과 파괴된 성전 터에 이른 후, 이듬해 이월 스알디엘의 아들 스룹바
벨과 요사닥의 아들 예수아와 다른 형제 제사장들과 레위 사람들과 백
성들이 함께 그 일을 시작하게 되었다. 그리고 이십 세 이상이 되는 레
위 지파에 속한 자들과 유다 자손들에게 성전 건축을 위한 감독의 직책
을 맡겼다. 그리하여 예수아의 자식들을 비롯한 레위인들과 유다 지파
에 속한 자들이 건축에 관련된 모든 일에 대한 책임 있는 감독을 하게
되었다.

4. 성전 기초를 놓을 때의 예식 (스3:10,11)

예루살렘 성전을 건축하기 위해 기초를 놓는 일은 매우 중요한 구속
사적인 의미를 지닌다. 이는 단순히 종교적인 건물을 짓는 것과 근본적
으로 다른 성격을 지니고 있기 때문이다. 처음 솔로몬 왕이 지은 하나
님의 거룩한 성전은 인간들의 배도 행위로 말미암아 이방인들에 의해
완전히 파괴되었다. 하지만 하나님께서는 인간들로 말미암아 파괴된
그 성전을 다시금 건축하고자 하셨다.

이스라엘 자손의 성전 재건은 인간들의 종교적인 열정에 따른 판단
과 작정에 근거한 것이 아니었다. 그것은 반드시 재건되어야만 할 당위
성으로 인한 하나님의 명령에 따른 순종행위였다. 따라서 다시금 재건
할 성전의 기초가 놓이는 그 날은 보통의 경우와 달리 특별히 구별되어
야 했다.

그러므로 건축자가 여호와 하나님의 성전을 건축하기 위한 기초를
닦을 때 제사장들은 예복을 차려입은 채 손에는 나팔을 잡고 불었다.
그리고 아삽 자손 레위인들은 제금(cymbals)을 높이 들고 일어서서 과거

이스라엘 왕 다윗이 정한 규례에 따라 여호와 하나님을 찬양했다. 백성들은 악기와 더불어 성경에 기록된 시편을 노래부르며 화답하는 가운데 여호와 하나님께 감사와 찬송을 드렸다.

온 백성들은 그와 더불어 하나님 앞에서, "주는 지선하시므로 그 인자하심이 이스라엘에게 영원하시도다"(스3:11)고 화답하며 노래를 불렀다. 그들은 거룩한 성전을 건축하는 일이 여호와 하나님의 구속 사역에 밀접하게 연관되어 있다는 사실을 깨달아 알고 있었다. 따라서 성전의 지대를 놓고 기초가 놓이는 것을 보면서 여호와를 높여 찬송하며 큰소리로 즐겁고 감사한 마음을 드러냈다.

5. 감사의 통곡과 기쁨의 노래 (스3:12,13)

이방인의 땅에서 힘든 포로 생활을 끝내고 본토로 귀환하여 성전의 기초가 놓이는 것을 본 백성들은 감격하지 않을 수 없었다. 이는 과거 바벨론의 느부갓네살에 의해 예루살렘 성전이 파괴되는 것으로 인해 겪었던 슬픔과 고통의 상황과 정반대였다. 당시에는 괴로움이 가득했으나 이제는 기쁨이 넘쳐났다.

고레스 왕의 칙령으로 인해 가나안 땅으로 돌아온 제사장들과 레위 사람들과 족장들 가운데는 나이 많은 노인들이 섞여 있었다. 그들 중에는 솔로몬 왕이 건립한 첫 번째 성전을 직접 목격한 자들이 상당수 있었다.[13] 과거 바벨론 제국의 느부갓네살 왕에 의해 성전이 파괴될 당시 그들은 청년, 혹은 청소년기였거나 나이 어린 철부지 아이들이었다. 그들은 그 당시에 성전이 파괴된 의미에 대하여 깊이 깨닫지 못하고 있었을지라도 그로 인해 부모와 어른들이 당하는 고통을 보며 그에 관한 괴

---

13) BC 587년에 나이가 열 살이었던 아이는 그보다 50년 후인 BC 537년에는 예순 살이 되었을 것이며, 당시 일흔 살이 된 노인들은 스무 살의 나이에 예루살렘에 있던 처음 성전을 볼 수 있었다.

로움을 충분히 느낄 수 있었을 것이다.

또한 보다 어려서 아직 철이 들지 않아 사태를 올바르게 직시하거나 분별하지 못했다고 할지라도 그 어린아이들은 거룩한 성전이 파괴된 후 낯선 이방 지역인 바벨론으로 끌려가면서 엄청난 고생을 했을 것이 분명하다. 뿐만 아니라 어린 시절과 청년과 장년 시절을 이방인들이 다스리는 바벨론 땅에서 노예 생활을 하며 당한 고통은 엄청나게 클 수밖에 없었다.14) 그들은 부모로부터 이스라엘 민족의 정체성과 더불어 파괴된 예루살렘 성전에 관한 이야기를 수도 없이 많이 들었을 것이다.

그처럼 이방 지역에서 힘든 세월을 보낸 언약의 자손들이 하나님의 은혜로 말미암아 가나안 본토로 귀환하게 되었다. 그리고 파괴된 예루살렘 성전을 다시금 재건하기 위해 기초를 닦는 것을 보고 대성통곡(大聲痛哭)하지 않을 수 없었다. 그것은 슬픔과 괴로움의 통곡이 아니라 기쁨과 즐거움을 주체하지 못한 아름다운 통곡이었다.

그리하여 예루살렘 성전의 기초가 놓이는 모리아 산에 모인 무리들 가운데 크게 통곡하는 자들과 큰소리로 기쁨과 즐거운 마음으로 외치는 자들이 뒤섞여 있었다. 따라서 백성들 중에 우는 소리와 웃는 소리가 뒤섞여 있었으므로 백성들은 그 소리들을 분별하기 어려웠다. 중요한 점은 백성들이 크게 울든지 크게 웃든지 그들의 마음에 존재하는 신령한 의미는 동일했다는 사실이다.

당시 이스라엘 백성들은 여호와 하나님께서 인도하시는 모든 과정을 통해 새로 지어질 거룩한 성전에서 다음 세대의 자손들이 하나님을 온전히 경배하게 될 것에 대한 기대와 감사의 마음이 엄청나게 컸을 것이 분명하다. 그들은 자기 부모가 바벨론 지역으로 끌려가 살아가면서 어

---

14) 여기서 말하는 고통이란 단순히 육체적인 고통에 국한하여 말하지 않는다. 다니엘이나 에스더, 모르드개와 같은 이들은 당시 바벨론 제국과 페르시아 제국의 최고위층 인사들이었으나 그들은 예루살렘 성전이 파괴된 상태에서 신앙적으로 고통스러운 형편 가운데 살아갔다.

린 자식들을 염려하던 모습을 생생하게 목격하며 경험할 수 있었다. 그런데 이제 새로 재건될 예루살렘 성전을 통해 모든 것이 회복될 것이었기 때문이다.

그와 같은 역사적인 형편 가운데 그들은 바벨론 땅에서 조상들이 슬퍼하며 괴로워하던 상황을 떠올리지 않을 수 없었을 것이다. 그 안타까운 심정을 가진 채 저들의 부모는 예루살렘 성전의 재건은 물론 본토 귀환에 대한 실상을 보지 못한 채 이방 땅에서 죽어가야만 했다. 거기 모인 사람들은 이제 다음 세대 자손들에게 하나님의 거룩한 성전과 더불어 율법이 온전히 전해지게 되리라는 소망으로 인해 안도의 숨을 쉴 수 있게 되었다.

제4장
사마리아인들의 성전과 성읍 재건 방해
(스4:1-24)

1. 사마리아인들의 성전 건축 참여 요청 (스4:1,2)

사마리아 사람들의 눈에는 유다 자손들이 마치 원수처럼 여겨졌다. 솔로몬 왕이 죽은 후 다윗 왕국은 남북으로 분열하게 되었다. 남쪽 유다 왕국은 솔로몬의 아들 르호보암에 의해 다스려졌으며 북쪽 이스라엘 왕국은 민중에 의해 세워진 여로보암이 왕위에 올라 백성들을 통치하게 되었다.

유다 왕국은 예루살렘 성전을 중심으로 하여 율법에 따라 아론의 자손 제사장들에 의한 제사와 더불어 하나님을 경배했다. 또한 유다 왕국은 다윗의 자손들이 왕위를 계승해간 데 반해 북 이스라엘 왕국에서는 유다 지파가 아닌 다양한 지파에서 나온 일시적 영웅들이 나라를 다스리는 형국이 되었다. 나아가 북 왕국에서는 예루살렘 성전이 아닌 단과 벧엘에 이방인들이 섬기는 거대한 신당을 세워두고 아론의 자손이 아닌 임의로 세워진 제사장들이 저들의 지성소 안에 금송아지 형상을 만들어둔 채 그것을 섬기며 하나님을 진노케 하는 참람한 제사 행위를 지속했다(왕상12:28-32).

이처럼 북 이스라엘 왕국은 극도로 악한 배도에 빠졌으며 그로 말미암아 북 왕국은 BC 722년 앗수르 제국에 의해 패망하게 되었다. 그것은 하나님의 무서운 진노로 말미암아 시행된 심판의 결과였다. 그후 앗수르 제국의 혼혈정책으로 인해 사마리아에 살고 있던 이스라엘 종족들은 이방인들과 혈통이 혼합되는 양상이 발생했다.[15] 그로 말미암아 사마리아인들은 예수님이 오실 때까지 유대인들로부터 심한 멸시를 당하게 되었다.

이처럼 북 이스라엘 왕국이 통치하던 땅이었던 사마리아 지역에 살고 있던 자들은 유다 왕국에 속한 사람들과 좋은 관계를 유지할 리 없었다. 그 상황은 북 이스라엘 왕국이 패망하고 남 유다 왕국이 예루살렘 성전을 중심으로 하여 살아갈 때도 여전히 지속되었다. 그런 상태에서 예루살렘 성읍과 성전이 바벨론 제국에 의해 완전히 파괴되고 유다 왕국 백성들이 바벨론 제국의 포로로 잡혀가게 되었다.

그와 같은 역사적 배경을 지닌 형편에서 포로로 잡혀간 유다 백성들이 페르시아 제국의 개국과 함께 가나안 본토로 귀환하게 되었다. 물론 그 중심에는 유다 지파와 베냐민 지파가 있었다. 그들이 가나안 땅으로

---

15) 열왕기하에는 그와 연관된 사건이 기록되어 있다: "앗수르 왕이 바벨론과 구다와 아와와 하맛과 스발와임에서 사람을 옮겨다가 이스라엘 자손을 대신하여 사마리아 여러 성읍에 두매 저희가 사마리아를 차지하여 그 여러 성읍에 거하니라"(왕하17:24). 하지만 앗수르 지역에서 사마리아 땅으로 이주한 자들은 종교적인 문제로 인해 상당한 고통을 당하게 된다. 그러자 앗수르 왕은 저들에게 이스라엘 왕국에서 활동하던 제사장을 보내 가르치도록 하여 그 종교를 받아들이도록 했다: "앗수르 왕이 명하여 가로되 너희는 그곳에서 사로잡아 온 제사장 하나를 그곳으로 데려가되 저로 그곳에 가서 거하며 그 땅 신의 법으로 무리에게 가르치게 하라"(왕하17:27). 그들에게 간 제사장은, 입술로는 여호와를 떠올리면서 실상은 금송아지를 섬기는 자였다. 즉 그가 백성들에게 가르치는 내용은 참된 하나님의 율법이 아니라 잘못된 이단 종교사상과 실천에 지나지 않았다. 따라서 사마리아인들은 처음부터 잘못된 신앙을 형성하게 되었다.

돌아와 바벨론 제국에 의해 파괴된 성전이 있던 자리에 다시금 여호와를 위한 성전을 건축한다는 소문을 듣게 되자 사마리아 지역의 사람들은 마음이 복잡했을 것이 분명하다.

사마리아인들이 처음에는 물리적으로 예루살렘 성전 건축을 방해하려 하지 않았다. 그들은 오히려 성전 재건 공사에 참여하고자 했다. 그리하여 유다 백성의 지도자들인 스룹바벨을 비롯한 족장들 앞으로 나아가 저들의 견해를 밝혔다. 그들도 이스라엘 자손들과 함께 예루살렘 성전을 건축하는 일에 힘을 보탤 수 있도록 허락해 달라는 요구를 했다.

그 사람들은 이미 이방인들과 혼혈이 되어 이스라엘 백성들과는 확연히 구별된 종족이 되어 있었다. 하지만 그들은 유대인들의 피를 일정 부분 보유하고 있으므로 이스라엘 백성이 섬기는 여호와 하나님을 섬기고자 한다고 말했다. 그 사람들은 오래전 앗수르 왕 에살핫돈이 저들을 북 이스라엘 왕국이 지배하던 사마리아 지역으로 이주시킨 후부터 여호와 하나님을 향해 제사를 지내오고 있다고 주장했다.

사마리아인들은 이제 예루살렘에 성전이 재건되면 그곳에서 이스라엘 백성과 함께 여호와 하나님을 경배하기를 원한다는 것이었다. 그와 같은 방식의 접근은 예루살렘 성전 건립에 대한 물리적인 방해보다 훨씬 더 심각하고 위험한 성격을 지니고 있었다. 만일 그들의 요청을 받아들여 함께 성전을 건축하는 일에 참여시키게 되면 하나님의 율법이 훼손될 뿐 아니라 그들은 나중 종교적인 관점에서 저들의 지분(持分)을 요구할 것이 분명하다.

그렇게 되면 하나님의 율법에 의지하여 여호와 하나님께 제사를 드리며 섬기는 일에 크게 방해받을 수밖에 없다. 즉 그들이 가지고 있는 혼합주의적 종교사상이 예루살렘 성전 내부로 직접 들어오게 될 것이기 때문이다. 따라서 그에 대한 타협은 결코 있을 수 없으며 그와 같은 일은 절대로 용납되어서는 안 된다.

2. 유다 백성 지도자들의 거절과 전략적 방해 (스4:3-6)

이방 지역의 포로에서 본토로 돌아온 유다 지도자들은 사마리아인들의 요청을 단호하게 거절했다. 스룹바벨과 예수아와 기타 이스라엘의 여러 족장들이 그들의 제안을 받아들이지 않았다. 그들은 이스라엘 민족의 하나님을 위한 거룩한 성전을 건축하는 일이 저들과 아무런 상관이 없다는 것이었다.

이는 사마리아 사람들이 주장하는 앗수르 왕 에살핫돈이 가나안 땅으로 이주시켰을 때부터 그들이 이스라엘의 하나님을 향해 제사를 지내오고 있는 듯이 한 말을 인정하지 않았다(스4:2, 참조). 설령 그들이 여호와 하나님의 이름을 입술에 오르내리며 그를 섬긴다고 할지라도 그들을 언약의 회중에 속한 자로 인정하지 않았다. 그들이 어떤 주장을 펼칠지라도 하나님의 언약과 무관한 이방인에 지나지 않았기 때문이다.

그러므로 유다 백성들은 페르시아 왕 고레스가 저들에게 명령한 대로 여호와 하나님을 위한 성전을 홀로 건축하리라는 사실을 분명히 밝혔다. 만일 그들의 요구를 받아들이게 되면 공사를 진행하는 일이 훨씬 쉬워질지 모른다.[16] 하지만 그렇게 할 경우에는 하나님의 율법에 근거한 이스라엘의 순수한 신앙이 크게 훼손될 수밖에 없다. 따라서 그에 대한 유대 지도자들의 대응은 정당한 것이었다.

한편 예루살렘 성전 건축에 가담하려고 한 사마리아인들은 저들의 요청이 거부되자 도리어 그 일을 방해하기 시작했으며 실무를 진행하는 지도자들의 계획을 위축시키고자 했다. 굉장한 관심을 가지고 적극

---

16) 어쩌면 당시 사마리아인들의 자발적인 협력 의사를 두고 유다 백성의 지도층 인사들 가운데는 상당한 논쟁이 있었을지 모른다. 누구든지 지원을 하고자 하면 그것을 거부할 필요가 없다는 주장을 펼칠 수 있는 것이다. 하지만 유다 백성의 지도자들은 그에 대한 단호한 태도를 보였다.

적인 자세로 성전을 건축하는 일에 참여하려 하다가 거절당하자 마치 잔칫집에 재를 뿌리는 격으로 사악한 행동을 했다.

그들은 결국 페르시아 정부의 관료들에게 뇌물을 주고 매수하여 성전 건축을 가로막았다. 그것은 성전을 재건하고자 하는 유다인들의 일을 적극적으로 훼방하는 사악한 행동이었다. 그로 말미암아 고레스 왕이 통치하던 기간뿐 아니라 그가 죽은 후 아닥사스다 곧 캄비세스 왕의 통치 기간과 다리오 왕이 페르시아 제국을 통치할 때까지 오랫동안 성전 공사가 중단될 수밖에 없었다.

다리오 왕이 성전 재건 공사를 허락한 후 성전이 준공되고 나서 오랜 시간이 지난 다음 아하수에로 왕이 즉위할 때도 사마리아인들을 비롯한 반대파 사람들은 여전히 성읍과 성곽 재건에 대한 반대를 지속했다. 당시 그들은 관료들에게 뇌물을 주며 성읍 재건을 방해하는 공작을 펼치다가 결국 왕에게 상소문을 올렸다(스4:6). 그들은 유다 사람들의 행정 조직과 예루살렘 거민들을 고소하기에 이르게 된 것이다.

3. 유다 족속에 대한 상소 (스4:7-10)

스룹바벨과 예수아 일행이 예루살렘으로 돌아와 파괴된 하나님의 성전과 성읍 재건을 완공하고자 한 계획은 처음부터 강한 저항 세력으로 인해 오랫동안 어려움을 겪게 되었다. 그것은 적극적인 공세를 펼치면서 방해하는 사마리아인들과 반대파 사람들 때문이었다. 그들은 결국 주변인들의 여론을 조장하여 그에 관한 모든 일을 법적인 문제로 몰아가고자 했다.

이는 사마리아인들이 처음 예루살렘 성전과 성읍 건축에 직접 가담하려는 마음을 먹고 있다가 유다 사람들에 의해 거부당하게 된 것과 연관되어 있었다. 따라서 마음이 크게 상한 그들의 저항 행위는 오기에 찬 사악한 주관적인 감정 표출에 지나지 않았다. 그럼에도 불구하고 그와 같은 분위기는 성전과 성읍 재건을 완공하고자 하는 모든 일정을 가로막는 역할을 할 수밖에 없었다.

다리오 왕이 즉위하기 전 선왕인 아닥사스다 곧 캄비세스 왕은 성전 재건을 심하게 반대했다.[17] 당시 지방 관료들이었던 비슬람과 미드르닷과 다브엘 같은 인물이 대표가 되어 페르시아 왕에게 유다 사람들의 분위기에 관한 상소문을 올렸다. 그들은 편향된 관점과 주관적인 판단에 따라 아람 문자와 아람인들의 방언을 사용하여 왜곡된 진술을 하며 성전과 성읍 재건을 방해하고자 했다. 그들이 페르시아 언어가 아니라 아람 문자를 사용한 것은 일종의 기밀 유지와 연관된 것으로 보인다.

이처럼 여러 사람이 공동으로 작성한 그 문서를 페르시아 제국에 속한 공직자들인 르훔과 심새의 손을 빌려 아닥사스다 왕에게 전달했다. 그들은 상소문에서 페르시아 제국의 지방 관료들뿐 아니라 사마리아 성과 그 부근 지역으로 이주해온 많은 사람이 그와 동일한 생각을 하고 있다고 언급했다. 그리하여 그 당위성을 설명하려는 목적으로 상소장의 내용과 더불어 저들의 견해를 덧붙여 이스라엘 자손을 심하게 모함했다.

4. 상소의 내용 (스4:11-16)

예루살렘 성전과 성읍 재건을 적극적으로 반대하는 자들이 아람 문자로 써 보낸 상소의 내용은 공적이었으나 기밀을 유지하고자 하는 의미가 내포되었을 것으로 보인다. 물론 그에 대해서는 당시 비유대인들

---

17) 아닥사스다와 캄비세스가 동일 인물인 점에 대해서는 나중 아하수에로 왕이 크세르크세스로 불린 것과 더불어 생각해 볼 수도 있다. 원래 한글 성경의 아닥사스다는 '아르타크세르크세스'(Artaxerxes)이다. 페르시아 제국에는 '아닥사스다'로 불린 왕들이 여러 명 있었는데 그 용어의 의미 가운데는 신적인 권위를 가진 '대왕'이라는 뜻이 담겨 있다.

인 여러 이방 종족들도 깊은 관심이 있던 문제였다. 상소문에 기록된
내용은 당시의 여론을 어느 정도 반영하고 있었다.

그 상소문 가운데는 포로에서 귀환한 패역한 유다인들이 페르시아
제국을 위해 전혀 도움이 되지 않는 예루살렘 성전과 성읍을 건축하고
자 한다는 주장이 포함되어 있었다. 만일 그들이 행하는 일을 가만히
두어 방치하게 되면 결국 스스로 독립하려 할 것이며[18] 그렇게 되면 페
르시아 제국에 엄청난 손해가 되리라고 주장했다. 그와 같은 상황을 확
실히 알고 있는 페르시아의 공직자로서 가만히 지켜보고만 있을 수 없
다는 것이었다.

그러므로 왕명(王命)을 내려 이스라엘 자손들의 성전과 성읍 재건을
진행하지 못하도록 적법하게 조처해 달라고 했다. 만일 그것을 묵과하
여 성전과 성읍이 중건되면 페르시아 제국의 서편 영지(領地)를 잃어버
릴지도 모른다는 주장을 펼쳤다. 그 상소의 전문(全文)에는 그에 관한 절
실함이 그대로 배어 있다.

> "아닥사스다 왕에게 올린 그 글의 초본은 이러하니 강 건너편에 있는 신
> 하들은 왕에게 아뢰나이다 당신에게서 우리에게로 올라온 유다 사람들
> 이 예루살렘에 이르러 이 패역하고 악한 성읍을 건축하는데 이미 그 기
> 초를 수축하고 성곽을 건축하오니 이제 왕은 아시옵소서 만일 이 성읍
> 을 건축하고 그 성곽을 완공하면 저 무리가 다시는 조공과 관세와 통행
> 세를 바치지 아니하리니 결국 왕들에게 손해가 되리이다 우리가 이제
> 왕궁의 소금을 먹으므로 왕이 수치 당함을 차마 보지 못하여 사람을 보
> 내어 왕에게 아뢰오니 왕은 조상들의 사기를 살펴보시면 그 사기에서
> 이 성읍은 패역한 성읍이라 예로부터 그 중에서 항상 반역하는 일을 행
> 하여 왕들과 각 도에 손해가 된 것을 보시고 아실지라 이 성읍이 무너짐
> 도 이 때문이니이다 이제 감히 왕에게 아뢰오니 이 성읍이 중건되어 성

---

18) 당시 유다인들의 본토 귀환은 민족의 독립을 의미하지 않는다. 그들은 가나
안 땅으로 돌아왔으나 여전히 페르시아 제국의 통치 아래 있었다.

곽이 준공되면 이로 말미암아 왕의 강 건너편 영지가 없어지리이다 하였더라"(스4:11-16)

상소문 가운데는 페르시아 제국의 통치 영역인 예루살렘에 성곽이 건립되면 거기 사는 백성들이 독립하고자 할 것이라는 내용이 포함되어 있다. 그렇게 되면 그 백성들은 페르시아에 조공과 세금을 바치지 않으리라고 했다. 그 백성은 원래부터 그러했으며 과거 바벨론 제국에 의해 패망된 것도 그 때문이라는 것이었다. 그러니 예루살렘에 성전을 건축하는 일과 성곽 재건을 막아야 한다고 했다.

고레스 왕을 계승한 아닥사스다 왕이 공적인 이 문서를 받게 되면 그에 대해 적법한 회신을 해야만 했다. 왕의 처지에서는 여간 신중하지 않을 수 없는 일이었다. 이미 상소문 가운데는 서부 식민 지역에 속한 예루살렘을 비롯한 가나안 땅 주변 사람들의 여론이 그대로 나타나 있었다. 뿐만 아니라 만일 그것을 방관하게 되면 나중에 닥칠 엄청난 정치적 불이익을 생각하지 않을 수 없다는 것이었다.

물론 상소문을 작성하고 그것을 보내는 공직자들은 그에 연관된 모든 것을 주관적인 관점에서 파악하고 있는 상태였다. 따라서 예루살렘과 유다 지역에 속한 거민들과 사마리아인들을 비롯한 주변의 모든 이방인들은 왕의 하명(下命)을 기다릴 수밖에 없었다. 성전 건축을 지속해야 할 이스라엘 자손들에게는 그 기간이 매우 길게 여겨졌을 것이 틀림없다.

5. 페르시아 왕의 판단과 성전 건축 중단 (스4:17-24)

아닥사스다 곧 캄비세스 왕은 가나안 땅이 포함된 서부 지역에 근무하는 공직자들로부터 받은 상소문을 꼼꼼히 살펴보고자 했다. 그는 신하들에게 명령을 내려 거기 적힌 모든 글을 자기 앞에서 낭독하도록 요구했다.[19] 이는 왕뿐 아니라 그 앞에 도열한 모든 신하가 공개적으로 그 내용을 듣게 되었음을 의미하고 있다.

그리고 나서 아닥사스다 왕은 상소문을 보낸 서편 영지의 공직자들을 비롯한 그 인근 지역의 모든 백성에게 조서를 내렸다.[20] 그것은 정당한 절차를 거쳐 내려진 권위를 지닌 조서였다. 그 내용 가운데는 누구도 함부로 다르게 고치거나 어길 수 없는 중요한 왕명이 들어 있었다.

> "너희는 평안할지어다 너희의 올린 글을 내 앞에서 낭독시키고 명하여 살펴보니 과연 이 성읍이 예로부터 열왕을 거역하며 그 중에서 항상 패역하고 모반하는 일을 행하였으며 옛적에는 예루살렘을 주재하는 큰 군왕이 있어서 강 서편 모든 땅도 주재하매 조공과 잡세와 부세를 저에게 다 바쳤도다 이제 너희는 명을 전하여 그 사람들로 역사를 그치게 하여 그 성을 건축지 못하게 하고 내가 다시 조서 내리기를 기다리라 너희는 삼가서 이 일에 게으르지 말라 어찌하여 화를 더하여 왕들에게 손해가 되게 하랴" (스4:17-22)

아닥사스다 왕은 지중해 가까운 서편 영지의 공직자들이 올린 상소문을 살펴보니 문제가 되고 있는 예루살렘 성읍에 살던 사람들이 옛날부터 여러 왕들에게 대항하여 심한 거역을 일삼은 사실을 확인했노라고 했다. 나아가 그 성은 항상 패역하여 마치 반란을 일으키는 소굴과 같은 역할을 한 사실을 알게 되었음을 언급했다.

또한 과거에는 예루살렘 성읍에 강력한 권세를 가진 왕이 있어서 유프라테스강 서쪽 지역을 장악한 적이 있으며 그곳 사람들로부터 조공

---

19) 아람어로 기록된 문서였으므로 통역이 필요했을 것이다.

20) 그 조서는 페르시아어로 기록되었을 것이 분명하다. 상소문이 아람어로 기록된 것이 기밀을 유지하고자 하는 성격이 강하다면 왕이 보낸 조서가 페르시아어로 기록된 것은 공개적 성격이 강한 것으로 이해할 수 있다.

과 세금과 관세를 거두어들인 사실이 확인되었노라고 했다. 그 왕은 솔로몬 왕을 칭하고 있음이 분명하다. 그와 같은 역사적 배경이 있다면 그들이 언제 또다시 세력을 결집하여 반란을 일으킬지 모른다는 것이었다. 이는 그들이 행하는 성읍과 성전 건축에 연관된 일을 방치하면 장차 페르시아 사람들에게 큰 근심거리가 되리라는 사실에 연관되어 있다.

그러므로 아닥사스다 곧 캄비세스 왕은 저들에게 강력한 명령을 내렸다. 유다 자손들로 하여금 예루살렘 성읍을 재건하는 일을 즉각 중단시키라는 지시를 내리도록 명했다. 거기에는 예루살렘 성곽뿐 아니라 성전에 대한 재건도 포함되어 있었다. 그러니 지체 말고 그 명령을 즉시 시행하라고 명했다. 시간을 끄는 동안 예루살렘 성이 건축되면 페르시아 제국에 큰 화가 되고 페르시아 왕들에게 엄청난 손해를 끼치게 된다는 판단 때문이었다.

그리고 다시 다른 조서가 내려질 때까지 기다리라고 말했다. 이는 예루살렘 성읍과 성전 재건을 중단시키는 것과 더불어 그 일을 절대로 가볍게 여겨서는 안 된다는 사실을 말해주고 있다. 이로 말미암아 예루살렘과 유다 땅에는 또다시 긴장감이 감도는 분위기가 조성될 수밖에 없었다.

아닥사스다 왕이 내린 조서가 르훔과 심새를 비롯한 공직자들 앞에서 전달되어 낭독되자 그들은 급히 예루살렘으로 달려갔다. 조서를 받아든 당국자들은 왕의 명령에 따라 유다 사람들을 권력으로 억제하여 그 공사를 진행하지 못하도록 가로막았다. 그로 말미암아 성전 공사는 더 이상 진행되지 못한 채 페르시아 제국의 다리오 왕 이년까지 아무것도 할 수 없는 상황이 되었다(스4:24).

제5장

성전 공사 재개와 더불어 부딪치게 된 반대 세력

(스5:1-17)

1. 선지자들의 예언에 따른 성전 공사 재개 (스5:1,2)

예루살렘 성전 재건을 방해하는 세력으로 인해 별다른 진척 없이 중도에 공사가 중단되었다. 예루살렘과 유다 지역 인근에 있는 여러 공직자와 반대자들이 왕에게 상소를 올렸기 때문이다. 그들로부터 일방적인 주장을 듣게 된 페르시아 제국의 아닥사스다 곧 캄비세스 왕은 그에 대한 강력한 금지령을 내렸다.

하지만 하나님의 사역 계획은 시간이 지연된다고 할지라도 절대로 멈추어 서지 않는다. 그것은 하나님의 섭리와 경륜에 연관된 일이었다. 하나님의 역사를 적극적으로 방해하는 사악한 인간들로 말미암아 신앙이 어린 자들은 잠시 좌절할 수 있으나 언약에 연관된 그 일은 역사 가운데 진행되어 갈 수밖에 없는 것이다.

성전 공사가 중단된 상태에서 하나님께서는 여러 선지자를 통해 자신의 뜻을 계시하셨다. 선지자 학개와 스가랴 같은 이는 이스라엘의 하나님 여호와의 이름으로 유다 지역과 예루살렘에 거하는 언약의 자손들을 향해 예언했다. 오랜 포로 생활에서 돌아온 이스라엘 백성들은 그에 대한 중요성을 알고 있어야만 했다.

선지자들은 유다 백성들을 향해 성전 재건을 위한 공사를 시작하라고 다그쳤다. 그것이 하나님의 뜻이라는 것이었다. 그리하여 스룹바벨과 예수아를 비롯한 지도자들이 일어나 백성들에게 그 실상을 알리고 성전 건축을 재개하라는 명령을 내렸다. 그리하여 온 백성들이 일어나 예루살렘의 모리아 산 위에 하나님의 성전을 다시 건축하기 시작했다.

물론 여러 선지자를 비롯하여 함께 있던 백성들이 그 일에 적극적으로 참여하게 되었다. 이에 대해서는 선지자 학개가 기록한 말씀 가운데 더욱 소상히 나타나고 있다. 학개는 다리오 왕이 즉위한 이듬해 유월 초하루에는 아직 성전 건축을 착수하기에 시간이 이르다는 사실을 말했다. 하지만 뒤이어 같은 달 이십사일에는 그 성전 공사를 재개하게 되었음을 언급하고 있다.

> "다리오왕 이년 유월 곧 그 달 초하루에 여호와의 말씀이 선지자 학개로 말미암아 스알디엘의 아들 유다 총독 스룹바벨과 여호사닥의 아들 대제사장 여호수아에게 임하니라 가라사대 만군의 여호와가 말하여 이르노라 이 백성이 말하기를 여호와의 전을 건축할 시기가 이르지 아니하였다 하느니라"(학1:1,2); "여호와께서 스알디엘의 아들 유다 총독 스룹바벨의 마음과 여호사닥의 아들 대제사장 여호수아의 마음과 남은바 모든 백성의 마음을 흥분시키시매 그들이 와서 만군의 여호와 그들의 하나님의 전 역사를 하였으니 때는 다리오 왕 이년 유월 이십 사일이었더라"(학 1:14,15)

당시는 오래전에 이미 성전 재건을 위한 기초를 놓아두었음에도 공사가 중단되어 지연되는 상태에 있었다. 그런 가운데 유다 백성들은 공사를 재개하려는 마음을 먹고 있었다. 하지만 그것을 반대하는 세력으로 인해 실행하기가 쉽지 않았다.

당시 선지자 학개는 언약의 자손들에게 그에 대한 소망의 빛을 비추어주었다. 즉 성전 건축이 곧 시작되리라는 암시를 했기 때문이다. 하나님께서 이스라엘 자손을 바벨론 포로에서 가나안 본토로 인도해 오신 것은 예루살렘 성전을 재건하기 위해서였다. 그곳에서 장차 오실 메시아에 관한 예언적 사역이 진행될 것이었기 때문이다.

성전 재건을 위한 모든 과정이 결코 쉽지 않지만, 여호와 하나님께서 긍휼을 베풀어 건축되도록 하신다는 것이었다. 그리하여 다리오 왕 이년 유월 이십사일에는 성전 공사가 재개될 수 있었다. 이에 대해서는 선지자 스가랴 역시 다리오 왕이 즉위한 후 제 이년에 동일한 관점에서 예언하고 있다.

> "다리오 왕 제이년 여덟째 달에 여호와의 말씀이 잇도의 손자 베레갸의 아들 선지자 스가랴에게 임하니라"(슥1:1); "그러므로 여호와가 이처럼 말하노라 내가 불쌍히 여기므로 예루살렘에 돌아왔은즉 내 집이 그 가운데에 건축되리니 예루살렘 위에 먹줄이 처지리라 만군의 여호와의 말이니라"(슥1:16)

유다 백성들은 심한 반대에 부딪히는 가운데 예루살렘 성전 공사를 재개했다. 그 모든 과정을 적극적으로 주도한 인물은 스알디엘의 아들 총독 스룹바벨[21]과 요사닥의 아들 여호수아 곧 예수아였다. 그들은 하나님의 경륜에 따라 그 일을 재개함으로써 성전 건축을 위한 공사가 완

---

21) 학개서 1장에서 스룹바벨을 '총독'(governor)으로 묘사한 것은 유다 족속을 위한 행정 담당 직무를 의미하는 것으로 보인다. 즉 우리가 일반적으로 이해하는 정치적 '총독'과는 그 책무와 역할이 다른 것으로 보는 것이 자연스럽다.

전히 포기되지 않았다는 사실을 선포하는 역할을 감당했다.

하지만 그 일은 순조롭게 진행되지 않았다. 페르시아 제국의 지방 관리들이 성전 건축에 문제를 제기하고 나섰기 때문이다. 뿐만 아니라 그 일을 적극적으로 방해하는 다양한 무리가 주변에 산재해 있었다.

2. 문제를 제기하는 총독부와 다리오 왕에게 보내는 상소문
(스5:3-5)

포로 생활에서 귀환한 유다인들이 예루살렘 성전 재건을 위한 공사를 재개했다는 소문이 퍼져나가게 되었다. 그 말을 들은 페르시아 제국의 반 유다주의적 당국자들은 가만히 있지 않았다. 유프라테스강 서편 지역의 총독이었던 닷드내를 비롯한 그의 동료들이 유다 백성의 지도자들 앞으로 나아왔다.

그들은 공사에 참여하는 인부들에게 그곳에 성전을 건축하고 성곽을 재건하도록 명령한 자가 누구인지 따져 물었다. 즉 적법한 절차를 밟아 그 일을 시행하느냐는 것이었다. 공직자의 말을 들은 유다 백성들은 당연히 스룹바벨과 예수아를 비롯한 여러 책임자들의 이름을 거명했다. 하지만 그들은 성전 공사를 위한 총책임을 맡은 자들에 대하여 별다른 제재를 가할 수 없었다.

물론 유다 지도자들은 오래전 고레스 왕이 예루살렘 성전과 성곽을 재건하도록 허락한 사실에 대해 언급했을 것이 분명하다. 왕이 내린 칙령은 페르시아의 중요한 법령에 해당하는 것이었으므로 그에 근거하여 아무도 임의로 그것을 막아설 수 없었다. 그 가운데는 물론 유다의 장로들을 지켜 보호하시는 하나님의 섭리가 작용하고 있었다.

그러므로 페르시아의 서부 지역을 담당하는 총독을 비롯한 당국자들은 유다 사람들의 성전 공사를 중단시키지 못했다. 그 대신 그들은 제국의 수도에 있는 다리오 왕에게 그 사실을 보고했다. 그리고 그의 답신이 오기를 기다려야만 했다. 그 답변이 오기까지는 상당한 기간이 걸릴 수밖에 없었다.

그 사이 예루살렘에서는 성전 공사가 진행되어 가고 있었다. 그와 같은 형편에 처한 유다 지도자들은 더욱 열심히 공사에 임했을 것이 분명하다. 따라서 다리오 왕으로부터 답신이 올 때 즈음이 되면 성전 공사가 더욱 진척되었을 것이 분명했다. 이렇게 하여 어려운 과정을 거치는 가운데 예루살렘에 하나님의 거룩한 성전이 세워져 가게 되었다.

3. 총독이 보고한 상소문 내용 (스5:6-17)

유프라테스강 서쪽 지역의 총독이었던 닷드내를 비롯한 그의 동료들이 다리오 왕에게 상소장을 올렸다. 유다 사람들이 예루살렘 성전을 건축하면서 고레스 왕의 칙령을 근거로 하여 적법성을 주장했으므로 달리 공사를 중단시킬 수 없었기 때문이다. 그리하여 그 모든 형편을 왕에게 알려 그로부터 답변을 듣고자 원했던 것이다. 그들이 왕에게 보낸 상소의 내용은 다음과 같다:

> "다리오왕은 만안하옵소서 왕께 아시게 하나이다 우리가 유다도에 가서
> 지극히 크신 하나님[22]의 전에 나아가 보온즉 전을 큰 돌로 세우며 벽에
> 나무를 얹고 부지런히 하므로 역사가 그 손에서 형통하옵기로 우리가 그
> 장로들에게 물어 보기를 누가 너희를 명하여 이 전을 건축하고 이 성곽
> 을 마치게 하였느냐 하고 우리가 또 그 두목의 이름을 적어 왕에게 고하
> 고자 하여 그 이름을 물은즉 저희가 우리에게 대답하여 이르기를 우리는
> 천지의 하나님의 종이라 오랜 옛적에 건축되었던 전을 우리가 다시 건축
> 하노라 이는 본래 이스라엘의 큰 왕이 완전히 건축한 것이더니 우리 열

---

22) 여기서 유다 족속의 하나님을 칭하며 '지극히 크신 하나님'이라고 표현한 것
은 이방인들이 여호와 하나님을 높여 칭하는 말이 아니다. 이는 그 신에 대한
유다인들의 신앙이 그렇다는 의미를 지니고 있다.

조가 하늘에 계신 하나님을 격노케 하였으므로 하나님이 저희를 갈대아
사람 바벨론왕 느부갓네살의 손에 붙이시매 저가 이 전을 헐며 이 백성
을 사로잡아 바벨론으로 옮겼더니 바벨론 왕 고레스 원년에 고레스왕이
조서를 내려 하나님의 이 전을 건축하게 하고 또 느부갓네살의 예루살렘
하나님의 전 속에서 금, 은 기명을 옮겨다가 바벨론 신당에 두었던 것을
고레스왕이 그 신당에서 취하여 그 세운 총독 세스바살이라 이름한 자에
게 내어주고 일러 가로되 너는 이 기명들을 가지고 가서 예루살렘 전에
두고 하나님의 전을 그 본처에 건축하라 하매 이에 이 세스바살이 이르
러 예루살렘 하나님의 전 지대를 놓았고 그 때로부터 지금까지 건축하여
오나 오히려 필역하지 못하였다 하였사오니 이제 왕이 선히 여기시거든
바벨론에서 왕의 국고에 조사하사 과연 고레스왕이 조서를 내려 하나님
의 이 전을 예루살렘에 건축하라 하셨는지 보시고 왕은 이 일에 대하여
왕의 기쁘신 뜻을 우리에게 보이소서" (스5:7-17)

우리는 이 상소문을 통해 예루살렘 성전 공사에 연관된 당시의 상황
을 파악할 수 있다. 이스라엘 민족에 대한 적대적인 세력을 가진 자들
의 활동과 그 가운데서 하나님의 말씀에 순종하고자 하는 언약 자손들
의 고통이 고스란히 드러나고 있다. 거기에는 성전을 건축하는 일에 관
여하시는 하나님의 놀라운 섭리가 담겨 있다. 상소한 내용을 전반적으
로 살펴보면 그 형편을 알 수 있게 된다.

(1) 문안 인사와 성전 건축의 진행 설명(스5:7,8)

페르시아 제국 서쪽 지역을 담당하는 총독을 비롯한 관료들은 다리
오왕에게 서신을 보내면서 먼저 그의 만수무강(萬壽無疆)을 빌었다. 그것
은 물론 상소문의 형식상 표현된 관례적 언급이었다. 그리고 뒤이어 유
다 지역에서 일어나고 있는 상황에 대하여 보고하고자 한다는 사실을
밝혔다. 예루살렘에 유다인들이 믿는 하나님의 성전을 짓는다는 정보

를 얻고 그곳에 직접 방문해 보았노라고 했다.

총독을 비롯한 여러 관료가 공사 현장을 방문해 보니 이미 큰 돌로 성전을 짓고 있었다는 사실을 보고했다. 또한 인부들은 벽에 나무를 얹어 모든 공사에 열중이었다는 사실을 고했다. 그리고 많은 노동자가 부지런히 일하고 있었으므로 그 진행 과정이 순조롭게 되어가고 있음을 언급했다. 그 말 가운데는 성전 공사를 막지 않고 그냥 두어서는 안 될 것 같다는 저들의 마음이 드러나고 있다.

(2) 성전 공사 중단을 위한 노력 설명(스5:9,10)

페르시아 제국의 현지 책임 당국자들은 예루살렘 성전 재건이 원활하게 진행되는 것을 보고 그 공사를 중단시키고자 노력했다는 뉘앙스를 풍기는 언급을 했다. 그 일이 간단하지 않은 문제를 내포하고 있는 것으로 판단한다는 것이었다. 따라서 건축하는 일을 진행하고 주도하는 유다인 장로들을 불러 그에 관한 사실을 확인했음을 언급했다.

그것을 위해 과연 누가 저들에게 명령을 내려 그 성전을 재건하고 성곽을 다시 중수해도 좋다는 허락을 했는지 물어보았다고 했다. 적어도 그 자리에 함께 있던 페르시아의 당국자들은 그것을 허락해준 적이 없다는 것이었다. 그래서 저들을 향해 어떤 법적 근거를 가지고 그 거대한 공사를 시작했느냐는 질문을 해보았노라고 했다. 페르시아 제국이 제시한 법적인 근거와 당국의 허락이 없이는 그 일을 해서는 안 된다고 말했다는 것이다.

그러므로 책임 소재를 분명히 밝히기 위해 성전과 성곽 중건을 주도하는 유다인 총책임자를 비롯한 그 휘하에 있는 지도자들을 구체적으로 알고자 하여 그 이름을 직접 물어보았다고 했다. 그들이 어떤 인물들인지 구체적으로 확인하여 왕에게 보고하고자 했기 때문이었다는 것이다. 즉 그들은 예루살렘에서 일어나는 모든 상황에 대하여 정확히 파악하여 보고하고자 최선의 노력을 기울였음을 언급했다.

(3) 유다인들의 반응과 첫 성전 파괴에 관한 설명(스5:11,12)

페르시아 제국의 지방 당국자들의 질문을 받은 유다 사람들은 그에 관한 답변을 했다. 그들은 스스로 천지의 주인이신 하나님의 종이라고 주장한다는 사실을 언급했다. 그들이 여호와 하나님을 위해 건축했던 원래의 성전이 파괴되어 다시금 건축을 시작하게 되었음을 말했다. 그 첫 성전은 이스라엘의 위대한 왕이 오래전 완전하게 건축한 것이라고 했다는 것이었다. 물론 그 왕이란 솔로몬을 일컫고 있음이 분명하다.

하지만 이스라엘 민족의 조상들이 천상에 계신 하나님의 율법을 떠나 그를 크게 진노케 했으므로 성전이 완전히 파괴되었다는 사실을 언급했다. 즉 하나님은 자기를 버린 자들을 갈대아 사람 바벨론 왕 느부갓네살의 손에 붙이셨다는 것이다. 그리하여 느부갓네살 왕이 예루살렘 성전을 파괴하고 이스라엘 백성을 바벨론으로 사로잡아 가게 되었노라는 것이었다. 이렇듯이 오래전 이스라엘 민족 가운데 있었던 역사적인 사실을 언급하며 그 실상을 다리오 왕에게 보고하게 되었다.

(4) 고레스 왕의 칙령에 관한 유다인들의 주장(스5:13-16)

페르시아 제국의 당국자들은 또한 그들이 전혀 예상치 못했던 내용을 유다인들이 주장한 사실에 관한 언급을 했다. 바벨론의 느부갓네살은 예루살렘에 있던 성전에서 금은으로 된 그릇들을 탈취하여 바벨론 사람들의 신당에 넣어두었다고 했다. 그런데 페르시아의 고레스 왕이 즉위한 원년에 예루살렘 성전을 재건하도록 하는 칙령을 내렸다는 것이었다. 그것은 왕명이었으므로 아무도 거부할 수 없는 사안이었다.

고레스 왕은 바벨론의 신당에 보관되어 있던 예루살렘 성전에서 탈취한 모든 물건을 당시의 총독 세스바살이라는 자에게 내어주었다고 했다. 그리고 그것들을 가지고 돌아가서 예루살렘 성전이 완공되면 그 안에 두라고 했다는 것이었다. 그것은 곧 성전 건축을 허용했을 뿐 아니라 적극적으로 지지했음을 말해주고 있다.

그 왕명에 따라 세스바살 총독은 가나안 본토로 귀환한 이스라엘 자손과 함께 하나님의 성전 기초를 놓았노라고 했다. 그때부터 예루살렘 성전이 건축되기 시작했으나 여러 사정으로 인해 완공하지 못했다고 했다. 이는 그 과정에서 성전 공사를 적극적으로 방해하는 세력이 있었음을 말해주고 있다. 예루살렘 성전 재건과 연관하여 그와 같은 역사적 정황들이 있었다는 것이다.

(5) 다리오 왕의 명령을 기다리겠다는 말(스5:17)

상소장의 마지막 부분에는 유프라테스강 서쪽 지역의 관리들이 왕의 답변을 기다린다는 내용이 기록되어 있었다. 다리오 왕이 기뻐한다면 문서실에 보관된 모든 서류를 자세히 조사하여 과연 고레스 왕이 칙령을 내려 예루살렘 성전을 재건하도록 허락했는지 살펴봐 달라는 요청을 했다. 이는 유다인들이 거짓으로 그렇게 말하는 것인지 아니면 실제로 그렇게 했는지 저들로서는 모른다는 것이었다.

그러므로 모든 형편을 살펴본 후 어떻게 대처해야 할지 왕의 뜻을 알려 달라고 했다. 저들은 왕의 신하일 따름이기 때문에 왕이 명령을 내리는 대로 따르겠다는 것이었다. 만일 왕이 예루살렘 성전의 재건을 허락한다면 그대로 따를 것이며 그와 달리 왕이 그것을 허락하지 않는다면 재건한 그 성전을 다시금 파괴할 수도 있음을 언급하고 있다.

상소장 말미에는 그와 연관된 모든 것을 왕이 기뻐하는 뜻에 맡긴다는 말로 마무리 짓고 있다. 페르시아 제국 관리들의 처지에서는 이제 모든 것이 다리오 왕의 판단에 맡겨지게 된 셈이다. 하지만 유다 백성들에게는 이미 확정된 하나님의 뜻에 모든 것이 달려 있다는 굳건한 믿음이 존재하고 있었다.

제6장

다리오 왕의 조서와 성전 완공 및 봉헌식

(스6:1-22)

1. 다리오 왕의 고레스 칙령 문서 확인 (스6:1-5)

유프라테스강 서편 지역 유다를 담당하는 관리들로부터 상소문을 받은 다리오 왕은 신하들에게 명령을 내렸다. 바벨론 시대부터 국가의 귀중품을 쌓아둔 보관소 문서들을 점검하여 과거에 고레스 왕이 내린 칙령이 있는지 살펴보라는 것이었다. 페르시아 제국이 권력을 장악한 초기에는 바벨론 사람들이 사용하던 창고를 그대로 보존했던 것으로 보인다.

왕의 명령을 들은 신하들은 메대 지방의 악메다 궁성에서 두루마리 문서 하나를 발견하게 되었다. 거기에는 고레스 왕이 내린 칙령이 기록되어 있었다. 그것은 고레스 왕이 페르시아 제국의 왕위에 오른 원년 곧 BC 538년에 내린 조서였다. 그 칙령의 내용은 다음과 같다.

"예루살렘 하나님의 전에 대하여 이르노니 이 전 곧 제사드리는 처소를

건축하되 지대를 견고히 쌓고 그 전의 높이는 육십 규빗으로, 너비도 육
십 규빗으로 하고 큰 돌 세 켜에 새 나무 한 켜를 놓으라 그 경비는 다 왕
실에서 내리라 또 느부갓네살이 예루살렘 전에서 취하여 바벨론으로 옮
겼던 하나님의 전 금, 은 그릇들을 돌려 보내어 예루살렘 성전에 가져다
가 하나님의 성전 안 각기 제자리에 둘지니라"(스6:3-5)

고레스 왕의 칙령에는 예루살렘에 다시 건축하게 될 성전에 관한 내
용이 담겨 있다. 그 가운데는 과거 하나님 앞에 희생 제사를 드리던 모
리아 산 그 자리에 성전을 건축하라는 명령이 포함되어 있었다. 그것을
위해 성전이 세워지게 될 땅의 기초를 견고하게 닦고 그 높이는 육십
규빗, 그 너비도 육십 규빗으로 하고 벽은 큰 돌로 세 층을 먼저 쌓아
올린 후 거기에 새 나무(new timber)를 한 겹 대도록 요구했다. 그것은
각각 27m 정도 되는 건축물의 규모가 된다. 성전의 크기와 규모는 왕
이 마음대로 정한 것이라기보다 언약 가운데 제시된 것으로 이해하는
것이 자연스럽다.

그리고 고레스 왕은 그 성전을 건축하는 데 드는 모든 경비를 왕실에
서 부담하리라고 했다. 또한 과거 느부갓네살이 예루살렘 성전에서 탈
취하여 바벨론으로 가지고 온 성전의 금, 은그릇들을 돌려보내 예루살
렘 성전으로 가져가도록 했다. 그것들을 각기 하나님의 성전 내부 제자
리에 두라는 것이었다.

2. 다리오 왕이 강 서편 지역 총독에게 내린 조서 (스6:6-12)

고레스 왕의 칙령을 세밀하게 확인한 다리오 왕은 그에 전적으로 따
랐다. 그는 즉시 강 서편 지역의 총독부와 관리들에게 명령을 내렸다.
그는 조서를 내려 예루살렘 성전 공사를 막지 말고 지속하도록 하라는
것이었다. 그리고 성전을 건축하는 동안 유다 사람들을 위해 건축 경비

를 지원하여 적극적인 도움을 주라고 지시했다.

"이제 강 서편 총독 닷드내와 스달보스내와 너희 동료 강 서편 아바삭 사
람들은 그곳을 멀리하여 하나님의 전 역사를 막지 말고 유다 총독과 장
로들로 하나님의 이 전을 본처에 건축하게 하라 내가 또 조서를 내려서
하나님의 이 전을 건축함에 대하여 너희가 유다 사람의 장로들에게 행할
것을 알게 하노니 왕의 재산 곧 강 서편 세금 중에서 그 경비를 이 사람들
에게 신속히 주어 저희로 지체치 않게 하라 또 그 수용물 곧 하늘의 하나
님께 드릴 번제의 수송아지와 수양과 어린 양과 또 밀과 소금과 포도주
와 기름을 예루살렘 제사장의 소청대로 영락 없이 날마다 주어 저희로
하늘의 하나님께 향기로운 제물을 드려 왕과 왕자들의 생명을 위하여 기
도하게 하라 내가 또 조서를 내리노니 무론 누구든지 이 명령을 변개하
면 그 집에서 들보를 빼어내고 저를 그 위에 매어달게 하고 그 집은 이로
인하여 거름더미가 되게 하라 만일 열왕이나 백성이 이 조서를 변개하고
손을 들어 예루살렘 하나님의 전을 헐찐대 그곳에 이름을 두신 하나님이
저희를 멸하시기를 원하노라 나 다리오가 조서를 내렸노니 신속히 행할
찌어다"(스6:6-12)

우리는 여기서 다리오 왕이 내린 조서의 내용을 몇 가지로 나누어 생
각해 볼 필요가 있다. 우선 왕은 유다 사람들이 예루살렘 성전을 건립
하는 것을 보며 그것을 막지 말라는 명령이었다. 그리고 성전 재건을
위해 재정을 비롯한 모든 면에서 적극적인 지원을 아끼지 말라는 당부
를 했다.

또한 이스라엘 자손이 성전에서 하나님 앞에 제물을 바칠 때 그것을
위한 동물과 곡물 그리고 포도주를 주어 페르시아 왕가를 위해 기도하
게 하라는 말을 했다. 그와 더불어 자기가 명하는 모든 내용을 반드시
지키고 그것을 무시하거나 다르게 고치는 자에 대해서는 엄벌을 내리
겠다고 했다. 그 내용을 다시금 살펴보면 다음과 같다.

(1) 예루살렘 성전 건립을 막지 말라는 명령(스6:6,7)

다리오 왕은 가장 먼저 유프라테스강 서편 지역의 관리 책임을 맡고 있던 총독 닷드내를 비롯한 관리들에게 조서를 내렸다. 그동안 예루살렘 성전 건축을 방해하며 유다 사람들의 반대편에 선 사람들 역시 그 명을 들어 복종해야만 했다. 당시 권력을 가진 자들과 그에 동조하는 무리는 예루살렘 성전 건립을 탐탁지 않게 여기고 있던 상태였다.

그러므로 이제 예루살렘 성읍과 성전을 건축하는 사람들에게서 멀리 떨어져 부당한 간섭을 하지 말라는 지시를 내렸다. 하나님의 성전을 건립하는 일을 막거나 방해하지 못하도록 했다. 그 대신 총독을 비롯한 지도자들에게 예루살렘에 성전을 건축하는 일을 위해 적극적인 도움을 주라는 명령을 내렸다.

우리가 여기서 분명히 알 수 있는 점은 다리오 왕이 예루살렘 성전을 하나님의 전으로 이해하고 있었다는 사실이다. 물론 그는 여호와 하나님을 인격적인 신앙으로 받아들인 것은 아니었으나 이스라엘 민족의 하나님에 대한 최대한의 예를 갖추고 있었던 것은 분명하다. 어쨌거나 최고 권력자의 그와 같은 종교적인 사고는 예루살렘 성전 건립에 큰 힘이 되었던 것은 틀림없는 사실이다.

(2) 왕의 재정으로 건축 경비를 지원하라는 명령(스6:8)

다리오 왕은 조서 가운데서 재정 문제에 연관된 특별한 언급을 했다. 예루살렘 성전을 건축할 때 많은 경비가 들 터이니 국고(國庫)로 적극적인 지원을 해주라는 것이었다. 이처럼 그는 재정 충당을 위한 방법에 대해서도 특별한 지침을 주었다. 그와 같은 시행은 성전 건축 실무에 종사하는 유다인 장로들을 위한 배려였다.

당시 유프라테스강 서편 지역에 살아가는 페르시아 제국에 속한 백성들은 납세의 의무를 지니고 있었다. 농업이나 상업에 종사하든지 혹 다른 어떤 일을 하여 수익이 생기면 왕국에 정당한 세금을 바쳐야 했다. 당시의 국가 체제에서는 세금으로 거두어진 돈은 왕의 재산으로 간주 되었다.

그러므로 이스라엘 백성이 예루살렘 성전을 건축하는 일이 원활히 진행될 수 있도록 왕에게 속한 재산을 지원해 주라고 했다. 재정에 관한 그 일을 늦추거나 머뭇거리지 말고 신속하게 행하라는 명령을 내렸다. 그리하여 그들이 성전을 건축하는 일을 지체하지 않고 실행할 수 있게 해주라는 것이었다.

우리는 이를 통해 예루살렘 성전 재건을 위한 다리오 왕의 적극적인 정책을 엿볼 수 있다. 그것은 오래전 고레스 왕이 내린 칙령의 정신을 그대로 이어받은 것과 연관되어 있다. 이처럼 하나님께서는 불신자인 이방인들의 마음을 움직여 모든 것이 원활하게 진행되어 가도록 하셨다.

(3) 제물(祭物) 제공과 페르시아 왕가(王家)를 위한 기도 요청(스6:9,10)

다리오 왕은 조서 가운데 매우 특이하면서도 중요한 내용을 명령했다. 그것은 이스라엘 백성들이 여호와 하나님을 섬기는 제사를 위해 필요한 제물을 충분히 지원해 주라는 것이었다. 즉 예루살렘의 제사장들이 수송아지와 수양과 어린 양을 번제로 바치고자 한다면 날마다 어김없이 준비해 주라고 했다.

또한 그들이 소제를 위한 밀과 소금, 그리고 전제를 위한 포도주와 감람유를 필요로 한다면 날마다 그대로 제공하라는 말을 했다. 이는 이스라엘 민족의 제사장들이 예루살렘 성전에서 하나님께 제사를 지낼 때 제물이 부족하여 문제가 발생하지 않도록 하라는 페르시아 제국 왕의 명령이었다. 그리하여 페르시아의 관료들은 항상 그에 관한 관심과 더불어 크게 신경을 쓰고 있어야만 했다.

막강한 세력을 지닌 페르시아 제국의 최고 통치권자인 다리오 왕이 유다 백성으로 하여금 여호와 하나님 앞에 향기로운 제물을 넘치도록 바치게 한 이유는 분명하다. 그것은 그와 같은 지원을 통해 호감을 사서 저들로 하여금 다리오 왕 자신과 왕가(王家)를 위해 기도해 주기를 바랐기 때문이다. 우리가 여기서 알게 되는 것은 다리오 왕이 여호와 하나님에 대한 막연한 두려움을 가지고 있었다는 사실이다. 그것은 물론 하나님의 특별한 간섭으로 말미암은 것으로 이해해야 한다.

(4) 왕의 조서를 다르게 고치는 자들에 대한 경고(스6:11,12)

다리오 왕은 또한 누구든지 자기가 내린 명령을 어기거나 다르게 고치는 자가 있다면 엄하게 벌하리라는 경고의 메시지를 보냈다. 만일 그와 같은 일이 발생한다면 그 당사자의 집 들보를 빼내 거처를 파괴해버리겠다고 했다. 그리고 그 빼낸 들보를 땅 위에 세우고 그를 거기 매달아 처형하겠다는 사실을 언급했다. 그렇게 되면 그 집과 주변은 완전히 파괴되어 거름더미처럼 되어 버린다.

또한 세상에서 통치권을 가진 왕들 가운데 누구든지 그 조서의 내용을 변개하고 예루살렘에 세워진 하나님의 성전을 파괴하는 자는 저주를 받게 되리라고 했다. 나아가 그런 일을 저지르는 자에게는 그 성전의 주인인 이스라엘 민족의 하나님이 저들을 완전히 파멸시키기를 원한다는 점을 언급했다. 그리고는 그 조서에 기록된 모든 내용을 신속하게 실행하라는 명령을 내렸으며 관련자들은 그에 복종해야만 했다.

3. 총독부의 협조와 성전 완공 (스6:13-15)

다리오 왕이 내린 조서를 받은 유프라테스강 서편을 관장하던 총독을 비롯한 그의 동료들은 그대로 복종해야만 했다. 그들은 왕의 명령에 따르기 위해 모든 것을 신속하게 준비했다. 따라서 외형상으로는 페르시아 제국의 통치권을 가진 왕의 허락과 그에 복종하는 신하들의 지원으로 말미암아 성전 건축이 진행되는 것으로 보인다.

하지만 우리는 그 모든 것이 여호와 하나님의 특별한 섭리와 경륜에 연관되어 진척된 것으로 이해해야 한다. 예루살렘 성전 건축이 이스라엘 민족의 지도자들에 의해 순조롭게 진행되었던 것은 학개와 스가랴의 예언과 권면에 기초하고 있었기 때문이다. 즉 계시된 하나님의 언약에 따라 그 모든 일이 진행되어 갈 때 하나님께서는 이방인들의 권력과 능력을 도구로 삼으셨다.

이렇게 하여 예루살렘 성전 재건이 완성되었다. 그것은 형식적으로 볼 때 페르시아 제국의 고레스와 다리오와 아닥사스다 왕의 조서가 큰 역할을 한 결과라 할 수 있다.[23] 그리하여 다리오 왕 즉위 6년인 BC

---

23) 고레스 곧 키루스(Kyrus) 2세 왕(BC 550-530)은 바벨론 제국을 무너뜨리고 페르시아 제국을 세운 개국 왕이다. 고레스의 사망 후에는 캄비세스(Cambyses) 2세 곧 아닥사스다가 그 뒤를 이어 왕위를 계승하게 되지만 나중 가우마타(Gaumata)가 BC 522년 왕위를 찬탈하여 7개월 정도 권력을 장악하게 된다. 그리고 그 반란 세력을 진압하고 왕위에 오른 다리오 1세(Darius 1)는, 에스라서 6장에 나오는 왕으로서 BC 522-486 사이에 페르시아 제국을 통치했다. 성경에는 아닥사스다라는 이름을 가진 왕이 여러 명 나타나는데 캄비세스 외에 아닥사스다 1세(BC 465-424), 2세(BC 404-358), 3세(BC 358-328)가 더 있다. 에스라서 4:7-24에 기록된 아닥사스다 왕은 다리오 왕 앞의 캄비세스로 예루살렘 성전 건립을 중단시켰다. 그리고 에스라서 5:1과 6:14에 소개된 선지자 학개와 스가랴는 그 어간인 다리오 왕 2년 곧 520년 무렵 하나님의 말씀을 계시받아 예언했다(슥1:1; 학1:1). 한편 에스라서 7장 이후에 나오는 아닥사스다 왕은 고레스 왕의 아들 캄비세스가 아닌 아하수에로 왕의 아들 아닥사스다 1세이다. 에스라서 6:14에 언급된 아닥사스다 왕은 고레스 왕의 아들 캄비세스가 아니다. 따라서 본문에서 예루살렘 성전 건축을 허락한 아닥사스다는 아마도 다리오 왕 이전의 찬탈 왕 가우마타인 것으로 보인다. 그는 앞선 통치자였던 캄비세스의 정책과 차별화를 시도하는 과정에서 그와 같은 조서를 내렸을 가능성이 크다. 물론 불과 7개월 정도의 짧은 기간 동안 권력을 행사한 찬탈 왕의 그 조서가 그다지 효과를 내지 못했을 것은 분명하다.

516년, 히브리 달력으로 아달월 곧 12월 3일 성전이 완공되었다. 다리오 왕 2년 6월 24일에 성전 재건을 개시했으니 4년 6개월이 걸려 성전 건축을 마칠 수 있게 되었다.

4. 성대한 성전 봉헌식 (스6:16-18)

역사 가운데서 예루살렘 성전 재건이 완공된 것은 구속사적인 의미를 지니는 매우 중요한 일로서 언약의 자손들에게는 천상의 나라에 연결된 감격스러운 사건이었다. 하지만 그 진정한 의미를 알지 못하는 페르시아 제국의 왕을 비롯한 관료들 역시 그것을 보며 즐거워했을 것이다. 이는 동일한 사건에 의해 어떤 즐거움을 느낀다고 할지라도 그 본질적 의미는 전혀 다르다는 사실을 말해주고 있다.

첫 번째 예루살렘 성전이 파괴되고 처참한 모습으로 이방의 포로가 되어 사로잡혀 갔다가 본토로 돌아온 유다 사람들에게는 감격이 넘치지 않을 수 없었다. 따라서 이스라엘의 제사장들과 레위인들을 비롯한 온 백성이 모여 하나님의 성전 봉헌식을 행하게 되었다. 그때 수소 일백 마리와 수양 이백 마리와 어린 양 사백 마리를 제물로 바쳤다.

그리고 이스라엘 열두 지파의 수를 기념하여 수 염소 열두 마리를 이스라엘 민족 전체를 위한 속죄제로 드렸다. 이는 예루살렘 성전이 언약의 자손들을 위한 속죄와 구원의 기능을 하게 된다는 사실을 선포하는 의미를 지니고 있다. 따라서 여호와 하나님께 제사를 지내는 제사장들로 하여금 율법에 기록된 규례에 따라 섬기도록 하고, 레위인들에게는 질서에 따라 성전 사역을 보조하는 일을 감당하게 했다.

성전에서 여호와 하나님을 섬기는 모든 일은 모세의 율법에 기록된 규례에 따라 진행되었다. 이는 예루살렘 성전을 건축하는 일과 그 안에 특별히 만들어진 지성소와 성소 역시 하나님의 율법에 근거하여 지어진 사실을 말해주고 있다. 물론 성전 내부에 설치되어 놓이게 된 하나

님의 언약궤와 향단과 금 촛대와 떡 상 등 모든 성물은 율법의 규례에
따라 배열되었다.

5. 성전 완공과 더불어 지켜진 유월절 (스6:19-22)

다리오 왕이 즉위한 지 6년이 되던 해인 BC 516년 히브리 달력으로
아달월 곧 12월 3일 예루살렘 성전이 완공되고 나서 그 이듬해 정월 14
일에 이스라엘 자손은 유월절을 지켰다. 그것을 위해 제사장들과 레위
인들이 일제히 자신의 몸을 정결하게 했다. 그 의례의 준수와 더불어,
이방 세력의 노예 생활을 청산하고 가나안 본토로 귀환한 레위인들과
제사장들은 자기들을 위한 유월절 양을 잡았다.

가나안 땅 본토로 귀환한 이스라엘 자손과 이방인으로서 언약의 민
족 안으로 들어온 자들은 부정한 것들을 버리고 하나님의 언약에 속하
게 되었다. 그리하여 여호와 하나님의 은혜를 구하는 모든 백성은 유월
절 음식을 먹었다. 그들은 즐거운 마음으로 그후 이레 동안을 무교절로
지켰다. 이는 여호와 하나님께서 저들로 하여금 즐겁게 절기를 지키도
록 해주셨기 때문이었다.

또한 하나님께서 '앗수르 왕'의 마음을 저희에게로 돌이켜 이스라
엘의 하나님이신 예루살렘 성전을 건축하는 손을 힘있게 해주셨다고
했다(스6:22). 한글 개역 성경에서 '앗수르 왕'이라 번역한 것은 포괄적
의미로 이해하는 것이 자연스러운 관점이라 여겨진다. 즉 당시는 앗수
르 왕국이 패망한 지 오래되었기 때문에 본문에서 '앗수르'라고 한 것
은 당시에도 존재했던 지역적인 의미에 연관되는 것으로 이해하는 것
이 자연스럽다.[24] 물론 본문에 언급된 실제 인물은 다리오 왕을 지칭하

---

24) 에스라서 6:22의 '앗수르 왕'을 한글 '현대인의 성경'에서는 '페르시아 황제
다리우스'로 번역하고 있으며 '공동번역'에서는 '다리우스 황제'로 번역하
고 있다.

고 있음은 의심의 여지가 없다.

6. 다리오 왕은 과연 언약의 백성에 속한 인물이었던가?

페르시아 제국의 다리오 왕은 예루살렘 성전을 건축하는 일을 적극적으로 도운 인물이었다. 그는 유프라테스강 서편 지역을 담당하던 총독부와 지방 관료들을 향해 유다 사람들을 위해 지원을 아끼지 말라는 명령을 내렸다. 더구나 왕의 국고(國庫)에 속한 재정을 아낌없이 충분히 지원하도록 허락했다.

특히 성전에서 제물을 바치는 일을 위해 동물과 곡물, 그리고 포도주를 준비하는 일에 어려움을 겪지 않도록 지원하라고 명령했다. 하나님 앞에 바치는 제물을 확보하는 일까지 지원한다는 것은 이방 종교인으로선 결코 쉬운 일이 아니었다. 그럼에도 불구하고 그가 그렇게 했던 것은 자기와 왕실을 위해 기도해 주도록 요청하려는 의도가 담겨 있었다.

어떠한 개인적인 목적이 있었든지 간에 다리오 왕이 예루살렘 성전 건립과 연관된 모든 문제에 대하여 이스라엘 백성을 위해 힘을 다해 도운 것은 사실이다. 나아가 여호와 하나님께 동물, 곡물, 포도주 등 다양한 제물을 바치도록 하고 일정 부분 도운 것도 그렇다. 그리고 자기와 자기 집안을 위해 이스라엘의 하나님께 기도해 달라고 요구한 것 역시 여호와 하나님에 대한 두려움을 가지고 있었다는 사실을 말해주고 있다.

하지만 그와 같은 많은 도움을 주었다고 해서 그가 하나님의 언약의 백성이라 말할 수 없다. 그는 할례를 받지 않았으며 날마다 드리는 상번제와 안식일, 월삭, 각양 절기들을 지키며 그에 참여한 것으로 볼 수 없기 때문이다. 만일 그가 할례를 받고 언약 자손들의 한 구성원이 되었다면 성경이 그에 연관된 사실에 대하여 침묵할 리 없다. 이는 앞에서 언급한 것처럼 고레스 왕이 유다 사람들을 위해 많은 중요한 일들을 했으나 그가 언약의 자손으로 볼 수 없는 사실과 마찬가지다.

이처럼 여호와 하나님께서는 이방인들을 자기를 위한 선한 도구로 사용한 예는 역사 가운데 얼마든지 많이 볼 수 있다. 중요한 점은 오늘날 우리 시대에도 그와 같은 일이 그대로 발생하고 있다는 사실이다. 기독교인으로 행세하며 많은 사람에게 어느 정도 괜찮은 영향을 끼치고 칭송을 받을지라도 그 가운데는 불신자들이 상당수 있을 수 있는 것이다.

| 제2부 |

에스라의 인도로 귀환한 백성과 개혁 운동

제7장

에스라의 인도로 가나안 본토에 돌아가는 이스라엘 백성들

(스7:1-28)

1. 학사 겸 제사장 에스라와 이스라엘 자손의 귀환 (스7:1-10)

에스라서 7장에 언급된 아닥사스다 왕은 앞의 4장에 기록된 아닥사스다 왕 곧 캄비세스와 다른 인물이다. 페르시아 왕 아닥사스다 1세가 왕위에 있을 때 이스라엘 민족 가운데 학사 겸 제사장 에스라가 활동하고 있었다. 그는 대제사장 아론의 십육 대 손으로서 레위 지파 제사장 가문에 속한 사람이었다.

고레스 왕의 칙령에 따라 스룹바벨이 이스라엘 자손을 인도하여 첫 번째 귀환을 할 때 에스라 집안의 선조들은 페르시아 지역에 남아있었다. 외부적인 구체적인 이유를 알 수 없으나 하나님의 섭리에 의한 것이란 사실은 의심의 여지가 없다. 그리하여 에스라는 BC 538년 고레스 왕이 이스라엘 민족에게 본토 귀환을 위한 칙령을 반포한 후 80년이 지난 BC 458년에 남은 백성들 가운데 일부를 이끌고 두 번째로 귀환하게 되었다.

학사 겸 제사장이었던 에스라는 이스라엘 자손이 포로 생활을 하던 바벨론 땅25)으로부터 많은 백성을 이끌고 가나안 본토로 돌아왔다. 여호와 하나님께서 모세를 통해 허락하신 율법에 익숙한 학사였던 그는 철저한 신앙을 유지했으며 백성들에게도 그와 같은 삶을 요구했다. 그는 하나님의 도움을 힘입고 있었으므로 왕에게 구하는 모든 것을 허락받을 수 있었다.

에스라가 아닥사스다 왕이 즉위한 후 제 칠 년26)이 되던 해 이스라엘 자손들 곧 제사장들과 레위인들과 노래하는 자들과 문지기들과 느디님 사람들 가운데 일부를 예루살렘으로 데리고 왔다. 그들은 정월 초하루에 바벨론 지역을 떠나 길을 행하기 시작하여 그해 오월 초하루에 예루살렘에 도착하게 되었다. 만 4개월 동안을 하나님의 도우심과 선한 손길에 의해 무사히 귀환할 수 있었다.27)

당시 이스라엘 민족을 인도한 에스라는 신앙에 대한 확고한 정신을 소유하고 있었다. 그는 여호와 하나님의 율법을 신실하게 연구하여 준행하며 율례와 규례를 온전히 지키는 것이 중요하다는 사실을 알고 있었다. 따라서 그는 본토로 돌아온 이스라엘 자손들에게 하나님의 말씀을 올바르게 가르치기로 하였다. 그들에게 소중한 것은 다른 어떤 조건

---

25) 바벨론 제국이 패망한 후 페르시아 제국이 패권을 장악했으나 '바벨론 지역'은 여전히 그 자리에 존재하고 있었다.

26) 여기서 언급된 페르시아 왕은 흔히 일컫는 아닥사스다 1세(BC 465-424)이다. 그가 즉위한 지 칠 년이 되던 해는 곧 BC 458년이다.

27) 바벨론에서 예루살렘까지는 1,000km가 훨씬 넘는 먼 거리이다. 당시 가나안 본토로 귀환하는 백성들 가운데는 어린아이들이나 노약자들이 포함되어 있었으며 짐승들도 많이 있었다. 또한 날마다 잠자리를 위해 적절한 장소를 찾는 일과 음식을 먹고 마시는 일, 그리고 배설하는 문제 등은 어려운 상황일 수밖에 없었다. 하지만 유다 자손들은 그 먼 길을 강행군하여 4개월 만에 예루살렘에 도착할 수 있었다. 하나님의 도우심과 더불어 본토로 귀환하는 백성들의 소망으로 인해 능히 그 여정을 완수하게 되었다.

과 환경이 아니라 하나님의 율법을 알고 그에 순종하는 삶이었다.

이는 사실 매우 중요한 의미를 지니고 있다. 에스라가 그와 같이 작정한 것은 비록 그와 함께 약속의 땅 가나안으로 돌아가게 된 자들뿐 아니라 수십 년 전에 이미 그곳에 도착해 살아가던 이스라엘 백성들에게 직접적인 영향을 끼칠 것이었기 때문이다. 바벨론 포로에서 돌아와 수십 년 동안 가나안 땅에 살아가던 사람들의 신앙은 느슨해져 있었다. 따라서 하나님께서는 에스라를 통해 백성들의 신앙을 다시금 다잡고자 하셨다.

2. 아닥사스다 왕의 조서

(1) 아닥사스다 왕의 조서와 결심(스7:11)

에스라는 하나님께서 언약의 자손들에게 주신 계명과 율례에 익숙할 뿐 아니라 그에 온전히 순종하는 학사 겸 제사장이었다. 페르시아의 아닥사스다 왕은 바로 그 에스라에게 조서를 내렸다. 거기에는 이스라엘의 남은 자손들에게 가나안 땅으로 귀환을 허락하는 내용이 담겨 있었다. 따라서 그들 가운데 일부가 가나안 본토로 귀환하게 될 때 단순히 몸만 옮겨가는 것이 아니라 하나님의 율법에 순종하여 따르는 것이 중요했다.

그 일을 위해 하나님께서는 에스라를 특별히 지목하여 세우셨으며 아닥사스다로 하여금 그에게 조서를 내리도록 하셨다. 즉 아닥사스다 왕의 조서는 하나님의 적극적인 간섭에 따른 것으로 이해해야 한다. 왕이 내린 조서의 내용은 크게 보아 세 부분으로 나누어진다. 그것은 에스라에게 내리는 명령, 서부지역을 담당하는 관리들에게 내리는 명령, 그리고 또다시 에스라에게 내리는 명령으로 구성되어 있다.

(2) 조서의 내용

① 에스라에게 내린 명령(스7:11-20)

"모든 왕의 왕 아닥사스다는 하늘의 하나님의 율법에 완전한 학사 겸 제 사장 에스라에게 조서하노니 우리 나라에 있는 이스라엘 백성과 저희 제 사장들과 레위 사람들 중에 예루살렘으로 올라갈 뜻이 있는 자는 누구든 지 너와 함께 갈찌어다. 너는 네 손에 있는 네 하나님의 율법을 좇아 유 다와 예루살렘의 정형을 살피기 위하여 왕과 일곱 모사의 보냄을 받았으 니 왕과 모사들이 예루살렘에 거하신 이스라엘 하나님께 성심으로 드리 는 은금을 가져가고 또 네가 바벨론 온 도에서 얻을 모든 은금과 및 백성 과 제사장들이 예루살렘 그 하나님의 전을 위하여 즐거이 드릴 예물을 가져다가 그 돈으로 수송아지와 수양과 어린 양과 그 소제와 그 전제의 물품을 신속히 사서 예루살렘 네 하나님의 전 단 위에 드리고 그 나머지 은금은 너와 너의 형제가 선히 여기는 일에 너희 하나님의 뜻을 좇아 쓸 지며 네 하나님의 전에서 섬기는 일을 위하여 네게 준 기명은 예루살렘 하나님 앞에 드리고 그 외에도 네 하나님의 전에 쓰일 것이 있어서 네가 드리고자 하거든 무엇이든지 왕의 내탕고에서 취하여 드릴지니라"(스 7:12-20)

아닥사스다 왕은 조서를 내리면서 가장 먼저 당시 이스라엘 민족의 지도자였던 학사 겸 제사장 에스라에게 명령을 내렸다. 왕은 이스라엘 민족에 대하여 우호적인 생각을 하고 있었으며 당연히 에스라에게도 동일한 마음이었다. 그는 에스라를 하나님의 율법에 능통한 자로 인정 했으며 왕 자신도 그에 관하여 매우 긍정적이었다.

그러므로 왕은 조서를 통해 페르시아 제국의 경내에 살고 있는 이스 라엘 백성들과 그들의 신앙을 인도하고 있는 제사장들과 레위인들 가 운데 예루살렘으로 올라갈 뜻이 있는 자는 그와 함께 갈 수 있도록 허락했다. 그들이 가나안 본토로 귀환하게 되면 에스라가 그 인도자가 된다는 사실을 언급했다.

그리고 아닥사스다 왕은 매우 중요한 내용을 언급하고 있다. 그것은 왕 자신이 자문관 일곱 명과 논의한 끝에 예루살렘과 유다에서 이스라엘의 하나님 여호와의 율법이 어떻게 잘 지켜지고 있는지 그 형편을 알아보고자 하여 그를 보낸다고 말했기 때문이다. 이는 BC 538년에 반포된 고레스 왕의 칙령에 따라 먼저 가나안 땅으로 간 사람들이 하나님의 율법을 잘 지켜 따르는지 확인하고자 한다는 의미를 내포하고 있다. 이 말 가운데는 이제 하나님의 율법에 익숙한 에스라를 보내 모든 것이 원활하게 진행되도록 하고자 한다는 왕의 뜻이 담겨 있다.

그 일을 위해 페르시아 왕과 자문관들이 예루살렘에 거하는 이스라엘 하나님께 정성껏 바치는 은금과 과거 바벨론이 통치하던 전 지역에서 거두어들인 은금, 그리고 또 뒤에 남게 될 이스라엘 백성과 제사장들이 예루살렘에 있는 하나님의 성전에 즐거운 마음으로 바칠 예물을 모두 가져가라고 했다. 그 보물을 가지고 예루살렘으로 가서 성전을 위해 요긴하게 사용하라는 것이었다.

따라서 그 돈으로 하나님 앞에 기쁨으로 바칠 예물을 준비하도록 했다. 즉 수송아지와 수양과 어린 양과 소제와 전제를 위해 필요한 모든 것들을 구입하라고 했다. 그렇게 하고 남은 은금은 에스라와 그 형제들이 선하게 여기는 일을 위해 쓰되 여호와 하나님의 뜻에 따라 사용하라는 권면을 했다.

또한 하나님의 성전에서 섬기는 일을 위하여 왕이 마련해 준 그릇들을 비롯한 기구들은 하나님 앞에 제대로 배열하라고 했다. 그 외에 예루살렘 성전을 위해 필요한 것이 더 있다면 모든 것을 제공하리라고 했다. 무엇이든지 왕의 재물 창고에서 취하여 사용해도 된다는 것이었다. 이처럼 아닥사스다 왕은 유다 백성들이 예루살렘 성전에서 율법에 따라 하나님을 온전히 섬길 수 있도록 최선의 배려를 했다.

② 페르시아 관리에게 내린 조서(스7:21-24)

"나 곧 나 아닥사스다왕이 강 서편 모든 고지기에게 조서를 내려 이르기를 하늘의 하나님의 율법의 학사 겸 제사장 에스라가 무릇 너희에게 구하는 것은 신속히 시행하되 은은 일백 달란트까지, 밀은 일백 고르까지, 포도주는 일백 밧까지, 기름도 일백 밧까지 하고 소금은 정수 없이 하라. 무릇 하늘의 하나님의 전을 위하여 하늘의 하나님의 명하신 것은 삼가 행하라. 어찌하여 진노가 왕과 왕자의 나라에 임하게 하랴. 내가 너희에게 이르노니 제사장들이나 레위 사람들이나 노래하는 자들이나 문지기들이나 느디님 사람들이나 혹 하나님의 전에서 일하는 자들에게 조공과 잡세와 부세를 받는 것이 불가하니라"(스7:21-24)

아닥사스다 왕은 조서 가운데서 뒤이어 유프라테스강 서편의 국고를 관리하는 재무 담당관들에게 명령을 내렸다. 이스라엘의 율법에 따라 하늘의 하나님을 섬기는 학사 겸 제사장 에스라가 무엇이든지 지원을 요청하면 지체하지 말고 그것을 들어주라고 했다. 물론 조건 없이 다 들어주라는 것은 아니었다.

은은 일백 달란트(talents)까지, 밀은 일백 고르(cors)까지, 포도주는 일백 밧(baths)까지, 기름은 일백 밧(baths)까지 정하고 소금은 그 양을 제한하지 말고 그들이 요구하는 대로 지원하라고 했다.[28] 예루살렘에 세워진 하나님의 성전을 위하여 하나님이 원하여 명하는 것은 주의를 기울여 행하라는 것이었다. 왕이 그와 같이 명했던 까닭은 그렇게 하는 것이 하나님의 원하는 바라는 생각과 연관되어 있었다.

하지만 아닥사스다 왕이 조서를 통해 페르시아 관리들에게 그와 같은 명령을 내렸던 것은 순수한 신앙이 아니라 하나님에 대한 두려움 때

---

28) 한글 '현대인의 성경'에서는 그 수량을 현대의 도량형(度量衡)에 맞추어 기록하고 있다: "그 한 도량은 은 3,400킬로그램, 밀 22킬로리터, 포도주와 감람 기름은 각각 2,200리터이다. 그리고 소금은 요구하는 대로 얼마든지 주어라"(스7:22).

문이었다. 그는, 여호와 하나님의 진노를 불러일으켜 페르시아 왕인 자기와 자손들이 다스릴 황실에 재앙이 임하게 할 수 없다고 말했다. 그가 진정한 신앙 없는 상태에서 여호와 하나님에 대한 공포감을 느끼게 되었던 것은 바벨론 제국의 여호와를 향한 만행 이후 여러 왕이 그로 인해 심한 재난을 당한 것으로 알고 있었기 때문이다.

그리고 자기 아버지 아하수에로 왕의 피살 사건에 관한 부담스러운 기억 또한 그에 연관되어 있었을 것으로 보인다. 즉 선왕인 그가 측근의 신하에 의해 살해당한 것은 왕비였던 에스더와 총리대신 모르드개의 신인 여호와 하나님이 도와주지 않았기 때문이었던 것으로 생각했을 수 있다. 이처럼 여호와가 자기를 도와주지 않으면 자기 또한 극심한 어려움에 부닥칠 수 있다고 생각하게 되었다.

그러므로 아닥사스다 왕은 이스라엘 자손들에게 본토 귀환을 허용하며 특혜를 베풀어 주기까지 했다. 유다인 제사장들과 레위인들, 노래하는 자들, 문지기들, 느디님 사람들 등 예루살렘 성전에서 직책을 맡아 봉사하는 자들에게는 조공과 세금과 관세를 부과하지 못하도록 면세 명령을 내렸다. 이는 저들에게 베풀어진 대단한 특혜가 아닐 수 없었다. 이를 통해 우리는 아닥사스다 왕의 생각과 입장을 분명히 알 수 있다.

③ 에스라에게 내린 조서(스7:25,26)

"에스라여, 너는 네 손에 있는 네 하나님의 지혜를 따라 네 하나님의 율법을 아는 자로 유사와 재판관을 삼아 강 서편 모든 백성을 재판하게 하고 그 알지 못하는 자는 너희가 가르치라. 무릇 네 하나님의 명령과 왕의 명령을 준행치 아니하는 자는 속히 그 죄를 정하여 혹 죽이거나 정배하거나 가산을 적몰하거나 옥에 가둘찌니라"(스7:25,26)

아닥사스다 왕은 조서를 통해 에스라에게 먼저 명령을 내린 다음 페르시아 관료들에게 특별한 명을 내렸다. 그후 다시금 에스라를 향해 말했다. 그것은 강 서편(beyond the river) 지역의 모든 백성을 재판할 때 하나님의 율법을 기준으로 삼으라는 것이었다. 여기서 강 건너편이란 말은 외적인 형편상 유프라테스강을 떠올릴 수 있다고 할지라도 그 실제적인 의미상 요단강 서편으로 이해하는 것이 자연스럽다.[29)]

우리는 여기서 아닥사스다 왕이 유프라테스강 서편의 광대한 지역을 페르시아 제국의 법이 아니라 이스라엘 민족의 율법으로 다스리며 재판하라는 말을 한 것으로 받아들이기 어렵다. 이는 유프라테스강 서편 지역 전체를 하나님의 성전이 있는 예루살렘에 예속된 개념으로 이해할 수 없기 때문이다. 그 대신 요단강 서편은 예루살렘과 그 안에 세워진 하나님의 성전을 중심으로 하여 살아가는 자들에게 하나님의 율법으로 다스리는 것은 자연스러운 일이다.

그처럼 아닥사스다 왕은 에스라에게 여호와 하나님의 지혜에 따라 하나님의 율법을 아는 자를 지도자와 재판관을 삼아 강 서편 모든 백성을 다스리며 재판하라고 요구했다. 이스라엘 민족의 율법이 통치와 재판의 근거가 되도록 하라는 것이었다. 따라서 만일 그곳에 살아가면서 하나님의 율법에 기록된 내용을 알지 못하는 자들이 있다면 저들에게 하나님의 율법을 가르치라는 명을 내렸다. 이는 아닥사스다 왕이 가나안 지역을 페르시아 제국 내에서 특별 자치구로 허용했다는 사실을 의미하고 있다.

---

29) 에스라서 7:25에 언급된 '강 서편'을 일부 성경에서는 '유프라테스강 서편'으로 번역하고 있다. 한글 개역과 개역개정 성경은 '강 서편'으로 기록하고 있는 것과 달리, 한글 공동번역, 새번역, 현대인의성경은 '유프라테스강 서쪽 지방'으로 기록하고 있다. 그리고 영어성경에서도 KJV와 NASB에서는 'beyond the river'로 번역하고 있다. 'Euphrates'가 명시적으로 언급되지 않은 것이다. 물론 히브리어 원문 성경에는 '강 서편'으로 기록되어 있을 뿐 '유프라테스강'에 관한 언급이 없다. 따라서 우리가 위 본문을 '요단강 서편'으로 이해하는 것이 바람직하다.

그러므로 가나안 지역에 살아가면서 하나님의 율법과 페르시아 왕의 그 명령을 준행하지 않는 자가 있다면 그들에게 엄벌을 내리도록 했다. 그런 자들이 생겨날 경우, 재판을 통해 속히 그 죄를 물어 정도에 따라 사형에 처하거나 멀리 귀양을 보내거나 가산을 몰수하거나 감옥에 가두라고 했다. 이는 가나안 본토로 돌아오게 된 이스라엘 백성들에게 허락된 특별한 혜택인 동시에 매우 엄중한 페르시아 왕의 명령이자 경고의 메시지였다.

3. 에스라와 이스라엘 민족의 감사찬송 (스7:27,28)

페르시아 제국의 최고 통치권자인 아닥사스다 왕과 그에게 속한 관료들은 하나님의 언약을 소유한 백성이라 말할 수 없다. 예루살렘 성전을 위해 호의를 가지고 많은 배려를 했음에도 불구하고 왕과 그 주변 인물들은 하나님의 언약 속으로 들어오지 않았다. 만일 그러했다면 할례를 받고 제사장들이 날마다 드리는 일상 번제를 소중히 여기고 안식일, 월삭, 유월절, 칠칠절, 장막절, 부림절 등의 절기를 철저히 지켜야 했다.

하지만 아닥사스다 왕에게서 그런 모습은 찾아볼 수 없으며 그와 연관된 기록이 나타나지 않는다. 그럼에도 불구하고 페르시아의 왕이 이스라엘 자손들에게 호의를 베풀고 예루살렘 성전을 위해 많은 배려를 한 것은 하나님의 특별한 섭리와 연관되어 있었다.[30] 하나님께서는 세

---

30) 하나님께서는 이 세상의 많은 것들을 자신의 목적을 이루어가기 위한 도구로 사용하신다. 그 가운데는 세상 왕국의 통치자들도 포함되어 있다. 어떤 통치자는 선한 일을 위한 도구로 사용하시는가 하면 그와 정반대의 경우도 있다. 과거 애굽의 바로 왕이나 바벨론의 느부갓네살, 헬라 제국과 로마 제국의 여러 통치자들의 경우 이스라엘 자손을 심판하는 도구로 사용되었으나 페르시아의 고레스 왕을 비롯한 다리오, 아하수에로, 아닥사스다 왕은 언약의 백성들을 위한 하나님의 선한 도구로 사용되었다. 우리는 그들 모두가 하나님의 단순한 도구였을 뿐 그 이상은 아니었다는 사실을 알고 있다.

속 권력을 가진 이방 나라의 왕을 통해 역사 가운데 자신의 일을 이루
어가셨다.

당시 이스라엘 자손들 가운데 성숙한 신앙인들은 그에 관한 깨달음
이 있었을 것이 분명하다. 그런 상황에서 이스라엘 백성은 여호와 하나
님을 진심으로 송축했다. 에스라는 여호와께서 친히 자기로 하여금 페
르시아 제국의 왕과 그 자문관들과 권력을 가진 지도자들 앞에서 큰 은
혜를 입게 하셨음을 언급했다. 언약에 신실하신 여호와 하나님의 손이
자기 위에 있었으므로 놀라운 힘을 얻어 이스라엘 자손의 지도자들을
모아 백성들을 이끌고 가나안 본토로 돌아올 수 있었다는 것이다.

제8장

에스라의 인도에 따른 두 번째 귀환

(스8:1-36)

1. 귀환자들의 명단 (스8:1-14)

바벨론 포로로 사로잡혀 갔던 자들 가운데 일부가 스룹바벨의 인도로 첫 번째 본토로 귀환한 후 약 80년이 지난 다음 그 남은 자들 중에 일부 백성들이 에스라와 함께 귀환할 수 있게 되었다. 그것은 아닥사스다 왕의 허락과 조서에 의하여 이루어졌다. 그리하여 본토로 돌아가고자 하는 자들은 페르시아 제국이 통치하던 바벨론 지역을 떠나 예루살렘으로 갈 준비를 갖추었다.

에스라는 성경 본문 가운데서 자기와 함께 가나안 땅으로 귀환하게 되는 족장들과 그들의 계보를 밝히고 있다. 그들은 주먹구구식으로 개별적인 판단에 따라 움직인 것이 아니라 매우 조직적인 준비를 갖추고 있었다. 즉 백성들은 아무렇게나 제각각 가나안을 향해 간 것이 아니라 각 지파와 집안에 따라 질서 정연하게 이동할 채비를 했다.[31]

---

31) 학사 겸 제사장 에스라가 이스라엘 자손들의 본토 귀환을 위해 준비할 때 사전에 자원자를 모집했을 것이 분명하다. 즉 각자가 알아서 마음대로 귀환 대열에 동참했던 것이 아니라 정확한 명단을 미리 작성했다.

이스라엘 민족의 각 지파는 족장들과 그에 속한 집안이 함께 한 그룹을 형성했다. 에스라는 비느하스 자손과 이다말 자손 등 각 집안에 속한 여러 족장의 이름을 구체적으로 언급하고 있다. 본문 가운데는 남자의 숫자만 기록되었으므로 여성들과 아이들을 모두 합치면 그 수가 훨씬 더 많았을 것이 분명하다. 그들 가운데는 상대적으로 숫자가 많은 집안도 있었으나 그렇지 않은 경우도 있었다. 즉 어떤 집안에서는 수백 명의 사람이 본토로 귀환하고자 지원했는가 하면 또 다른 어떤 집안 사람들은 불과 수십 명에 지나지 않았다.

페르시아가 지배하던 바벨론 지역에 남은 이스라엘 자손들이 가나안 땅으로 올라갈 때 강압적인 방법이 동원되지 않았다. 아닥사스다 왕으로부터 내려진 조서대로 자원하는 자들은 본토로 귀환할 수 있었다. 그리하여 포로 생활을 하던 바벨론 지역에서의 모든 삶을 청산하고 에스라와 함께 가나안 땅으로 돌아가게 된 사람들이 수천 명이 되었다.

2. 레위인들에 대한 차출 (스8:15-20)

에스라는 귀환하는 이스라엘 백성들을 바벨론에서 서쪽으로 상당한 거리가 떨어진 아하와 강가에 집합시켰다. 그곳에서 사흘 동안 장막에 거하며 백성들과 제사장들을 점검하며 살피게 되었다. 그런데 그들 가운데 레위 자손들이 하나도 눈에 띄지 않았다. 이는 레위인들은 아무도 가나안 본토 귀환을 자원하지 않았다는 사실을 말해주고 있다.

그에 관한 구체적인 이유는 알 수 없으나 그것은 심각한 문제가 아닐 수 없었다. 예루살렘으로 귀환하는 그들의 긴 여정 중에는 열대여섯 번이 넘는 '안식일'이 끼어있었다. 모든 백성은 여행 중에도 안식일을 지켜야만 했다. 즉 그들에게 안식일은 단순히 휴식을 취하는 날이 아니라 하나님의 율법을 선포하고 시편을 노래하는 언약의 날이었다.

규례에 따라 그 일을 진행하기 위해서는 레위인들의 사역이 절대적으로 필요했다. 그리하여 에스라는 엘리에셀과 아리엘을 비롯한 여러 명의 족장과 지혜를 갖춘 학사인 요야립과 엘라단을 불렀다. 그는 모든 실상을 설명한 후 그들을 레위인들이 주로 살고 있는 가시뱌 지방으로 보냈다.

그 지방에는 레위인들이 많이 거주하고 있었다. 따라서 그곳의 족장인 잇도와 성전 봉사를 위한 자격을 갖춘 그의 친척들에게 자기의 말을 전하라는 지시를 내렸다. 그리고 에스라 일행이 예루살렘으로 가는 여정 중과 그곳에 도착하면 하나님의 성전에서 일할 만한 사람들이 필요한데 적절한 일군을 보내달라는 당부를 하고 그들을 데려오라는 것이었다.

이는 그들이 반드시 하나님의 성전에서 봉사할 수 있는 레위인들과 함께 귀환해야 한다는 사실을 의미하고 있다. 에스라의 보냄을 받은 자들은 잇도에게 나아가 에스라의 말을 전했으며, 그 요청을 듣게 된 사람 중에 그 요구를 흔쾌히 받아들인 자들이 상당수 있었다. 뒤늦게나마 그렇게 될 수 있었던 것은 하나님의 경륜과 선한 손길이 따랐기 때문이다.

우리가 여기서 눈여겨 볼 수 있는 점은 당시 가나안 본토 귀환을 스스로 작정한 자들뿐 아니라 필요 때문에 차출된 레위인들이 여러 명 있었다는 사실이다. 그들은 잠시 가나안 땅에 갔다가 다시 바벨론 땅으로 돌아가는 것이 아니라 그들 역시 영구 귀환 대열에 동참했을 것이 분명하다.

당시 예루살렘에는 그 전에 이미 포로가 된 땅에서 귀환하여 성전 봉사에 참여하는 레위인들이 상당수 있었을 것이 분명하다. 그런데도 에스라가 또다시 레위 지파에 속한 자들을 데리고 가고자 했던 것은 이스라엘 백성이 귀환하는 그 중심에는 성전봉사자가 존재해야 했음을 보여준다. 이는 곧 그들의 귀환 목적이 예루살렘 성전과 그곳에서 율법에 따라 하나님을 섬기며 봉사하는 것이란 사실을 말해주고 있다.

뿐만 아니라 몇 달간에 걸쳐 진행되는 가나안 본토를 향한 귀환 길에서도 이스라엘 자손들을 율법과 언약으로 지도해야 할 레위인들이 필요했을 것이 틀림없다. 그리하여 잇도에 의해 보내진 레위 사람들은 수십 명이 되었다. 또한 이방인들로서 언약의 백성에 속하여 성전 봉사의 직무를 감당할 수 있는 느디님 사람들 가운데는 이백 명이 넘게 가나안 땅으로 돌아가게 되었다. 성전에서 봉사할 수 있도록 특별히 모집된 수백 명의 이름은 모두 귀환자의 명단에 기록되었다.

3. 아하와 강가의 금식 (스8:21-23)

제사장 에스라는 귀환할 자들의 명단이 확인되자 아하와 강가에서 금식을 선포했다. 이는 이제 모든 앞길을 여호와 하나님께 전적으로 맡긴다는 의미를 지니고 있다. 이제 앞으로 수개월 동안 험난한 먼 길을 여행해야 하는데 하나님의 도우심이 없이는 어려운 일이다. 노인들과 여인들과 어린 아기들이 있어서 더욱 그렇다.

그리하여 거기 모인 모든 백성은 하나님 앞에서 금식하며 스스로 겸비한 자세를 취하게 되었다. 이제 먼 길을 걸어가야 할 어른들과 아이들, 노인들과 여성들이 그 역경을 이겨내야만 했다. 그리고 성전에 있어야 할 관련된 모든 물품을 안전하게 옮겨가야 했다. 그것을 위해 금식을 하며 하나님께서 평탄한 길을 허락해주시도록 간구했다.

또한 그들은 일전에 왕의 조서를 받고 나서 그에 관하여 특별히 왕에게 고한 바 있다는 사실을 언급했다. 이스라엘 백성이 믿는 하나님은 자기를 간절히 찾는 모든 이에게는 선한 손길을 펼쳐 은혜를 베푸신다는 것이었다. 그와 반대로 하나님을 배반하는 자에게는 그가 큰 권능과 더불어 무서운 진노를 내리게 된다고 했다.

그러므로 이스라엘 자손들은 가나안 본토로 돌아가는 길을 위해 인간들의 힘이 필요하지 않다고 했다. 오직 여호와 하나님만을 의지해야

할 백성으로서 본향을 향해 길을 가는 도중에 적군들이 나타나는 것을
방어할 목적으로 왕에게 보병과 마병을 구하는 것은 부끄러운 일이라
는 것이었다. 전능하신 하나님께 모든 것을 맡기는 것이 참된 지혜라는
것이다.

에스라를 비롯한 이스라엘 자손은 그와 같은 믿음을 가졌기 때문에
사람들의 힘에 의존하지 않는다고 했다. 그리하여 그들은 하나님 앞에
서 금식하며 오직 그에게 간구할 따름이라고 했다. 그로 말미암아 하나
님께서 저들의 간곡한 기도를 들어주셔서 응답을 받았다는 것이다.

4. 은금 기명(器皿)들을 맡길 사람들을 따로 세움 (스8:24-30)

에스라는 그때 제사장들 가운데 지도급에 해당하는 인물들을 특별히
뽑아 세웠다. 세레뱌와 하사뱌를 비롯한 그의 형제들 열두 명을 따로
선발했다. 특별히 열두 명을 세운 것은 이스라엘 열두 지파에 연관된
언약적 의미를 담고 있을 것으로 보인다. 앞으로 그들에게 맡겨지게 될
중요한 직무는 일반 백성들이 실행할 수 없었으며 반드시 제사장들이
감당해야만 할 일이었다.

이스라엘 자손의 가나안 본토를 향한 두 번째 귀환을 앞두고 있는 동
안 많은 사람이 귀중한 물품들을 희사(喜捨)했다. 아닥사스다 왕과 그 자
문관들과 신하들이 그들을 위해 많은 보물을 제공했다.[32] 그들은 여호
와 하나님을 신앙하지 않는 불신자들이었음에도 하나님의 경륜에 따라
그에 참여했다.

그리고 이번 기회에 귀환하지 않고 그곳에 남아있기로 작정한 이스
라엘 자손들이 하나님의 성전을 위해 필요한 보물들을 내어놓았다. 언

---

32) 우리는 여기서 귀환하는 유다 자손들을 위해 이방인들이 특별히 많은 보물을
    제공한 사실을 보며, 오래전 이스라엘 자손이 출애굽할 때 애굽 사람들이 다
    양한 금붙이들을 저들에게 내어준 사실을 기억하게 된다.

약의 자손들은 이방에 속한 불신자들과 달리 하나님의 성전의 중요성을 잘 알고 있었을 것이 분명하다. 에스라는 그 모든 것들을 특별히 뽑아 세운 열두 명의 제사장들에게 맡겼다.

에스라가 저들에게 전달한 것은 은이 육백오십 달란트였으며 은 기명이 일백 달란트, 금이 일백 달란트, 금잔이 스무 개였으며 그 무게는 일천 다릭 정도가 되었다. 그리고 빛나고 아름다운 금같이 보배로운 놋 그릇이 두 개였다.[33] 이 보물들은 굉장히 큰 무게였으며 분량도 많았다. 그것들을 나귀를 비롯한 짐승의 등에 싣는다고 해도 엄청나게 많은 동물들이 필요했을 것이 틀림없다.

에스라는 그 모든 물품들을 열두 명의 제사장들에게 맡기며 중요한 사실을 언급했다. 그는 먼저, 본토로 귀환하는 길에 오른 언약의 백성은 하나님 앞에서 거룩한 자들이라는 것이었다. 그리고 그들이 가지고 가는 모든 물건들은 거룩하며 은과 금도 많은 사람들이 여호와 하나님께 기쁜 마음으로 드린 예물이라는 사실을 주지시켰다.

그러므로 그들은 그 모든 물품을 예루살렘에 있는 하나님의 성전 부속 창고에 들여놓을 때까지 긴장의 끈을 늦추지 말아야 했다. 그것들을 예루살렘에 있는 제사장들과 레위 사람들의 최고 지도자들과 이스라엘 민족의 족장들 앞에서 무게를 정확하게 달아 인수인계가 완료되기까지 최선을 다해 맡은 바 직무를 감당해야만 했다. 그리하여 열두 명의 제

---

33) 한글 현대인의 성경은 이에 대하여 현대의 도량형으로 환산하여, "내가 그들에게 준 것은 은 약 22톤, 은그릇 3,400킬로그램, 금 3,400킬로그램, 금대접만큼 값진 놋그릇 2개, 그리고 금대접 20개였는데 이 금대접들은 금 8.4킬로그램의 값에 해당하는 것이었다"(스8:26,27)고 기록되어 있다. 건장한 말의 등에 약 100kg 정도를 실을 수 있다고 한다. 그렇다면 1톤이면 열 마리 말이 필요하다. 나아가 사람들이 먹을 곡물과 동물들의 사료도 준비해 갔어야 했다. 이 모든 상황을 감안하면 건장한 동물 수백 마리가 필요하다는 사실을 알 수 있다. 이는 당시 바벨론 지역에서 예루살렘으로 행하는 행렬의 장엄함을 생각해 볼 수 있다. 스룹바벨의 인도하에 행해진 첫 번째 귀환은 이보다 훨씬 큰 규모였다.

사장들과 레위인들은 은과 금과 각종 그릇들을 예루살렘에 있는 하나
님의 성전으로 가져가기 위해 관리와 이송 책임을 맡게 되었던 것이다.

5. 예루살렘에 도착한 이스라엘 자손들 (스8:31-35)

히브리력으로 BC 458년 정월 초하루에 바벨론 지역을 떠난 이스라
엘 자손은 도중에 아하와 강가에서 필요한 부분을 정비하며 금식하는
가운데 하나님께 간구하는 시간을 보냈다(스8:21, 참조). 그들은 정월 십
이일에 아하와 강을 떠나 예루살렘을 향해 출발했다. 그들이 걸어가는
길목에는 수많은 장애물들이 놓여있었으며 저들을 위협하는 세력들이
곳곳에 도사리고 있었다.

먼 길을 이동하는 이스라엘 자손을 해하려는 자들이 길가에 매복해
있는 경우가 많았다. 그런 위협적인 원수들은 여정(旅程) 중간중간에 숨
어있었을 것이 분명하다. 가나안 본토로 돌아가는 이스라엘 자손들은
엄청나게 많은 값진 보물들을 가지고 있는 상태였다. 그와 같은 소문이
주변에 퍼져나가게 되면 나쁜 강도떼가 덤비는 위험에 처할 수밖에 없
다. 물론 그들이 왕의 조서를 가지고 갔으므로 함부로 덤비지는 못했을
것이다.

그럼에도 불구하고 만일 강도떼가 습격해 온다면 비무장 상태였던
이스라엘 자손으로서는 어떻게 대응할 방법이 없었다. 하지만 하나님
께서는 그들이 나아가는 길을 안전하게 지켜주셨다. 앞에서 언급한 것
처럼 이스라엘 백성은 인간들의 세력을 빌어 그 위기를 모면하고자 하
는 마음을 가지지 않았다(스8:22, 참조). 하나님에 대한 그들의 신앙이 그
랬듯이 극한 위기 가운데서도 하나님의 보호를 받아 예루살렘에 안전
하게 도착할 수 있었다.

넉 달이 꽉 찬 긴 여행을 무사히 마친 귀환자들은 예루살렘에 도착하
여 사흘간을 머물렀다. 그들은 그 며칠 동안 힘든 여행 끝에 휴식을 취

하며 하나님에 대한 감사와 더불어 많은 생각을 했을 것이다. 그리고 예루살렘에 그들이 거처할 만한 편안한 집은 없었을지라도 임시 거처인 장막에 거하면서 감격에 넘쳤을 것이 분명하다.

그들이 가나안 땅에 도착한 지 나흘째가 되어서야 페르시아 제국에서 가지고 온 은과 금과 그릇 등 다양한 물건들을 정확하게 달아서 예루살렘 성전 책임을 맡은 자들에게 전달했다. 그 귀중품을 받는 자들은 모든 것을 정확하게 계수하고 무게를 달아본 후 장부에 꼼꼼히 기록했다. 그들은 바벨론 지역을 떠나기 전에 예루살렘 성전을 위해 받은 물품들을 분실하거나 훼손된 것 없이 안전하게 전달함으로써 직무를 완수하게 되었다.

그리고 에스라를 비롯한 유다 자손들이 예루살렘에 도착하여 가장 먼저 시행한 것은 거룩한 성전에서 여호와 하나님께 제사를 지내는 일이었다. 그들은 수송아지 열두 마리와 수양 아흔여섯 마리와 일흔일곱 마리의 어린 양을 번제로 바쳤다. 또한 수염소 열두 마리를 속죄제로 드렸다. 당시의 그 제사는 그곳에 미리 귀환한 유다 자손들과 협력하여 함께 시행되었을 것이 틀림없다.

이는 곧 대대적인 민족적 행사로서 엄청난 규모로 진행되었다. 이를 통해 우리가 알 수 있는 점은 유다 자손들이 포로로 잡혀간 지역에서 예루살렘으로 귀환하게 된 목적은 저들 자신이 아니라 여호와 하나님을 위한 것이었다는 사실이다. 이를 통해 장차 이땅에 메시아가 오실 것에 대한 대비와 함께 언약이 진행되어 갔던 것이다.

6. 아닥사스다 왕의 조서 전달 (스8:36)

에스라는 이스라엘 민족을 이끌고 넉 달 동안의 험난한 여정을 거쳐 가나안 본토로 귀환하면서 중요한 문서를 몸에 지니고 있었다. 그것은 아닥사스다 왕의 조서로서 거기에는 앞으로 가나안 땅에서 있게 될 일들에 대한 매우 중요한 내용이 담겨 있었다. 정치적인 측면에서 본다면 그것이 가장 소중했으며 절대로 분실해서는 안 될 문서였다.

앞에서 페르시아 왕에게 저들을 호위해 줄 보병과 마병을 요청할 수 있었으나 하지 않았다고 했다. 이 말은 에스라가 그것을 요청할 수 있었으며 그렇게 했다면 왕이 그것을 들어줄 수도 있었다는 의미를 내포하고 있다. 물론 왕이 직접 내린 조서는 에스라 일행에게 큰 힘이 되었을 것이 분명하다. 그것은 유프라테스강 서쪽 지역의 총독들에게 반드시 전달되어야 할 중요한 공적 서한이었기 때문이다.

페르시아 군대의 병력 지원 없이 하나님의 은혜로 인해 예루살렘에 무사히 도착한 에스라는 자기가 가지고 온 아닥사스다 왕의 조서를 총독들에게 전달했다. 왕의 조서를 받은 유프라테스강 서편 지역의 총독들과 지방 장관들은 이스라엘 백성을 도와 저들이 시행하고자 하는 하나님의 성전과 연관된 모든 일을 위해 적극적으로 협조하게 되었다.

제9장

이스라엘 자손의 배도 행위와
여호와를 향한 에스라의 간구

(스9:1-15)

1. 이스라엘의 배도 (스9:1,2)

하나님의 은혜를 힘입어 가나안 본토로 돌아온 이스라엘 자손은 세월이 흐르면서 또다시 배도의 길을 걷기 시작했다. 하나님의 율법을 절대 진리로 인정하여 순종하기를 거부했기 때문이다. 그런 자들은 하나님의 율법과 무관하게 살아가는 이방인들의 관습을 받아들이기를 좋아했다.

그러므로 이스라엘 자손이 두 번째 귀환한 후 세월이 흘러가면서 또다시 그런 상황이 발생하자 백성의 지도자들이 에스라에게 나아가 고했다. 이스라엘 백성이 이방인의 가증한 것들을 받아들이고 있다는 것이었다. 심지어는 제사장들과 레위 지파 사람들조차 그와 같은 길을 걷고 있다고 했다.

제사장들과 레위 지파 사람들은 하나님의 성전을 위한 봉사의 직무와 백성들에게 하나님의 율법을 가르치며 종교적인 지도를 하는 자들이었다. 그들이 율법을 떠나게 되면 그들의 지도를 받는 일반 백성들은 금방 부패할 수밖에 없게 된다. 따라서 하나님을 진정으로 경외하는 지도자들은 그에 대해 깊은 우려를 하지 않을 수 없었다.

당시 배도에 빠진 자들은 언약의 자손으로서의 신앙 정체성을 버렸다. 그 대신 가나안 사람과 헷 사람과 브리스 사람과 여부스 사람과 암몬 사람과 모압 사람과 애굽 사람과 아모리 사람의 가증한 일을 본받아 행하는 것을 예사로 여겼다. 그들은 하나님의 율법을 절대 기준으로 삼지 않고 인간적인 감정에 모든 것을 의존했기 때문이다.

그 사람들은 개인의 욕망을 추구하며 이방인들의 딸을 취하여 아내로 삼았다. 나아가 그들의 딸을 며느리로 받아들이기도 했다. 배도에 빠진 이스라엘 자손들이 굳이 그렇게 했던 까닭은 하나님의 율법에 따라 살고자 하는 언약에 익숙한 여인들보다 자유롭게 살아가는 여성들을 더 좋아했기 때문이다.

그렇게 함으로써 하나님께 속한 거룩한 자손으로 하여금 이방 족속과 아무렇게나 소통하며 서로 섞이게 하는 일이 점차 확산되어 갔다. 그것은 예루살렘 성전을 중심에 두고 메시아를 소망하며 살아가야 할 백성들의 삶의 본질을 허물어뜨리는 역할을 하게 되었다. 문제는 그와 같이 하나님께서 허락하신 참되고 영원한 가치를 파괴하고 사악한 행위를 일삼는 일에 지도계층의 인물들이 더욱 앞장서고 있었다는 사실이다. 이는 언약의 자손에게 있어서 여간 심각한 문제가 아닐 수 없었다.

2. 에스라의 탄식 (스9:3-5)

이와 같은 보고를 받게 된 에스라는 심한 충격을 받게 되었다. 그는 기가 막혀서 입고 있던 속옷과 겉옷을 찢고 머리털과 수염을 깎은 채 자리에 앉았다. 그것은 절대로 일어나서는 안 될 일이었기 때문이다. 더구나 그런 상황이 널리 퍼져 보편화된다는 사실은 슬픈 일이 아닐 수 없었다.

당시 이스라엘 민족의 최고 지도자 가운데 한 사람인 에스라가 취한 행동은 온 나라에 소문으로 퍼져나갔다. 책임 있는 지위에 있던 인물이 머리털과 수염을 깎고 자리에 앉는다는 것은 당시 상황이 위기에 처해 있음을 말해주고 있다. 따라서 왜 그가 그런 행동을 취하는지 그 이유에 대해서도 알려졌다. 그것은 예사롭지 않은 국가 비상사태와 같은 성격을 지니고 있음이 분명하다.

그러므로 많은 백성, 즉 이스라엘 민족의 하나님께서 전하신 말씀으로 인해 두려워 떠는 자들이 자리에서 일어나게 되었다. 그것은 이방인의 포로로 잡혀갔다가 하나님의 은혜로 귀환한 자들이 배도에 빠져 지은 죄 때문이었다. 그런 깨달음을 가진 자들이 가나안 땅 여러 지역으로부터 에스라가 머무는 예루살렘으로 몰려들었다.

에스라는 날마다 시행되는 저녁 제사를 드리는 시간까지 기가 막혀 할 말을 잃은 상태에서 그냥 앉아 있을 수밖에 없었다. 많은 사람이 몰려온 가운데 저녁 제사를 드릴 때가 되어서야 에스라는 큰 근심 중에 자리에서 일어났다. 그는 속옷과 겉옷을 찢고 머리털과 수염을 깎은 모습으로 하나님 앞에 무릎을 꿇었다.

많은 백성이 안타깝게 전개되는 그 광경을 지켜보게 되었다. 그런 가운데 에스라는 여호와 하나님을 향하여 손을 들고 간구했다. 하나님께서 그 위기 상황을 해결해 주시지 않으면 아무것도 할 수 없었기 때문이다. 에스라가 기도하는 자리에 함께 있던 모든 백성은 그에 참여하는 성격을 지니고 있었다. 즉 그의 기도는 단순히 개인적인 기도가 아니라 이스라엘 민족에 연관된 공적인 의미를 지닌 기도였기 때문이다.

3. 에스라의 기도

(1) 이스라엘 백성의 죄악과 그에 대한 자복(스9:6,7)

에스라는 언약의 백성들 가운데 있으면서 그들과 더불어 기도하는 마음으로 하나님께 간구했다. 그는 먼저 이스라엘 백성이 하나님의 율법을 떠나 이방 여인들을 아내로 취한 범죄에 대하여 회개할 수밖에 없었다(스9:2). 더구나 그 악행을 행하는 데 이스라엘 백성의 지도자들이 상당수 포함되어 있었다. 그 기도는 에스라가 하는 기도이지만 이스라엘 백성들을 대표해서 하는 성격을 지니고 있다.

> "나의 하나님이여 내가 부끄러워 낯이 뜨뜻하여 감히 나의 하나님을 향하여 얼굴을 들지 못하오니 이는 우리 죄악이 많아 정수리에 넘치고 우리 허물이 커서 하늘에 미침이니이다 우리의 열조 때로부터 오늘까지 우리 죄가 심하매 우리의 죄악으로 인하여 우리와 우리 왕들과 우리 제사장들을 열방 왕들의 손에 붙이사 칼에 죽으며 사로잡히며 노략을 당하며 얼굴을 부끄럽게 하심이 오늘날 같으니이다" (스9:6,7)

에스라는 이 기도 가운데 자기는 하나님 앞에서 감히 얼굴을 들지도 못할 정도로 부끄럽다는 사실을 언급했다. 이스라엘 백성의 죄가 너무 심하여 머리 윗부분의 정수리에 넘치고 저들의 허물이 커서 하늘에까지 미친다는 고백을 했다. 하나님의 크신 은혜를 입은 백성으로서 도저히 행할 수 없는 죄악이라는 것이었다.

또한 그에 대해서는 저들의 조상 때부터 저지른 불순종의 죄악이라고 했다. 이스라엘의 악한 죄가 많은 세월이 흐른 그때까지도 심하게 저질러지고 있다는 사실을 언급했다. 조상들의 그 죄로 말미암아 이스라엘 자손들과 왕들과 제사장들이 이방 왕들의 손에 넘겨지게 되었다고 했다.

그로 인해 이스라엘 자손이 원수들의 칼에 의해 죽임을 당했으며 포로가 되어 잡혀갔다는 말을 했다. 또한 그들로부터 심한 노략을 당한 사실을 언급했다. 하나님께서 언약의 자손으로 하여금 그런 식으로 부끄럽게 하셨는데 또다시 그와 같은 행동을 되풀이하고 있음을 말했다. 이처럼 이스라엘 백성이 끊임없이 죄악을 행함으로써 부끄러운 형편에 처한 사정을 하나님 앞에 자복했다.

(2) 하나님의 은혜에 대한 감사와 뉘우침(스9:8-10)

에스라는 이어서 하나님의 은혜에 감사하는 기도를 드렸다. 언약의 자손으로서 포로가 되어 이방 지역에서 신음하고 있을 때 베풀어 주신 하나님의 사랑이 지극히 크다는 것이었다. 이스라엘 백성들은 사악한 자들인 데 반해 여호와 하나님은 신실한 분이라는 사실을 고백적으로 언급했다.

> "이제 우리 하나님 여호와께서 우리에게 잠간 은혜를 베푸사 얼마를 남겨 두어 피하게 하신 우리를 그 거룩한 처소에 박힌 못과 같게 하시고 우리 눈을 밝히사 우리로 종노릇 하는 중에서 조금 소성하게 하셨나이다 우리가 비록 노예가 되었사오나 우리 하나님이 우리를 그 복역하는 중에 버리지 아니하시고 바사 열왕 앞에서 우리로 긍휼히 여김을 입고 소성하여 우리 하나님의 전을 세우게 하시며 그 퇴락한 것을 수리하게 하시며 유다와 예루살렘에서 우리에게 울을 주셨나이다 우리 하나님이여 이렇게 하신 후에도 우리가 주의 계명을 배반하였사오니 이제 무슨 말씀을 하오리이까" (스9:8-10)

하나님께서는 고레스 왕 시대 스룹바벨을 통해 이스라엘 자손의 첫 번째 포로 귀환을 도우셨으며, 이제 에스라 자신을 인도자로 세워 두 번째 가나안 본토로 귀환하도록 하신 사실을 언급했다. 이방 지역에서 남은 자들을 가나안 본토로 이끌어오신 것은 전적인 하나님의 작정과 그의 크신 능력에 의한 것이었다.

그리하여 이스라엘 자손으로 하여금 거룩한 약속의 땅 가나안에 잘 박힌 못과 같이 안전하게 정착하도록 하셨음을 언급했다. 그들이 비록 이방 지역에서 원수들의 종노릇을 했으나 하나님의 은혜로 인해 다시금 소성케 되었음을 말했다. 하나님께서 이방 땅에서 노예 생활을 하도록 내버려 두지 않고 페르시아 제국의 여러 왕으로부터 긍휼을 입어 가나안 본토로 돌아오게 하셨다는 것이다.

그로 말미암아 예루살렘에 하나님의 거룩한 성전을 다시금 세우게 하셨으며 세월이 흘러 그것이 퇴락하게 되자 또다시 수리하게 하셨다고 했다. 그리고 유다와 예루살렘에 울타리를 치고 안전하게 보호해 주셨다는 사실을 말했다. 하지만 하나님께서 그토록 큰 은혜를 베풀어 주셨음에도 불구하고 이스라엘 백성들은 하나님의 계명을 어기고 배반하였으므로 부끄러워 말하기조차 어렵다고 고백했다.

(3) 하나님의 경고에 대한 반성(스9:11-14)

에스라는 또한 기도 중에 하나님께서 오래전 자신의 종 선지자들을 통해 내린 명령을 기억하고 있다는 사실을 말했다. 이방인들이 장악하고 있던 약속의 땅 가나안을 아름다운 곳으로 만들도록 명했다는 것이다. 물론 그 아름다움이란 인간들의 눈에 비치는 상태가 아니라 하나님 보시기에 아름다운 것에 연관되어 있다. 하지만 이스라엘 자손은 그 명령을 어기고 배도의 길에 빠져버리게 되었다.

"전에 주께서 주의 종 선지자들로 명하여 이르시되 너희가 가서 얻으려하는 땅은 더러운 땅이니 이는 이방 백성들이 더럽고 가증한 일을 행하여

이 가에서 저 가까지 그 더러움으로 채웠음이라 그런즉 너희 여자들을
저희 아들들에게 주지 말고 저희 딸을 너희 아들을 위하여 데려오지 말
며 그들을 위하여 평강과 형통을 영영히 구하지 말라 그리하면 너희가
왕성하여 그 땅의 아름다운 것을 먹으며 그 땅을 자손에게 유전하여 영
원한 기업을 삼게 되리라 하셨나이다 우리의 악한 행실과 큰 죄로 인하
여 이 모든 일을 당하였사오나 우리 하나님이 우리 죄악보다 형벌을 경
하게 하시고 이만큼 백성을 남겨 주셨사오니 우리가 어찌 다시 주의 계
명을 거역하고 이 가증한 일을 행하는 족속들과 연혼하오리이까 그리하
오면 주께서 어찌 진노하사 우리를 멸하시고 남아 피할 자가 없도록 하
시지 아니하시리이까" (스9:11-14)

　하나님께서는 이스라엘 자손들에게 세상의 일반적인 영역과 확연히
구별되는 땅을 주시겠다고 약속하신 후 그곳으로 인도하셨다. 하지만
약속의 땅에서 이방인들이 이미 추하고 가증한 행위를 했으므로 더럽
혀져 버렸다고 했다. 그리하여 그 땅 전체가 부정으로 얼룩진 상태가
되어 있었다.
　그러므로 언약의 백성이 약속의 땅 가나안에 거하게 되면 저들의 딸
을 이방인들에게 시집 보내지 말고 이방 여인들을 자기 며느리로 삼지
못하도록 했다. 그리고 이방인들과 뒤섞여 살아가면서 세상의 화평을
추구하거나 이 땅에서의 형통한 삶을 추구하는 것을 금지했다. 그렇게
하면 이방인들의 관습을 받아들여 잘못된 가치관을 형성할 우려가 따
르게 되며 혼합주의의 위험에 빠져들게 된다는 것이었다.
　이방인들의 더러운 관행을 멀리하고 여호와 하나님의 율법을 충실히
따르고 순종하게 되면 언약의 자손들이 왕성하게 되어 그 땅에서 나는
좋은 것들을 먹게 되리라고 한 사실을 언급했다. 그리하여 그 땅을 하
나님의 언약을 이어갈 자손들에게 상속해주어 영원토록 이스라엘의 소
유로 삼게 될 것이라고 했다. 이는 이스라엘 자손이 항상 마음속에 품
고 살아가야 할 기본적인 신앙이다.

하지만 어리석은 백성들이 하나님의 명령을 떠나 사악한 행동을 하며 하나님께 저항하는 큰 죄를 저질렀다고 했다. 또한 그로 말미암아 견디기 어려운 무서운 재앙을 당했음을 기억하고 있다는 점을 고백했다. 그럼에도 불구하고 사랑의 하나님께서는 그들이 범한 죄악에 비해 훨씬 가벼운 형벌을 내리셨으며 이스라엘 백성을 완전히 멸망시키지 않고 많이 남겨두어 상속을 이어가게 하셨음을 말했다.

이처럼 그런 큰 은혜를 입은 백성으로서 어떻게 또다시 하나님의 계명을 거역하겠느냐고 했다. 이제는 그와 같은 가증한 행위를 일삼는 이방 족속들과 혼인을 하지 않으리라는 다짐을 했다. 만일 또다시 그런 범죄를 저지르면 하나님께서 크게 진노하여 이스라엘 자손을 완전히 멸망시켜 재앙을 피하여 남을 자가 없게 하시리라는 점을 알고 있다고 했다.

(4) 하나님의 은혜를 기다리는 이스라엘 백성(스9:15)

에스라는 기도를 마무리하면서 의로운 존재인 여호와 하나님에 관한 고백을 했다. 하나님께서 베푸신 은혜가 크고 놀랍다는 것이다. 그런 중에서도 범죄한 이스라엘 백성의 악행을 생각하면 몸 둘 바를 모르겠다고 말했다.

> "이스라엘 하나님 여호와여 주는 의롭도소이다 우리가 남아 피한 것이 오늘날과 같사옵거늘 도리어 주께 범죄하였사오니 이로 인하여 주 앞에 한 사람도 감히 서지 못하겠나이다"(스9:15)

여호와 하나님은 본성적으로 의로운 분이시지만, 타락한 인간은 본성적으로 악하다는 사실을 에스라가 잘 알고 있었다. 따라서 그는 이스라엘 민족의 주님이 되시는 하나님은 의로운 존재란 사실을 고백적으로 말했다. 추악한 죄에 빠진 이스라엘 자손의 남은 자들이 그때까지 재앙을 피하여 연명하게 된 것도 하나님의 은혜 때문이라고 했다.

그런데 하나님의 은혜를 마음속에 담아두지 않는 자들이 또다시 여호와 하나님 앞에서 범죄를 저질렀음을 언급했다. 이 세상에서의 욕망을 채우고자 하나님의 율법을 멸시하고 이방인들과 통혼함으로써 하나님의 진노를 불러일으켰다는 것이다. 나아가 감히 스스로 하나님 앞에 설 수 있는 의로운 사람은 하나도 없다는 사실을 말했다.

이 말씀 가운데는 메시아에 관한 예언적 내용이 포함되어 있다. 모든 인간은 범죄에 빠져 스스로는 하나님 앞에 설 수 있는 자가 아무도 없다고 고백한 것은 메시아의 필요성을 말해주고 있기 때문이다. 창세 전에 선택한 자기 자녀들과 이미 굳은 언약을 맺으신 하나님께서는 장차 이땅에 메시아 곧 예수 그리스도를 보내 죄에 빠진 그들을 구원의 반열에 세우고자 하셨다.

제10장

백성의 통회 자복과 회복을 위한 몸부림

(스10:1-44)

1. 이스라엘 백성의 통곡과 바로 잡으려는 자들의 다짐 (스10:1-4)

이스라엘 민족의 지도자들을 비롯한 많은 사람이 배도에 빠진 것을
본 에스라는 탄식하며 하나님께 간구했다. 그는 하나님의 성전 앞에 엎
드려 울면서 간절히 기도했다. 언약의 자손으로서 여호와 하나님의 율
법을 버리고 이방인들과 교류하며 그들의 잘못된 가치관을 공유하는
것은 결코 있을 수 없는 일이었기 때문이다.

그리하여 그는 하나님의 성전 앞에서 입고 있던 속옷과 겉옷을 찢고
머리털과 수염을 밀어버린 상태에서 공적으로 죄를 자복하며 기도했
다. 그가 자복하는 죄는 자신의 개인적인 문제 때문이 아니라 이스라엘
민족에 연관된 것이었다. 에스라 스스로 그와 같은 죄를 직접 범하지
않았다고 할지라도 그것은 민족적 범죄였으며 지도자인 자기에게도 상
당 부분 책임이 있다고 여겼다.

그 자리에는 성인 남자들뿐 아니라 여인들과 어린아이들도 모여 큰

무리를 이루고 있었다. 거기 모여 그 슬픈 광경을 지켜보던 백성들 역시 크게 통곡하지 않을 수 없었다. 그들 역시 그 악한 범죄에 직접 참여하지는 않았을 것이다. 하지만 그 자리에 함께 있던 백성들은 이스라엘 민족의 일원으로서 그 모든 죄악이 자신에게도 직접 연관된 것으로 인식하고 있었을 것이 분명하다.

그런 중에 엘람의 자손 가운데 스가냐가 에스라에게 고했다. 이스라엘 백성이 비록 모세 율법을 어기고 이방 여인들을 아내로 삼음으로써 여호와 하나님께 범죄했으나 근본적인 소망을 버려서는 안 된다고 말했다. 그것은 다시금 하나님의 명령에 순종하는 삶을 회복하는 것이 중요하다는 의미를 지니고 있었다.

그러므로 다시금 일어나 여호와 하나님의 교훈을 따르며 두려운 마음으로 하나님의 율법을 준행해야 한다는 사실을 강조했다. 그것을 위해 이스라엘 민족이 그에 대한 결의를 다지도록 하자고 했다. 그리하여 이방인을 아내로 데려온 자들은 그 여인뿐 아니라 그 사이에서 태어난 자식들을 전부 집에서 내보내야 한다고 했다.[34] 그렇게 하여 하나님의 언약을 세우고 율법에 순종해야 한다는 것이었다.

그러면서 그 중요한 일은 아무나 자의(自意)로 행해서 될 일이 아니라 학사 겸 제사장인 에스라가 그 일을 주도하는 것이 바람직하다고 했다. 즉 하나님으로부터 특별히 세움을 받은 에스라의 지도에 따라 그렇게 해야 한다는 것이었다. 그러니 이제 속히 자리에서 일어나 그 일을 시작하라고 촉구했다. 그러면 자기와 함께 하는 자들이 그 길을 위해 힘이 되고자 적극적으로 도울 터이니 강력하게 실행하라는 것이었다.

---

34) 우리가 여기서 기억해야 할 바는 이방 결혼을 한 자들의 수가 전체 백성에 비하면 지극히 일부에 지나지 않을 것이란 사실이다. 그럼에도 불구하고 그와 같은 정황은 이스라엘 백성 전체에 엄청나게 큰 악영향을 끼치게 되었다. 그들 가운데는 중요한 직무를 맡은 종교인들과 정치적 지도자들이 상당수 포함되어 있었다. 또한 이방 여인들과 그 자식들이 쫓겨나게 되면 오갈 데 없는 신세가 된다. 그것은 또 다른 관점에서 심각한 어려움을 몰고 올 수밖에 없다.

이는 사실 매우 복잡한 문제들을 예고하고 있다. 이미 아내로서 식구가 되어 한 집에 살아가는 상태이며 당사자의 눈에는 예쁘고 사랑스러운 자녀들을 집에서 쫓아낸다는 것은 그리 간단한 문제가 아니었기 때문이다. 그와 같은 일을 저지르고 심각한 현실적인 문제에 직면한 자들로서는 여간 슬픈 일이 아닐 수 없었다.

그러나 그 일은 언약의 자손들 가운데서 반드시 실행되어야만 할 공적인 영역이었다. 그래야만 메시아를 소망하는 이스라엘 민족의 정체성을 회복할 수 있을 것이었기 때문이다. 즉 개인의 사사로운 인정이나 감정이 아니라 언약의 백성들이 소유한 순결성과 정체성을 다시금 확립하는 것이 중요했다. 우리는 이에 관한 문제가 구약 시대 이스라엘 민족에게 요구된 것처럼 신약 시대 교회에도 그 정신이 그대로 유지되어야 한다는 사실을 기억하지 않으면 안 된다.

2. 에스라의 작정과 실행 선포 (스10:5-8)

스가냐의 말을 들은 에스라는 그것이 옳다고 판단하고 즉시 자리에서 일어났다. 그와 같이 행하는 것이 하나님의 뜻이라는 사실을 깨닫게 되었다. 따라서 이방 여인을 아내로 맞아들인 제사장들과 레위인들과 이스라엘 자손들을 향해 그 죄악을 속히 청산해야 한다는 사실을 선포했다. 그러자 거기 모인 모든 백성이 여호와 하나님 앞에서 엄중한 맹세를 하게 되었다.

하나님의 성전 앞에서 그 선포의 말을 마친 에스라는 자리에서 일어나 엘리아십의 아들 여호하난의 집무실(chamber)로 들어갔다. 그는 그곳에 머물러 있으면서 이방인의 포로가 되었다가 하나님의 은혜로 귀환한 백성이 저지른 죄로 말미암아 큰 근심에 빠지게 되었다. 그리하여 음식을 먹지 않고 물도 마시지 않은 채 금식을 하고 있었다.

그때 에스라는 포로 상태에서 돌아와 가나안 땅에 흩어져 살아가던 언약의 자손들을 향해 공포했다. 모두 하나님의 거룩한 성전이 있는 예루살렘으로 모이라는 것이었다. 물론 백성들 가운데 책임 있는 지도자들을 한자리에 불러 모아 중요한 명령을 내리고자 했을 것이다.

누구든지 책임 있는 위치에 있는 자들은 행정을 담당하는 관료들과 장로들이 전하는 말을 듣고 사흘 내로 예루살렘에 도착해야만 했다. 이는 당시에 저들이 처한 긴박성을 드러내 보여주고 있다. 만일 그 전갈을 받고도 사흘 안에 예루살렘에 오지 않는 자들에 대해서는 예외 없이 엄한 징벌을 내릴 것이라고 했다.

즉 그런 자들에 대해서는 전 재산을 몰수하리라는 선포의 의미를 지니고 있었다. 그리고 포로에서 귀환하여 민족 공동체를 이루고 있는 언약의 회(會)로부터 추방하리라고 했다. 그것은 언약의 자손으로서 받게 되는 가장 큰 징계와 형벌이었으므로 누구도 그 말을 듣고 긴장하지 않을 수 없었다.

3. 예루살렘 성전 광장에 모인 백성들을 향한 에스라의 명령과 반응

(1) 에스라의 명령(스10:9-11)

에스라의 명령을 받은 유다와 베냐민 지파에 속한 모든 사람이 그의 말에 순종했다. 그들은 사흘 안에 예루살렘에 모여들었다. 그 백성이 하나님의 성전 앞 광장에 모인 날은 유대력으로 구월 이십일이었는데 그날은 큰 비가 내렸다.[35] 그렇지 않아도 그 엄중한 일로 인해 두

---

[35] 우리는 백성들이 성전 광장에 모인 날이 유대력으로 '구월 이십일'이었다고 명기한 사실과 그날 큰 비가 내렸다고 기록한 것을 매우 중요하게 받아들인다. 구체적인 날짜가 제시되고 그날 날씨에 대한 언급을 통해 그 역사적 실체를 알 수 있기 때문이다. 그것은 사람들이 상상으로 기록한 것이 아니라는 사실을 입증하는 성격을 지니고 있다.

려움에 빠져 있던 터에 큰 비마저 내리게 되어 백성들은 떨지 않을 수 없었다.

그런 상태에서 제사장 에스라가 일어나서 저들을 향해 말했다. 언약의 백성이 이방 여인들을 아내로 삼아 하나님 앞에서 죄를 범함으로써 이스라엘에 죄악을 더하게 했다는 것이었다. 많은 사람이 개인적인 판단에 따라 그렇게 했으나 그것은 단순히 개인의 문제가 아니라 이스라엘 민족 전체의 문제라는 것이었다.

그러므로 이제 그 조상들이 섬기던 여호와 하나님 앞에서 모든 죄악을 자복하라고 요구했다. 그것은 직접 그런 악행을 저지르지 않은 사람들도 함께 회개해야 할 무서운 죄악이었기 때문이다. 따라서 모든 언약의 자손들은 여호와 하나님의 뜻에 온전히 순종하여 이방 종족과 교류를 끊어야 했으며 저들의 잘못된 가치를 받아들이지 말아야 했다. 즉 이방 여인들을 아내로 받아들여서는 안 되며 그 악행으로 말미암아 여호와 하나님을 욕되게 하는 일이 발생해서는 안 된다는 사실을 강조했다.

(2) 백성들의 응답과 일부 저항(스10:12-15)

제사장 에스라가 선포한 말씀을 들은 백성들은 큰 소리로 화답하며 그에 온전히 순종하리라는 다짐을 했다. 그들은 마땅히 그가 요구하는 말에 따라 행하리라는 것이었다. 하지만 당시의 형편상 그것을 즉시 시행하지 못한다고 할지라도 충실히 그에 응하고자 한다는 사실을 고했다.

그들이 그렇게 말한 까닭은 그 중한 죄에 관련된 자들의 수가 짐작보다는 많았으며 당시에는 많은 비가 내리는 장마철이었기 때문이다. 즉 비가 억수같이 쏟아지는 중에 그 사람들을 바깥으로 쫓아내기가 어렵다는 것이다. 따라서 전체 회중을 위하여 그 직무를 맡아 책임 있게 처리할 만한 관리들을 세워달라는 요구를 했다. 그래야만 그 문제를 확실하게 해결해 낼 수 있다는 것이었다.

그렇게 하면 그들이 모든 성읍을 세밀하게 확인하고 이방 여인을 아내로 맞아들인 자를 파악하여 정하는 기한에 본성(本城)의 장로들과 재판을 맡은 자들 앞으로 나아오게 하리라고 했다. 그와 같은 과정을 거쳐 악을 행한 자들에게 그것을 청산하도록 명령하면 될 것이라고 말했다. 즉 그 모든 일을 시행함으로써 그로 인해 일어난 하나님의 진노가 저들에게서 떠나게 해 달라는 것이었다.

그런데 그런 일을 시행하는 것 자체에 대하여 반대하는 자들이 상당수 있었다. 그들은 이방 여인을 아내로 맞아 직접 악을 행한 자들이든지 혹은 그런 자들에 대하여 부당한 동정심을 가진 자들이었을 것으로 보인다. 백성들 가운데 요나단과 야스야가 주동이 되어 반대했으며 그에 동참하는 자들이 다수 있었다. 그중에는 이스라엘 민족을 신앙으로 지도해야 할 일부 레위인들도 포함되어 있었다.

우리가 여기서 기억해야 할 바는 그것을 반대하는 사람들에게도 나름대로 이유가 있었을지 모른다는 사실이다. 하나님의 율법과는 상반되나 일반적인 논리로는 그럴 수 있다는 것이다. 굳이 그 점을 인간적인 관점에서 생각해 본다면 그 잘못을 저지른 주도자들은 이방 여인들이 아니라 배도에 빠진 유대인들이었기 때문이다. 따라서 그동안 아내로 맞아 사랑을 나누며 함께 살아오던 이방 여인과 그 자녀들을 내보낼 때 어떤 문제가 발생할지 모른다. 어쩌면 그 이방 여인들이 강력하게 저항할 가능성도 없지 않다.

그러므로 이방 여인들과 그 자녀들을 집 바깥으로 쫓아내는 행위는 전혀 인격적이지 않은 것으로 간주할 수 있다. 오랜 세월을 두고 차근히 그렇게 한다고 해도 그 일은 결코 간단한 문제가 아니다. 더군다나 그들을 일방적으로 내보내면 장차 그들이 먹고 살아갈 일이 막막할 수도 있다. 나아가 그들에게 연관된 이방 민족의 집단적 저항에 대해서도 깊이 숙고해 보아야 한다. 따라서 외교적 사안이 될 수 있는 그 문제를 강압적인 정책을 동원해서 그렇게 할 일은 아니라고 주장할 수 있다.

하지만 그 일을 속히 실행해야만 하는 것은 언약 자손들의 순결을 빨리 회복하기 위해서이다. 그럼에도 불구하고 올바른 신앙의 상태를 회복하고자 할 때는 다양한 문제가 끊임없이 발생했다. 그것은 구약 시대뿐 아니라 신약 시대 교회 역시 마찬가지다.

따라서 지상교회는 이에 대하여 사사로운 인간적인 판단이 아니라 오직 하나님의 말씀을 좇아 민감하게 반응하지 않으면 안 된다. 그래야만 교회가 세속에 물들지 않고 예수 그리스도의 정결한 신부로서 그 자리를 굳건히 지켜낼 수 있을 것이기 때문이다. 하지만 지상교회의 현실은 세상으로부터 도입된 분위기로 말미암아 정당한 권징을 시행하기가 쉽지 않다.

4. 대대적인 조사를 통한 징계와 해결 (스10:16-44)

바벨론 땅에서 고생하다가 포로 생활을 청산하고 가나안 본토로 영구 귀환한 이스라엘 자손들은 에스라가 명한 대로 순종했다. 에스라는 이방 여인과 혼인하고 그들의 관습을 받아들인 자들에 대한 치리를 위해 그 종족에 따라 몇 사람을 책임자로 지명했다. 그들은 모든 일을 객관성 있는 기준으로 명확하게 다루어야만 했다.

히브리 달력으로 구월 이십일에 예루살렘에 모인 이후 만 열흘이 지난 시월 초하루부터 그 상황을 구체적으로 조사하기 시작했다. 그리하여 이듬해 정월 초하루가 되어서야 이방 여인을 아내로 취한 자들에 대한 모든 조사를 마쳤다. 그 일을 시작한 지, 만 석 달이 지나서야 맡겨진 임무를 완수할 수 있었다.

이스라엘 백성들 가운데 가장 중요한 위치에 있는 제사장 중에 이방 여인을 아내로 취한 자들도 여럿 있었다. 그들은 모두 하나님 앞에 맹세하여 그 아내와 자식들을 집에서 내보내기로 했다. 일반적인 측면에서 본다면 피해자라 할 수 있는 자들이 집으로부터 쫓겨나는 신세에 처하게 되었다. 한편 악행을 저지른 자들은 자신의 죄로 인하여 수양 한 마리를 하나님 앞에 속건제로 드려야 했다.

또한 이스라엘 민족 가운데 성전 봉사를 하며 신앙을 지도하는 위치에 있던 레위인들 가운데도 그 범죄에 빠진 자들이 여러 명 있었다. 뿐만 아니라 성전에서 노래하는 자와 성전을 지키는 경비병인 문지기 중에도 동일한 범죄에 빠진 자들이 상당수 있었다. 이스라엘 백성을 지도하는 계층에 있던 자들이 하나님의 율법을 버리고 있었다.

그리고 일반 백성들 가운데는 그런 자들이 많았다. 에스라서 본문 중에는 담당 책임자들이 일일이 조사한 결과 확보한 명단이 그대로 기록되어 있다. 그들은 각기 다른 집안에 속한 자들로서 그것을 통해 그와 같은 상태가 만연해 있었음을 말해주고 있다. 그들 중에는 이방 여인과 혼인하여 얻은 자녀들도 많이 있었다.

에스라서 맨 마지막 부분에는 하나님의 율법을 어기고 범죄한 자들의 명단이 기록되어 있다. 그들 각자가 이방 여인을 데리고 와서 혼인하고 자녀를 낳았으나 이제 혼인을 파기하고 되돌려보내야 할 형편에 놓여있었다. 또한 그 일이 완료되면 이제 모든 것들이 새로 시작된다는 의미를 지니기도 한다.

학사 겸 제사장 에스라가 이방의 포로 생활을 청산하고 귀환한 백성들 가운데서 감당해야 했던 사명은 예루살렘 성전에 관련된 일뿐 아니라 하나님의 율법을 통해 이스라엘 민족 가운데 부정한 것을 없애는 일이었다. 그렇게 함으로써 하나님께서 세우신 언약의 왕국이 성결한 상태로 유지될 수 있었다.

이는 에스라가 약속의 땅으로 귀환한 목적이 신앙의 순결을 회복하는 일이었음을 말해준다. 그것은 오직 하나님의 율법과 성령의 도우심에 의해 그렇게 될 수 있다. 악한 자들은 율법을 버리고 인간의 욕망을 추구하는 일을 도모했으나 에스라는 그들을 향해 예루살렘 성전을 중심으로 한 성도의 순결한 삶을 요구했다. 그 가운데 하나님께서 약속하신 메시아 곧 예수 그리스도가 오시게 될 것이기 때문이다.

느헤미야

서문

느헤미야는 아하수에로 왕의 아들 아닥사스다 1세가 페르시아 제국을 통치하던 시기의 고위 공직자였다. 우리 시대로 말하자면 세계 최강국의 장관급이나 대통령 수석 비서관(chief secretary) 정도 되는 직위였다. 아닥사스다 1세는 에스더의 남편 아하수에로 왕의 아들이었다. 물론 그가 에스더의 친아들은 아니었다. 그는 부왕(父王)이 유다인들에게 우호적이었으므로 그도 그 기조를 이어가고 있었다.

약간 앞선 시대였으나 동시대 인물이라 할 수 있는 에스더는 제국의 왕비였으며 모르드개는 왕 다음가는 최고위직인 총리대신의 직책을 맡고 있었다. 그에 반해 유다인들을 두 번째 예루살렘으로 인도했던 에스라는 정치인이 아니라 유다 백성들을 위한 전문 종교인으로서 하나님의 말씀을 연구하며 가르치는 학사 겸 제사장 직무를 감당하던 인물이었다.

느헤미야는 에스라와 달리 왕의 최측근에서 수종들던 페르시아 제국의 고위 공직자였다. 그렇지만 그는 신앙이 확실한 정통 유다인이었다. BC 444년 그의 친형제인 하나니(Hanani)로부터 예루살렘과 유다 지역에서 언약의 자손들이 겪고 있는 참상을 듣고 수심에 가득 차게 되었다. 그들은 일종의 특사 자격으로 수산 궁의 느헤미야를 찾아왔다.

유다 지역의 모든 형편을 알게 된 느헤미야는 왕의 특별한 허락에 따라 총독의 자격으로 예루살렘으로 갔다. 그는 정치적인 직무를 감당하

면서 유다 백성과 예루살렘에서 진행되는 많은 일에 관여하며 지도자
로서 활동하게 된다. 또한 백성들에게 하나님의 율법을 지킬 것을 권면
하는 동시에 예루살렘 성벽 중수를 위하여 큰 노력을 기울였다. 그것은
전혀 쉽지 않은 일이었으나 총독이라는 지위로 인해 힘든 일을 진척시
켜 갈 수 있었다.

　하지만 그동안 하나님의 일을 적극적으로 방해하는 세력이 많이 나
타나게 되었다. 그런 가운데 유다 민족의 정통성 회복과 순수성을 위해
최선의 노력을 기울였다. 느헤미야가 예루살렘에 도착했을 때는 그보
다 약 십사 년 정도 앞서 언약의 자손들을 예루살렘으로 인도해 그곳에
서 사역하고 있던 학사 겸 제사장 에스라를 만나 그와 더불어 중요한
직무를 수행했을 것이 분명하다.

　예루살렘 성벽을 중수하는 공사는 매우 중요한 의미를 지니고 있다.
그것은 이미 재건된 성전과 제사장들을 비롯한 언약의 자손들을 위한
지도자가 되어 그곳에 살아가는 거민들을 보호하는 역할을 하기 때문
이다. 즉 성벽이 중수되기 전에는 외부의 침입자들에 대한 경계를 제대
로 할 수 없었다. 성벽과 성문이 없었으므로 아무나 성읍 내부로 들어
온다고 해도 속수무책이었다.

　그러나 성벽과 더불어 성문이 세워지게 되면 그곳을 지키는 경비병
들을 배치할 수 있게 된다. 또한 성벽 위에도 경비병들이 외부 침입자
에 대해 경계를 하게 될 것이며 성읍 안에서도 그들이 순찰을 돌며 불
순한 자들이 활동하지 못하도록 감시할 수 있었다. 그리고 성문에서는
경비병들이 성읍을 출입하는 자들의 신분을 확인하며 통제할 수 있게
되었다.

　예루살렘 성전이 재건된 후에도 오랫동안 성벽이 건립되지 않은 상
태에 있다가 느헤미야가 비로소 그 중요한 일을 감당했다. 그것을 통해
바벨론 제국에 의해 파괴된 예루살렘 성전과 성벽을 다시금 완전히 재
건할 수 있었다. 그리하여 느헤미야 시대가 되어서야 비로소 유다 자손

들의 순차적인 귀환과 더불어 성전과 성벽이 완공되어 그 원래의 기능을 회복하게 되었다. 이는 장차 오실 메시아를 맞이할 외형적인 준비를 갖추었음을 말해주고 있다.

이 글은 2022년 4월부터 7월까지 실로암교회에서 강설한 내용을 정리한 것이다. 주일 공예배를 통해 함께 말씀에 참여하며 은혜를 누린 모든 성도에게 깊은 감사의 마음을 전한다. 특히 아직 나이 어린 초등학교 어린이들과 중고등학교 학생들이 힘든 가운데 그 귀한 자리에 앉아 예배에 참여한 점이 감사하다. 이들이 성장해 가면서 하나님의 말씀을 점차 올바르게 깨달아 다음 세대 교회를 잘 이끌어가길 바라는 마음 간절하다.

〈차 례〉

서문

제1장

느헤미야와 예루살렘의 형편 및
하나님을 향한 간구

(느1:1-11)

1. 느헤미야 (느1:1)

아닥사스다 1세가 페르시아 제국의 왕위에 오르기 전 시대였던 아하
수에로 왕 때는 유다 자손인 에스더가 왕후가 되었으며 그의 사촌 오라
비 모르드개가 총리대신의 자리에 올랐다. 그들은 왕 다음으로 최고 높
은 지위에 있었으므로 감히 유다인들을 함부로 대하는 자들이 없었다.
이 모든 것들은 하나님의 경륜에 의한 것이었다.

정치적인 측면에서 본다면 아하수에로 왕의 뒤를 이어 아닥사스다
1세가 BC 465년 왕위에 오르고 난 후 유다인들 가운데 하가랴의 아들
느헤미야가 고위 공직에 오르게 되었다. 정권이 이양될 전후 시기는
정치적 격변기였다. 아하수에로 왕의 신하들 가운데 하나가 아하수에
로 왕을 모살하고 그 반란을 진압한 아닥사스다가 왕위에 올랐기 때문
이다.

당시의 형편으로 보아 느헤미야는 제사장이나 서기관 등 종교적인
일에 종사한 인물이 아니었다. BC 538년 맨 처음 유다인들에게 본토
귀환을 허락하는 칙령을 내린 고레스 왕 시대의 유다인 스룹바벨은
다윗 왕가의 혈통을 이은 인물로서 언약의 중심에 서 있었다. 그리고
예수아는 대제사장의 직무를 잇고 있던 인물이었다. 또한 느헤미야
와 동시대 인물이자 그보다 십수 년 앞선 BC 458년 유다 자손들을
이끌고 가나안 본토로 돌아온 에스라는 학사 겸 제사장으로서 종교
인이었다.

그와 달리 느헤미야는 언약의 백성들 가운데서 전문적으로 종교 활
동을 한 것이 아니라 페르시아 제국의 고위 공직자의 지위에 있던 정치
인으로서 참된 믿음을 소유한 신실한 인물이었다. 에스더와 모르드개
가 아하수에로 왕 통치 시대의 정치적 변천 과정에서 가장 높은 자리에
오르게 되었다면 느헤미야는 일반적인 과정을 거쳐 고위 공직에 오른
것으로 보인다. 유다 사람인 그는 종교적인 직분 활동을 하지 않았으나
제국 내에서 공직을 수행하며 언약의 자손들에 대한 깊은 관심을 가지
고 있었다.

느헤미야는 세계적인 대제국에서 왕의 측근에 있으면서 전문직을
수행하는 술 관원으로 오늘날 우리 시대를 비추어 생각해 본다면 대통
령 수석 비서관 같은 직위에 있었다. 그리고 나중에는 한 지역의 총독
으로 나갈 만큼 중요한 정치인이었다. 당시 페르시아 제국은 세계의
최 강국이었으므로 어느 약소국의 장관이나 수석 비서관에 비할 바가
아니었다.[1]

그는 막강한 세력을 가진 대제국의 고위 관료였으나 하나님 앞에서
의 신앙은 겸손하고 신실한 모습을 유지했다. 그는 언약의 자손으로서

1) 느헤미야는 오늘날 같으면 현재 세계 최강국인 미국의 장관이나 수석 비서관
과 같은 고위직에 있었다. 이는 우리나라와 같은 작은 나라의 장관이나 수석
비서관과는 비할 바가 아닌 막강한 힘을 가지고 있음을 말해주고 있다.

모세 율법에 온전히 순종했으며 하나님의 뜻을 따르기 위해 최선의 노력을 기울였다. 페르시아 제국의 정세와 유다인들의 형편이 나름대로 중요한 변환기에 처해 있을 때 느헤미야를 통해 중요한 언약적 사건이 전개되기 시작했다.

그리하여 아닥사스다 1세가 왕위에 오른 후 제20년 기슬르월 곧 9월에 느헤미야는 페르시아 제국의 수도인 수산의 왕궁에서 공직을 수행하고 있었다. 그는 신실한 신앙인이었으나 자기에게 맡겨진 직무인 왕을 위한 술 관원의 직책 이외에 개인적으로 다른 종교적인 일을 구상하거나 획책하려는 의도를 전혀 가지고 있지 않았다. 하지만 하나님께서는 이제 왕과 긴밀한 관계에 놓여있던 그를 특별히 불러 자신의 구속 사역을 이루어가기 위해 중요한 책무를 맡기시고자 했다.

2. 예루살렘의 어려운 형편 (느1:2,3)

느헤미야는 페르시아 제국의 수산 궁에서 왕을 보좌하며 공직을 수행하고 있었으나 그의 관심은 늘 예루살렘을 향하고 있었다. 참 신앙인인 그에게 그와 같은 자세는 지극히 당연한 일이었다. 여호와 하나님을 진정으로 섬기며 살아가는 자들은 비록 전문적인 종교인이 아니라 어떤 다른 일을 하고 있을지라도 천상의 하나님을 향한 유일한 통로인 예루살렘이 삶의 중심에 놓여있을 수밖에 없었다.

이에 대해서는 오늘날 우리에게도 동일하게 적용되어야 한다. 교회에서 전담으로 목회하는 목회자나 신학교의 교수들만 성경과 교회를 통한 진리에 주된 관심을 가지는 것이 아니라 모든 성도가 그러해야 한다. 주님께 속한 자들은 이 세상에 살아가면서 어떤 직업을 가지고 있든지 그들의 삶의 중심에는 항상 하나님의 몸된 교회와 영원한 천국이 존재하고 있어야 한다.

느헤미야가 수산 궁에서 공직을 수행하며 예루살렘에 깊은 관심을 기울이고 있을 때 몇몇 사람이 유다 지역으로부터 도착했다. 느헤미야의 친형제인 하나니(Hanani)가 다른 몇 사람과 함께 페르시아의 수도 수산을 방문하게 되었다. 그들이 수산 궁을 방문한 것은 일반적인 여행이 아니라 분명한 목적을 가진 공적인 방문이었을 것이 분명하다. 그들은 페르시아 제국의 고위 공직자이자 하나니의 친형제인 느헤미야를 만나 그에게 특별한 도움을 요청하고자 했다.

느헤미야는 예루살렘에서 공적인 사신의 신분으로 자기를 방문한 친형제를 비롯한 몇 사람들을 만났을 때, 우선 오래전 바벨론의 포로로 잡혀 와 이방 지역에서 생활하다가 살아남아 본토로 귀환한 유다인들이 어떻게 지내고 있는지 궁금했다. 그래서 유다 지역과 예루살렘에서 일어나고 있는 여러 실상을 물어보았다. 언약의 자손들이 약속의 땅 가나안 본토로 돌아가 실행해야 할 일들이 순조롭게 진행되어 가고 있는지 궁금했다.

그런데 느헤미야의 질문을 들은 그들은 반가운 소식이 아니라 매우 부정적인 형편을 전했다. 포로 지역에서 약속의 땅 가나안 본토와 예루살렘으로 돌아간 유다 자손들이 유프라테스강 서부 지역의 도(道)와 유다 땅에서 큰 환난을 겪고 있다는 것이었다. 또한 그들은 여러 상황으로 말미암아 심한 어려움과 능욕을 당하고 있는 실상을 전했다.

나아가 예루살렘 성읍 주변을 둘러싸고 있던 성벽은 완전히 무너져 폐허로 남아 있다고 했다. 그리고 성문은 불에 탄 이후로 다시 중건하지 못한 상태로 남아있다는 안타까운 사실을 전했다. 파괴된 예루살렘 성전이 그 당시보다 약 70여 년 전인 BC 516년 다리오 왕 시대에 다시금 재건되었으나 허물어진 성벽은 아직 그대로 있었으므로 성전이 온전히 보호되기 어렵다는 것이었다. 하나니(Hanani) 일행은 느헤미야에게 그 모든 사실을 고하며 호소하듯 도움을 요청했다.

3. 느헤미야의 기도 (느1:4-11)

느헤미야는 당시 유다 지역과 예루살렘에서 일어나고 있는 안타까운 모든 형편을 듣고 심한 괴로움에 빠지게 되었다. 그는 그 위기의 상황을 자기가 개인적으로 어떻게 타개할 수 없다는 사실을 잘 알고 있었다. 나아가 그곳으로 귀환하여 거주하는 언약의 자손들 스스로 그 문제를 해결할 수 있는 성질의 것도 아니었다.

그는 오로지 여호와 하나님 홀로 그들이 직면한 난관을 해결하실 수 있다는 점을 분명히 깨닫고 있었다. 그리하여 느헤미야는 그 문제를 두고 우선 주변의 어떤 사람과 상의하거나 의논하지 않고 하나님께 간구하게 되었다. 그가 예루살렘의 모든 사정을 듣고는 홀로 조용한 방에 앉아 하나님 앞에서 여러 날 동안 슬피 울며 기도했다.

이처럼 느헤미야는 천상에 계시는 여호와 하나님 앞에서 금식하며 간절한 마음으로 기도했다. 그것은 자기 자신을 위한 기도가 아니라 예루살렘과 언약의 자손을 위한 간구였다. 그 가운데는 장차 이땅에 오실 메시아에 대한 언약이 중심에 놓여있었을 것이 분명하다. 이처럼 하나님께 기도하는 성도가 개인적인 욕망이 아니라 하나님의 뜻을 염두에 두고 간절히 구하는 것은 모든 신앙인들이 갖추어야 할 기본적인 도리이다.

(1) 죄의 자복(느1:5-7)

느헤미야는 매우 곤혹스러운 심경으로 하나님께 기도를 시작하면서 먼저 천상에 계시는 여호와 하나님의 존재에 관한 고백을 하고 있다. 그 하나님은 크고 두려운 분이어서 아무나 함부로 대할 수 있는 분이 아니다. 그 대신 자기를 진정으로 사랑하는 성도들의 기도를 들어주신다. 즉 하나님의 계명을 지키는 자들에 대해서는 창세 전부터 체결된 언약을 지키신다. 그는 또한 그런 자들을 위해 항상 긍휼을 베푸시는 분이다.

느헤미야는 그와 같은 성품을 지닌 여호와 하나님을 향해 간절히 기도했다. 또한 주님께 속한 구별된 종으로 세워진 이스라엘 자손을 위해 자기가 밤낮으로 기도한다는 사실을 언급하며 간절히 구했다. 또한 여호와 하나님의 율법에 온전히 순종해야 할 백성이 그 앞에서 범죄한 모든 사실을 숨김없이 자복한다고 했다.

그러므로 하나님께서 자기의 기도에 귀를 기울이고 눈을 열어 그 요청을 들어달라는 간구를 했다. 그는 또한 자기와 자기 아비의 집이 여호와 하나님 앞에서 범죄하여 그에게 심히 큰 범죄를 저질렀다고 했다. 이는 그들이 주님의 종 모세에게 하나님이 명하신 계명과 율례와 규례를 지키지 않았다는 사실을 고백하는 의미를 지니고 있다.

우리가 여기서 눈여겨보아야 할 점은 느헤미야가 이스라엘 민족의 범죄를 다른 사람들에게 핑계대거나 넘기지 않았다는 사실이다. 그는 그 모든 죄악을 자기와 자기 집안의 행위로 받아들였다. 일반적인 관점에서 보아 정치인이자 신실한 신앙을 소유했던 느헤미야가 그 범죄에 직접 가담하지 않았을 것으로 이해하는 것이 자연스럽다. 그런데 그는 자신을 제외한 이스라엘 민족에게 범죄의 책임을 돌리기 전에 자기에게도 그에 대한 책임이 있다는 사실을 밝히며 죄에 대한 공동 책임의 성격을 드러내 보이고 있다.

이에 대해서는 오늘날 우리 역시 마음속 깊이 새겨두어야 한다. 특히 하나님의 몸된 교회 가운데 어떤 죄악이 발생하게 될 때 모든 교인들은 그에 대한 공동의 책임감을 느끼는 것이 중요하다. 설령 자기가 직접 그에 가담하지 않았다고 할지라도 그 책임을 함께 져야만 하는 것이다. 나아가 아무것도 모르는 어린 아기들이라 할지라도 어른들의 잘못된 행위로 말미암아 그 책임으로 들어가게 된다. 따라서 모든 성도는 공적인 책임에 관한 의미와 더불어 민감한 자세를 유지하지 않으면 안 된다.

(2) 하나님의 약속을 기억하며 간구(느1:8-11)

느헤미야는 기도하는 중에 여호와 하나님께서 오래전 그의 종 모세에게 특별히 언급한 사실을 떠올려 말하고 있다. 그것은 만일 이스라엘 자손이 죄를 범하면 하나님께서 저들을 세상의 여러 나라들 가운데 흩어버리시리라고 말씀한 내용이다. 그리고 백성들이 그 고통 중에 하나님께 돌아와 그의 계명을 지켜 순종하면 약속의 땅에서 쫓겨난 자들이 세상 끝에 있을지라도 다시금 불러들일 것이라고 말씀하셨다.

이는 하나님의 이름을 두시기 위해 특별히 택하신 거룩한 성전이 있는 예루살렘으로 언약의 자손들을 돌아오게 하신다는 약속이다. 느헤미야는 과거 모세에게 전하신 그 말씀에 따라 하나님께서 이제 그 약속을 기억하고 저들에게 긍휼을 베풀어 달라는 간구를 했다. 지금 예루살렘으로 귀환하여 극심한 고난을 겪고 있는 자들은 하나님께서 큰 권능과 강한 손으로 구속하신 주님의 종이요 백성이라는 것이다.

그러므로 여호와 하나님께서 이제 긍휼을 베풀어 자신의 간구에 귀를 기울여 달라고 했다. 간절히 부르짖는 자기의 기도와 여호와 하나님의 이름을 진정으로 경외하는 자들의 간구를 들어달라는 것이었다. 그리하여 주님의 종인 자기에게 모든 일이 형통하게 되어 자기가 섬기는 왕으로부터 자비를 입게 해달라는 간구를 했다.[2]

당시 느헤미야는 페르시아 제국의 궁중에서 왕을 위한 술 관원(cupbearer)의 직책을 맡고 있었다. 여기서 말하는 술 관원이란 단순히 왕에게 술잔을 따르는 역할을 하는 일반 직무 이상의 중요한 의미를 지

---

[2] "...... and prosper, I pray thee, thy servant this day, and grant him mercy in the sight of this man"(Neh. 1:11ⓑ, KJV); "...... 이제 주님의 종이 하는 모든 일을 형통하게 하여 주시고 왕에게 자비를 입게 하여 주십시오"(한글 표준새번역, 느1:11ⓑ).

니고 있다. 당시 술 관원은 왕으로부터 절대적인 신임을 받는 인물이
감당해야 할 직책이었다. 왕이 먹는 모든 음식과 왕이 마시는 술은 매
우 중요하다.

그것은 왕이 날마다 먹는 음식이나 술의 질에 연관된 것을 말하지 않
는다. 왕의 음식과 음료 가운데 마시는 술에 대해서는 특히 많은 신경
을 써야만 한다. 왕에게 제공되는 술은 매우 중요해서 아무나 임의로
그에게 술을 따르지 못한다. 반드시 규례에 따른 철저한 검증 절차를
거쳐야만 했기 때문이다.

술을 과하게 마시면 취기가 오르게 되고 만일 그와 같은 상황에서 누
군가 술에 독약이라도 타서 왕을 살해하려는 음모라도 꾸미게 된다면
큰일이 아닐 수 없었다. 따라서 술 관원은 항상 왕과 가까운 거리에 있
으면서 그의 안색을 살피며 보좌하는 일을 감당해야 했다. 물론 왕은
그에게 술만 따르도록 한 것이 아니라 전반적인 국사(國事)에 관한 자문
을 구했을 것이 분명하다.

그와 더불어 우리가 기억해야 할 바는 느헤미야의 직책이 왕의 술잔
에 직접 술을 따르는 일에 국한된 것이 아니었으리라는 사실이다. 고대
국가에서는 그와 같은 일은 대개 궁녀들의 몫이었다. 따라서 그의 또
다른 주된 직무 중 하나는 공적인 연회를 비롯한 행사를 총괄하는 일이
었을 것이 분명하다. 당시에는 국내외에서 많은 사신과 손님들의 공적
인 방문이 있었을 것이기 때문이다.

따라서 왕의 최측근에 있으면서 그런 중요한 직책을 담당하고 있던
느헤미야가 하나님을 향해 자기가 보좌하는 아닥사스다 왕으로부터 자
비를 입게 해 달라는 간구를 하게 되었다. 이는 당시 국가의 중요한 공
직자였던 그가 언약의 백성을 위해 구체적인 도움을 주어야 한다고 생
각하고 있었음을 말해준다. 즉 그는 고위 공직자로서 유다 땅으로 귀환
한 언약의 자손들이 머무는 예루살렘으로 가서 중요한 일을 감당해야
겠다고 판단하고 있었다.

그것은 느헤미야가 개인적인 판단에 따라 임의로 행할 수 있는 일이 아니었다. 반드시 왕의 허락과 명령이 선행되어야만 그렇게 할 수 있는 가능성이 열리게 된다. 따라서 그는 여호와 하나님을 향해 자기가 그 일을 감당할 수 있도록 왕으로부터 자비를 입게 해 달라는 간구를 했다.

제2장

아닥사스다 왕의 허락과 느헤미야의 본토 귀환

(느2:1-20)

1. 아닥사스다 왕과 대면한 느헤미야 (느2:1,2)

페르시아 제국에서 고위 공직자의 자리에 앉아 안정적인 활동을 펼치던 느헤미야였으나 예루살렘의 어려운 상황을 듣고 난 후 심한 괴로움에 빠지게 되었다. 그에게는 정치적인 성공이나 다른 어떤 요소보다 약속의 땅에서 발생하는 문제에 더 큰 관심을 가지고 있었다. 그리하여 그는 하나님 앞에서 수일 동안 금식하며 기도했다.

느헤미야는 그런 중에도 왕궁에 나가 근무하면서 자기에게 맡겨진 모든 직무를 충실하게 감당했다. 그동안 느헤미야는 왕궁에 출입하며 왕을 수없이 많이 대면했을 터이지만 자기의 근심하는 모습을 보이지 않으려 애썼을 것이다. 따라서 왕은 그에게 깊은 염려거리가 있다는 사실에 대한 별다른 낌새를 눈치채지 못했다.

심한 어려움을 겪고 있던 예루살렘과 유다 자손들을 기억하며 느헤미야가 특별히 기도하기 시작한 지 4개월 정도3) 지나고 나서야 아닥사

---

3) 아닥사스다 왕의 즉위 제20년 기슬르월(Chisles: 9월)부터 니산월(Nisan: 1월)까지는 약 4개월 정도가 된다(느1:1;2:1, 참조). 참고로 유대력으로는 티쉬리월(Tishrie: 7월)이 새해를 시작하는 달이다.

스다 왕이 그 사실을 눈치채게 되었다. 그가 술을 준비하여 규례에 따라 왕 앞으로 나아갔을 때, 왕은 수심에 가득 찬 그의 얼굴을 보고 그에게 무슨 일이 있을 것이라는 판단을 했다. 따라서 그를 향해 말 못 할 특별한 연유가 있는지 물어보았다.

왕으로부터 그 말을 들은 느헤미야는 크게 두려워하게 되었다. 그가 큰 죄를 저지르지 않았음에도 불구하고 두려워하게 된 까닭은 측근에서 왕을 보좌해야 하는 신하로서 자신의 모든 상태를 왕에게 보고할 의무가 있었기 때문이다. 그것은 왕을 가까이서 보호해야 할 신하로서 당연히 지켜야 할 기본 도리였다.

예를 들어 만일 왕을 가까이 보좌하는 신하에게 감기 증상이 있다고 해도 사전에 그 사실을 보고해야 한다. 아니면 왕에게 그 감기를 옮길 우려가 있을 것이기 때문이다. 나아가 개인적인 어떤 심각한 문제가 발생할 경우, 그에 대한 염려로 말미암아 맡은 바 직무에 충실하지 못해 왕 앞에서 중대한 실수를 저지르게 될 우려가 따른다.

따라서 느헤미야는 항상 왕의 측근에 머물며 근무하는 술 관원으로서 공적인 행사를 비롯한 중요한 직무를 감당해야 할 공직자였기 때문에 자기에게 연관된 모든 상황을 그대로 보고해야 할 당연한 의무를 지니고 있었다. 하지만 그는 예루살렘과 유다 백성으로 인해 자기에게 생겨난 심각한 염려에 대하여 아무런 보고를 하지 않았다. 그가 왕의 말을 듣고 큰 두려움에 빠지게 되었던 이유는 그와 연관되어 있었던 것이 분명하다.

2. 느헤미야의 직고(直告) (느2:3-5)

느헤미야는 왕이 자기에게 무슨 특별한 일이 있는지 묻는 말을 듣고 잠시 심한 두려움에 빠졌으나 곧 담대한 마음을 가지고 자기가 처한 실상을 있는 그대로 말씀드렸다. 이는 하나님에 대한 굳건한 믿음이 있었기 때문에 가능한 일이었다. 그는 왕을 향해 최고의 존경심을 가진 자신의 심경을 밝히는 동시에 자기가 근심에 빠지게 된 사유에 대한 정황을 보고했다. 그것은 왕이 듣기에는 의외라 할 수 있는 느헤미야의 민족적 조상과 연관된 예루살렘 성읍에 관한 문제였다.

느헤미야는 자기의 조상들이 묻힌 무덤이 있는 성읍인 예루살렘이 오래전에 파괴된 이래 지금까지 황무한 상태로 놓여있다는 사실을 언급했다. 그리고 그 성읍을 둘러싸고 있던 성벽 역시 허물어진 채 그대로 있으며 성벽을 둘러 세워져 있던 모든 성문이 불에 타버린 상태로 남아 있다고 말했다. 그에 연관된 실상으로 말미암아 자기의 얼굴에 수심이 가득 차게 되었노라고 했다.

그것은 느헤미야에게는 매우 중요한 일이었으나 왕에게는 전혀 그렇지 않았다. 그 상황은 페르시아 제국에 직접적인 유익이나 손해를 끼치는 정책과 무관한 내용이었으므로 그의 말을 들은 왕이 어떤 식으로 반응할지 전혀 예측할 수 없었다. 경우에 따라서는 왕의 측근에서 보좌하는 신하로서 그렇게 하는 것은 도리가 아니라는 지적과 더불어 큰 진노를 사게 될 우려도 있었다.

그런 중에 왕은 염려하던 바와 달리 느헤미야를 향해 그것을 위해 무엇을 해주기를 원하느냐고 물어왔다. 왕으로부터 그 말을 들었음에도 느헤미야는 아직 상당히 떨렸을 것이 틀림없다. 따라서 그는 마음속으로 여호와 하나님을 향해 간절히 기도하면서 선한 도우심이 임하기를 간구했다. 그런 형편에서 느헤미야는 왕 앞에서 자기의 심경을 솔직하게 드러내며 바라는 바를 담대하게 밝혔다.

그는 먼저 왕이 만일 자기의 소청을 들어주시기를 원하시고 또한 자기가 왕으로부터 은혜를 입었다면 모든 사실을 있는 그대로 고해 바치겠다고 했다. 그것은 자기를 유다 땅 곧 조상들이 묻혀있는 묘실이 있는 예루살렘 성읍으로 보내 달라는 소청이었다. 그리고 그곳에서 파괴된 성벽을 중수하도록 허락해 달라는 당부를 했다. 왕의 최측근에서 중요한 직무를 수행하던 공직자가 그와 전혀 관계없는 일을 하게 해 달라고 왕에게 간청하는 것은 극히 이례적인 일이 아닐 수 없었다.

3. 왕의 응답과 예루살렘에 도착한 느헤미야 (느2:6-10)

느헤미야의 소청을 들은 아닥사스다 왕은 그에 대한 긍정적인 태도를 보였다. 그런데 그 자리에는 왕후도 옆에 앉아 있었다. 그곳에 왕후가 함께 있었다는 사실은 전혀 의도하지 않은 일이었으나 그가 왕과 느헤미야 사이에 있었던 모든 말에 대한 증인 역할을 하게 된다는 의미를 지니고 있다. 그것이 구체적으로 별다른 법적인 역할을 하는 것은 아니라 할지라도 중요한 의미를 지니고 있음은 분명하다.

왕은 느헤미야를 향해 예루살렘에 다녀오려면 어느 정도 시간이 걸릴지 언제쯤 돌아오게 될지 물어보았다. 왕이 자기의 소청을 흔쾌히 승낙한 것을 본 느헤미야는 자기가 생각하는 날짜와 기한을 정해 말씀드렸다. 왕과 그와 같은 긍정적인 대화가 진행되는 것은 느헤미야에게 여간 기쁘고 감사한 일이 아닐 수 없었다.

그리하여 그는 또한 왕에게 자기의 요구사항을 아뢰었다. 만일 왕이 자기에게 선처를 베풀어 주시기를 원한다면 유프라테스강 서편 총독들에게 내리는 조서를 써 달라는 소청을 했다. 그 내용은 그들이 자기를 용납하여 그 지역을 무사히 통과하여 유다 지역까지 갈 수 있도록 해달라는 것이었다.

그리고 느헤미야는 또 다른 조서를 하나 더 써주시도록 간청했다. 왕의 삼림을 감독하는 책임자인 아삽에게 특별한 조서를 내려 달라고 했다. 그리하여 예루살렘 성전 옆의 성채 문짝과 성벽을 위해 필요한 나무와 자기가 거할 집을 짓기 위한 들보 재목을 제공해 주라는 명령을 내려 달라는 것이었다.

느헤미야의 소청을 들은 아닥사스다 왕은 기꺼이 그 모든 것들을 허락했다. 그리고 그가 원하는 조서를 써서 손에 들려주었다. 느헤미야는 왕을 통해 진행된 그 모든 일이 눈에 보이지 않는 여호와 하나님의 선한 손길로 인한 것이란 사실을 잘 알고 있었다. 즉 왕이 자기에게 예루살렘 방문을 허락하고 필요한 모든 조서를 써주었으나 그 배경에는 여호와 하나님이 존재하고 계신다는 사실을 믿고 있었다.

그리하여 느헤미야는 예루살렘 방문을 위한 모든 준비를 하고 난 후 왕이 자기와 함께 가도록 붙여준 군 지휘관들과 기병대를 대동하고 수산 궁을 떠났다. 그가 유프라테스강 서편에 있는 총독들의 담당 지역에 이르러서는 왕의 조서를 전달했다. 그 조서를 확인한 자들은 느헤미야에게 순순히 길을 열어주었으며 그가 무엇 때문에 예루살렘으로 가는지 그 이유를 짐작하고 있었다.

하지만 당시 그 지역에서 근무하던 공직자들을 비롯한 많은 이방 사람들에게는 느헤미야와 그 일행이 예루살렘으로 가는 것이 그리 탐탁지 않았다. 그들의 예루살렘 방문은 단순한 여행이 아니라 유다 족속을 강력하게 만드는 일에 직접 연관된 일이었기 때문이다. 그렇다고 해서 왕이 내린 조서를 확인한 자들 가운데 감히 왕명을 거스를 자는 아무도 없었다.

페르시아 제국의 고위 공직자이자 유다인으로서 신실한 신앙인인 느헤미야가 예루살렘으로 가고 있다는 소문은 즉시 주변 여러 지역으로 퍼져나가게 되었다. 그 사실을 알게 된 지도자들 가운데 특히 유다인들과 적대관계에 놓여있던 호론 사람 산발랏과 암몬 사람 도비야는 큰 충격을 받아 근심에 빠지지 않을 수 없게 되었다. 느헤미야가 예루살렘으로 가는 것은 이스라엘 자손을 흥왕케 하고 예루살렘을 강화하려는 이유 때문이라는 사실을 잘 알고 있었기 때문이다.

4. 느헤미야의 예루살렘 비밀 사찰(査察) (느2:11-16)

느헤미야는 먼 여정을 거쳐 일행과 함께 예루살렘에 무사히 도착하게 되었다. 페르시아 제국의 수도인 수산 성에서 예루살렘까지는 1,200km 정도가 되는 먼 거리다.[4] 그리고 그 길은 사막의 건조한 지역을 거치고 강들을 건너야 하는 힘든 여정이었다.

따라서 먼 여행길을 마치고 예루살렘에 도착한 느헤미야는 많이 지치고 피곤했겠지만 한 이틀간 피로한 몸을 쉬는 가운데 하나님의 언약을 떠올리며 여러 가지 생각을 했을 것이 분명하다. 그러다가 사흘째 되는 날 밤에 아무도 모르게 자리에서 일어나 허물어져 방치된 예루살렘 성벽을 둘러보기 위해 밖으로 나갔다. 당시 그는 높은 관직에 있는 사람으로서 낮에는 많은 사람으로 인해 자유롭게 다니기가 쉽지 않았다.

그가 아무도 몰래 밤중에 조용히 외출하게 된 것은 하나님께서 저의 마음을 감동시킨 결과로 말미암은 것이었다. 하나님께서 자기를 예루살렘으로 보내 감당하게 하신 그 일에 대해서는 아무에게도 직접적인 언급을 하지 않은 상태였다. 그는 밤에 자리에서 일어나 두어 사람을

---

4) 느헤미야는 수산 성에서 예루살렘까지 1,200km 정도 되는 먼 길을 여행하는 동안 상당한 기간이 소요되었다. 이를 좀 더 쉽게 이해하기 위하여 한국의 지리를 예를 들어 생각해 볼 수 있다. 부산의 낙동강 하구에 있는 '을숙도'에서 서울의 '여의도'까지의 도보 길은 그 절반인 610km 정도가 된다. 필자의 친구 성희찬 목사(고신 교단)는 오래전 휴가 기간 중 을숙도에서 한강까지 하루 평균 10시간 정도를 걸어 20일이 걸려 도착했다고 했다. 그 중간에 몇 번의 주일이 끼어있었던 점을 감안하면 23일이 걸린 셈이다. 그런데 수산 성에서 예루살렘까지의 거리는 을숙도에서 여의도까지의 두 배 가량 된다. 앞의 성 목사와 동일한 속도로 매일 10시간을 걷는다고 해도 중간에 안식일이 끼어있어서 50일 정도의 기간이 소요된다. 그런데 수산 성에서 예루살렘에 이르는 길은 한국의 길에 비해 훨씬 열악한 조건이었다. 이런 여러 정황들을 감안하여 느헤미야의 여정과 그 기간을 어느 정도 짐작해 볼 수 있다.

대동하고 밖으로 나갔다. 그는 짐승을 타고 갔으나 함께 가는 다른 사
람들은 걸어서 갔다. 그 짐승은 당시의 상황에 비추어볼 때 아마도 나
귀였을 것이다.[5]

느헤미야는 그날 밤 다윗성 서편에 위치한 골짜기 문(the Valley Gate)
쪽으로 나가 용정(龍井) 곧 용의 샘(the dragon well)으로 불리는 곳을 지
나갔다. 또한 다윗성 남쪽에 위치한 분문(the Dung Gate)에 이르렀다. 그
형편을 살펴보니 예루살렘 성벽이 다 무너져 있었으며 성문은 타버리
고 없는 상태였다. 그리고 앞으로 좀 더 나아가 분문에서 가까운 샘문
(the Fountain Gate)과 왕의 못(the King's Pool)에 이르자 더 이상 길이 없
어서 짐승이 지나가기 어려웠다.

느헤미야는 그날 밤 몇 사람들을 대동하고 예루살렘 성읍 시내로 나
아가 성벽 이곳저곳을 살펴본 후 다시 골짜기 문을 통해 숙소로 되돌아
왔다. 하지만 다른 관리들 가운데 느헤미야가 어디를 다녀왔는지 무엇
을 행했는지 아는 자가 아무도 없었다. 느헤미야는 자기가 폐허된 성벽
을 확인하고 돌아온 사실에 대하여 다른 유다인들과 제사장들과 지도
자들과 관료들 등 아무에게도 말하지 않았기 때문이다.

5. 예루살렘 성곽 중건 계획 (느2:17,18)

어느 정도 시간이 흐른 후 느헤미야는 유다 백성들을 향해 말했다.
언약의 백성들이 그동안 이방인들에 의해 당한 어려움과 고통에 대해
서는 누구나 목격하고 있는 바라는 것이었다. 거룩한 성 예루살렘이 황
폐하게 되었으며 그 성읍을 지켜 보호해야 할 성벽은 허물어지고 성문
은 완전히 불타 없어져 버렸다는 것이다.

---

5) "그 후에 나는 몇 사람과 함께 밤중에 일어나 밖으로 나갔는데 내가 탄 나귀 외
에는 다른 사람이 탈 짐승이 없었다"(느2:12ⓑ, 한글 현대인의 성경).

그러니 이제 모두 일어나 무너진 예루살렘 성벽을 다시금 중건하자는 제안을 했다. 그리하여 다시는 이방인들의 세력에 의해 수치를 당하는 일이 발생하지 않도록 하자고 했다. 여호와 하나님의 거룩한 도성이 사악한 배도자들과 이방인에 의해 수모를 당하는 것을 두고 볼 수 없다는 것이었다. 그와 같은 상황은 그곳에 살아가야 할 언약의 자손들뿐 아니라 여호와 하나님에 대한 모독이 되기 때문이었다.

그리고 느헤미야는 하나님의 선한 손길이 그동안 자기를 돕고 계신 사실을 모든 백성에게 전했다. 하나님께서 친히 페르시아 제국의 아닥사스다 왕의 마음을 간섭하셨으므로 지금 자기가 계획하고 있는 모든 일이 형통하게 진행되어 가고 있다는 것이다. 즉 왕이 자기에게 예루살렘 성읍의 성벽을 다시 중수하도록 허락했다는 것이었다.

느헤미야의 말을 들은 모든 백성은 허물어진 예루살렘 성벽을 건축하자는 저의 제안에 대하여 수긍하며 적극적인 자세를 보였다. 그것은 느헤미야뿐 아니라 여호와 하나님에 대한 신뢰와 연관되어 있었다. 그리하여 백성들은 즉시 일어나 힘을 내어 그 일을 위해 착수하자고 화답했다. 무너진 성벽을 중수하는 일은 여호와 하나님의 뜻에 따른 선한 사역이란 사실을 모두가 깨닫게 되었다.

6. 이방 세력의 저항과 느헤미야의 반응 (느2:19,20)

바벨론 포로에서 돌아온 유다 자손들이 느헤미야와 함께 예루살렘 성벽을 다시금 세우고자 한다는 소문이 금세 주변으로 퍼져나갔다. 그 가운데 호론 사람 산발랏과 암몬 사람 도비야와 아라비아 사람 게셈 역시 그 말을 듣게 되었다. 하지만 그들은 유다 자손을 업신여기고 크게 비웃었다. 그 계획이 절대 이루어지지 않을 것이라 여겼기 때문이다.

그들은 느헤미야를 비롯한 유다인들이 예루살렘 성벽을 중건하는 것은 페르시아 왕을 배반하는 반역 행위라는 억지 주장을 펼쳤다. 그 모든 지역은 페르시아 제국의 담당 아래 놓여있는데 그 성읍의 성벽을 다시 중수하는 행위는 결국 페르시아의 군대를 방어하기 위한 것과 마찬가지 아니냐는 것이었다. 그들은 느헤미야가 아닥사스다 왕으로부터 받은 조서의 내용을 가볍게 여기고 제대로 이해하지 못했던 것으로 보인다.

하지만 저들의 주장은 주변의 이방인들에게 상당한 영향력을 끼칠 수밖에 없었다. 하지만 느헤미야는 저들의 겁박을 전혀 두려워하지 않았다. 그는 페르시아 제국의 고위 관료로서 정치적으로도 저들과는 격이 달랐다. 더구나 그 모든 것은 왕으로부터 직접 허가를 받아 행하는 일이었다. 그럼에도 불구하고 그는 자기의 그와 같은 정치적인 입지를 무기로 삼아 원수들이 꾸미는 그 어려운 상황을 타개하려고 하지 않았다.

그는 오직 여호와 하나님을 의지한 채 모든 일을 계획하고 진행해 나가고자 했다. 그래서 자기에게 대적하는 원수들을 향해 천상에 계시는 여호와 하나님께서 언약의 자손들이 시행하는 모든 과업을 형통케 해주시리라는 사실을 언급했다. 따라서 여호와의 종들인 유다 자손들이 일어나 반드시 무너진 성벽을 다시금 중수하리라고 말했다.

그와 더불어 그 성벽 중건에 강하게 반대하며 그 일을 가로막으려고 하는 자들에게 임할 하나님의 저주를 선포했다. 그런 자들에게는 예루살렘에서 상속받을 만한 지분이 전혀 없을 것이며 그렇게 할 만한 권리도 존재하지 않는다는 것이었다. 그리고 저들에게는 그에 관한 아무런 연고나 명분이 없다는 사실을 분명히 전했다.

이 말은 여호와 하나님의 선한 일을 방해하는 자들을 향해 무서운 저주를 선포하는 의미를 지니고 있다. 이는 또한 예루살렘 성벽으로 인해 내부의 언약에 속한 성도들과 그 바깥의 이방인들 사이에 분명한 경계선이 존재하게 된다는 사실을 말해준다. 이에 연관된 경계와 구별은 구약 시대로부터 신약 시대의 모든 교회에 이르기까지 지속해서 상속되어 가야 할 소중한 교훈을 남기고 있다.

제3장

성벽 중건을 위한 대대적인 작업
(느3:1-32)

1. 느헤미야의 폐허 된 예루살렘 성벽의 중건 계획

바벨론 제국의 느부갓네살 왕에 의해 파괴된 예루살렘 성벽은 다윗과 솔로몬이 축성한 성벽이었다. 예루살렘에 도착한 느헤미야는 허물어진 성벽을 둘러보며 그것을 중수하고자 굳게 마음먹었을 것이 분명하다. 그리하여 전체적인 계획을 세워 그 무너진 성벽을 따라가며 중건하게 되었다.

느헤미야는 무너진 성벽을 중수하기 위해 미리 구상한 대로 먼저 허물어진 성문을 중심으로 제사장, 레위인 등 다양한 직분자들과 관료들을 비롯한 직업에 따라 중수해야 할 성벽의 적절한 범위를 정했다. 그리고 가문과 거주지 및 출신 지역, 직분과 신분 및 직업 등을 기준으로 삼아 감당해야 할 공사 내용과 범위를 나누었다.

다윗과 솔로몬 시대의 성읍을 기초로 하여 느헤미야가 중수한 예루살렘 성벽에는 그 둘레에 열 개의 성문이 있었다. 그 문들을 중심으로 각기 분담하여 단시일에 효과적으로 작업을 끝내고자 했다. 따라서 백

성들은 성벽을 중수하기 위해 온 힘을 다해 헌신했다.[6]

우리는 느헤미야의 성벽 중수에 연관된 작업 과정을 보며 우리 시대 교회에 적용해 볼 수 있다. 성벽이 반드시 중수되어야 했던 것은 하나님의 거룩한 성전과 제사장들 및 성전 종사자들을 비롯한 백성들을 보호하기 위해서였다. 이는 오늘날 우리 시대 영적인 경계를 통해 지상 교회를 보호하는 일과 연관지어 생각할 수 있다. 세상에 존재하는 모든 개체 교회는 세례와 입교를 통해 외부와의 명확한 경계를 두고 있어야 한다.

또한 성벽의 성문 역할을 하는 목사와 장로들의 모임인 당회가 튼튼한 문빗장과 굳건한 자물쇠를 가지고 있어야 한다(마16:19, 참조). 하지만 안타깝게도 우리 시대에는 각 교회마다 그 경계와 출입문이 거의 허물어져 버린 상태가 되어버렸다. 따라서 느헤미야가 허물어진 예루살렘 성벽과 성문을 다시금 중수했듯이 우리 시대 교회는 올바른 세례와 입교, 그리고 직분 사역의 회복을 통해 영적인 성벽과 성문의 기능을 다시금 확고히 세워가야만 한다.

2. 성벽 중수에 참여하는 노동 인력의 다양한 배경

(1) 제사장, 레위인, 느디님 사람들

성벽을 중수하는 작업은 육체적 노동을 요구하는 일이다. 그 직무를 감당하는 데 예외가 될 사람은 아무도 없다. 당연히 모든 언약의 자손

---

6) 현재 우리가 기억하고 있는 예루살렘 성벽의 대체적인 모습은 마카비 전투에서 헬라인들을 물리친 하스모니안 시대에 축성한 성벽을 기초로 하여 헤롯 대왕에 의해 건축된 것이며 예수님 당시에도 거의 그 모습을 하고 있었다. 그리고 지금 남아있는 예루살렘 성벽은 오스만투르크 제국의 술레이만 1세가 1532-1539년에 복원한 것이다.

들이 하나가 되어 힘을 합쳐야만 했다. 따라서 하나님께 제물을 바치며
섬기는 사역을 감당하는 제사장들도 그 일에 참여했으며(느3:1), 성전 봉
사와 더불어 백성들에게 모세 율법을 가르치는 직무를 감당하는 레위
지파에 속한 사람들도 동원되었다(느3:17).

　　나아가 예루살렘에 거주하는 제사장들뿐 아니라 여러 지역의 평지에
살고 있던 제사장들도 그 일을 감당하기 위해 예루살렘으로 올라왔다
(느3:22,28). 그리고 하나님의 거룩한 성전에서 레위인들을 도와 허드렛
일을 하며 보조하던 느디님 사람들도 성읍을 중수하기 위한 일을 분배
받았다(느3:26). 이는 성전에서 봉사하는 자들과 율법을 가르치는 자들
을 비롯해 모든 백성이 그에 참여했음을 말해주고 있다.

(2) 통치자 및 관료들의 작업 배당

　　예루살렘 성벽을 중수하는 일에는 대제사장을 비롯한 성전 종사자들
뿐 아니라 지위 고하를 막론하고 모든 언약의 백성들이 적극적으로 참
여해야만 했다. 그들 가운데는 정치와 행정적으로 백성들을 관리하는
일을 담당하던 자들도 포함되어 있었다. 이는 그 일을 위해서는 어떠한
신분이나 직책을 가진 자들이라 할지라도 예외로 간주하지 않는다는
사실을 말해주고 있다.

　　그들 중에는 예루살렘의 절반을 통치하며 다스리던 행정관료(느
3:9,12)도 포함되어 있었다. 그리고 그일라 지방의 절반을 다스리던 자
하사뱌라는 인물 또한 그에 참여했다(느3:17). 뿐만 아니라 그일라 지방
의 나머지 절반을 통치하던 바왜라는 자도 그 일을 할당받았다(느3:18).
그와 더불어 미스바를 다스리던 에셀도 기꺼이 그 일에 동참했다(느
3:19).

　　하지만 모든 지도계층의 사람들이 예외 없이 다 기쁜 마음으로 그 일
에 적극적으로 참여한 것은 아니었다. 그들 가운데 일부는 도리어 예루

살렘 성벽을 중수하는 일을 부정적으로 생각하며 그에 참여하기를 거부하기도 했다. 특히 드고아의 귀족들 가운데는 그 일에 협조하지 않는 자들이 상당수 있었다(느3:5).

(3) 가문과 집안에 따른 작업 배당

예루살렘 성벽을 중수하기 위해 각자의 직책뿐 아니라 각 지파와 집안에 따라 작업할 범위를 할당받기도 했다(느3:2). 삽배의 아들 바룩(느3:20), 우리야의 아들 므레못(느3:21)이 그 일에 적극적으로 참여했다. 그리고 베냐민과 핫숩, 마아세야의 아들 아사랴(느3:23) 등이 성벽 공사를 위해 최선의 노력을 기울였다.

뿐만 아니라 헤나닷의 아들 빈누이(느3:24), 우새의 아들 발랄, 바로스의 아들 브다야(느3:25), 임멜의 아들 사독과 스가냐의 아들 스마야 역시 그 일을 배분받아 성실하게 일했다(느3:29). 또한 셀레먀의 아들 하나냐, 살랍의 아들 하눈, 베레갸의 아들 므술람도 그 공사를 위한 사역에 참여했다(느3:30). 이처럼 각 집안에 따라 성벽 중수를 위해 헌신적으로 가담했다.

(4) 거주지에 따른 성벽 작업을 위한 배당

가문과 집안을 기준으로 삼았을 뿐 아니라 거주지와 출신 지역에 따라 성벽 공사를 위한 작업 영역이 배분되기도 했다. 여리고 사람들과 드고아 사람들이 그 일을 할당받아 참여했으며(느3:2,5), 기브온 사람들, 미스바 사람들(느3:7)도 그 사역을 감당했다. 또한 벧학게렘의 관리들(느3:14), 미스바 지방의 지도자들, 벧술 지방 출신의 절반을 다스리는 관리들(느3:16), 그리고 드고아 출신 사람들(느3:27)이 각기 맡은 바대로 성벽 중수를 위해 동참했다.

(5) 다양한 직업과 기술자의 영역과 작업 배당

또한 허물어진 예루살렘 성벽을 중수하기 위해서 다양한 직업을 가진 자들이 그 작업에 동참했다. 그 가운데는 향품 장사를 하던 하나냐(느3:8)가 있었다. 그리고 금세공업자와 같은 전문기술자들이 있었는데 웃시엘과 말기야가 그에 동참했다(느3:8,31). 또한 다양한 물품을 사고팔며 영업하는 상인들이 그 일에 적극적으로 참여하게 되었다(느3:32).

(6) 여성들의 참여

우리가 특히 괄목할 만한 사실은 예루살렘 성벽을 중수하는 일을 위해 여성들이 적극적으로 참여했다는 점이다. 그것은 물론 강제로 그렇게 하도록 요구했기 때문이 아니라 자발적이었을 것이 분명하다. 이는 물론 다른 모든 경우에도 각 사람에게 강압적으로 그 일을 맡겼던 것이 아니라 하나님의 뜻에 순종하고자 하는 백성들의 자발적인 행동이었다.

그리하여 살룸과 그의 딸들은 허물어진 성벽을 중수하기 위해 헌신적으로 참여했다(느3:12). 이는 예루살렘 성벽을 세우는 일에 남녀 혹은 신분이나 지위의 높고 낮음이 아무런 문제가 되지 않았다는 사실을 말해주고 있다. 하나님을 진정으로 경외하는 성도라면 누구나 그 일에 참여할 수 있어야만 했다.

3. 성벽 중수를 위한 구체적인 구획 분담

(1) '양문'(羊門, Sheep Gate, 느3:1,2)에서 '어문'까지

예루살렘 성읍을 둘러싸고 있는 성벽 중간중간에 세워진 문들 가운데 '양문'이 가장 중요한 중심적인 위치에 있었다. 그 문은 예루살렘 성벽의 북동쪽 모서리에 자리하고 있었다. 그 문은 위치적인 관점에서도 그러했지만 실제적인 의미상 또한 그러했다. 위치적으로 중요하다는 것은 예루살렘 성전에 가까운 곳이었기 때문이며, 의미상 그 문이 중요했던 까닭은 그곳을 통해 하나님께 바치는 제물인 양을 성 안으로 몰고 들어가는 것과 연관되어 있다.

다윗과 솔로몬 시대에 축성된 성벽은 바벨론의 느부갓네살에 의해 완전히 허물어진 후 오랫동안 방치된 상태에 놓여있었다. 그런 중에 이스라엘 자손이 본토로 귀환한 후 느헤미야가 비로소 그 성벽을 다시금 중수하고자 할 때 언약적 의미를 따라 양문으로부터 시작한 것으로 이해할 수 있다. 따라서 양문을 먼저 세운 후 그에 연결하여 전체 성벽을 중수해 나가야 했다.

불에 타버린 양문을 세우는 일과 그로부터 예루살렘 성읍의 북쪽에 위치한 성벽을 세우는 책임은 먼저 대제사장 엘리아십과 그의 형제 제사장들에게 맡겨지게 되었다. 그들은 양문을 건축하여 거룩하게 성별하여 하나님께 봉헌하고 문짝을 달아야 했다. 이는 다른 성문들을 그런 식으로 거룩하게 구별하여 봉헌하지 않은 것과 크게 대비된다.

양문을 건축한 다음 그 제사장들은 양문 서편의 함메아 망대에서 시작하여 하나넬 망대까지 북쪽의 성벽을 중수하여 그 성벽 또한 거룩하게 성별하여 봉헌해야만 했다. 이 역시 전체 성벽 가운데 특별히 구별된 사실을 보여주고 있다. 그로부터 이어서 여리고 사람들과 이므리의 아들 삭굴이 성벽을 건축하게 되었다.

(2) '어문'(魚門, Fish Gate, 느3:3-5)에서 '옛 문' 까지

어문은 예루살렘 성읍 북편 성벽의 중간 정도의 지점이자 모리아산 위에 건립된 성전 서북쪽에 자리잡고 있었다. 이 문은 서쪽의 해안 평야로 나가는 문이었다. 이 문이 '어문'이라 불린 것은 아마도 그 성문

밖에 물고기를 파는 어시장이 있었던 것으로 보인다. 그곳의 직무를 부
여받은 하스나아 자손들은 어문을 재건하기 위해 들보를 얹고 문짝을
달고 자물쇠와 빗장을 갖추어야 했다.

그리고 어문에서 옛 문(Old Gate)에 이르는 부분의 성벽을 중수하는
일은 므레못이 감독의 책임을 졌으며, 그다음에 베레갸의 아들 므술람
에게 맡겨지게 되었다. 또한 거기서부터 이어진 성벽은 사독이 책임을
지고 중수해야 했다. 이처럼 제각각 책임져야 할 구획에서 맡은 바 책
무를 다해야 했다.

그런데 그 가운데 자기에게 책무가 맡겨졌으나 그에 협조하지 않고
거부하는 자들이 생겨나게 되었다. 드고아 사람들 가운데 일부 지도계
층의 인사들이 성벽을 재건하는 일에 참여하기를 거부했다. 그들은 혈
통적으로는 언약의 자손으로서 하나님의 백성 가운데 섞여 살아가고
있었으나 하나님을 경외하지 않는 자들이었다.

그들이 예루살렘 성벽의 중요성을 알지 못했다는 것은 거룩한 성전
이 지니는 신령한 의미를 몰랐다는 사실을 말해주고 있다. 하나님의 사
역은 어떤 경우라 할지라도 반드시 계속되어야 하지만, 그 공사에 참여
하지 않고 거부한 자들에게는 불행한 일이 아닐 수 없었다. 언약을 부
인하는 그런 잘못된 자들이 있었음에도 불구하고 성벽 공사를 위해 성
실하게 참여하는 자들이 크게 동요하지 않은 것은 하나님의 은혜였다.

(3) '옛 문'(Old Gate, 느3:6-12)에서 '골짜기 문'까지

옛 문은 어문을 지나 서북쪽 모서리에 자리잡고 있었다. 그 문은 옛
도시라는 의미를 지닌 여사나(Jeshanah)로 불리기도 했다. 거기서부터
골짜기 문(Valley Gate)에 이르는 곳까지 한 구획으로 분류되었다. 먼저
옛 문은 요야다와 므술람이 다시금 세워 중건하면서 들보를 얹고 문짝
을 달아야 했다. 그리고 무자격자들이 함부로 그 문을 드나들지 못하도

록 굳건한 자물쇠와 빗장을 갖추게 되었다.

그다음을 이어서는 기브온 사람들과 메로놋 사람들이 성벽을 중수해야 했으며, 강 서편을 다스리는 총독의 관할 아래 있던 기브온 사람들과 미스바 사람들도 그 일에 적극적으로 참여했다. 또한 금세공업자였던 웃시엘과 향품 장사 하나냐 및 그와 함께 하던 자들이 그 구획에서 예루살렘의 넓은 성벽을 중수하게 되었다.

그리고 예루살렘 지역의 절반을 다스리던 르바야를 비롯하여 그와 함께 하던 자들이 그에 이어 성벽을 중수하게 되었다. 말기야와 핫숩은 넓은 성벽 아랫부분의 성벽 일부와 골짜기 문 가까이 있는 풀무 망대 곧 화덕 망대를 중수했다. 또한 예루살렘 지역의 나머지 절반을 다스리던 살룸과 그의 딸들이 성벽을 중수하는 일을 담당했다. 여기서 특히 행정 책임자의 딸들인 여성들이 무거운 벽돌을 옮기거나 쌓으며 힘든 노동을 해야 하는 일에 적극적으로 참여한 것은 눈여겨볼 만한 대목이다.

(4) '골짜기 문'(Valley Gate, 느3:13)에서 '분문' 까지

골짜기 문은 옛 문(Old Gate)으로부터 남쪽으로 한참 내려와 성읍이 좁아지기 시작하는 곳에 자리하고 있다. 그 문은 다윗성의 서편에 자리 잡고 있었으며 중앙 골짜기와 연결되어 있었다. 그곳은 다윗성과 가까우므로 그 중요성을 짐작할 수 있다.

하눈과 사노아 거민들이 골짜기 문에서 분문(Dung Gate)에 이르기까지 성벽을 중수하는 일을 담당하게 되었다. 그들은 불타버린 골짜기 문을 다시금 세우고 문짝을 만들어 달아야 했다. 또한 아무나 함부로 성 내로 출입하지 못하도록 자물쇠를 만들고 빗장을 설치해야만 했다. 그와 더불어 그들은 거기서부터 분문까지 약 일천 규빗 곧 450m 정도의 성벽 중수 공사를 담당하게 되었다.

(5) '분문'(Dung Gate, 糞門, 느3:14)에서 '샘문' 까지

분문은 예루살렘 성읍의 맨 남쪽 끝의 뾰족한 위치에 있었다. 그곳이
분문이라 불린 것은 성읍 주민들이 그곳을 통해 쓰레기를 내다 버렸기
때문으로 보인다. 이를 통해 우리가 알 수 있는 점은 예루살렘 거민들
이 아무 데나 쓰레기를 버린 것이 아니라 그렇게 할 수 있는 정해진 장
소가 있었다는 사실이다.

벧학게렘 지방을 다스리던 레갑의 아들 말기야가 불타버린 분문을
다시금 세우게 되었다. 물론 많은 일군들이 그와 함께 참여했을 것이며
말기야가 총지휘 감독직을 맡았을 것이다. 그들은 분문을 다시 건축한
후 문짝을 달아야 했다. 그리고 자물쇠와 빗장을 만들어 사람들의 출입
을 통제할 준비를 갖추게 되었다.

분문을 통해 성 밖으로 나가면 힌놈의 골짜기와 연결되어 있었다. 힌
놈의 골짜기는 헬라어로 '게헨나'(Gehenna)로서 이에 대한 음역은 지옥
을 의미하고 있다(마5:22). 구약 시대 배도에 빠진 악한 자들은 그곳에
사악한 이방 산당을 만들어두고 어린 아기를 불태워 우상에게 제사한
적이 있었다(렘7:31). 따라서 그 더러운 곳이 쓰레기장처럼 되어 버렸다.

말기야를 비롯한 그 구획을 담당한 자들은 분문을 다시금 세우고 거
기서부터 동북쪽으로 올라가 샘문(Fountain Gate)에 이르는 곳까지 성벽
을 중수하게 되었다. 그 사람들이 여전히 악취가 진동하고 있을 그곳에
서 맡겨진 사역을 감당함으로써 다른 사람들보다 더 힘들었을지도 모
른다. 하지만 그들 가운데 그에 대하여 불평하거나 불만을 가지는 자들
없이 모두가 맡겨진 직무를 기꺼이 수행했다.

(6) '샘문'(Fountain Gate, 느3:15-25)에서 '수문' 까지

샘문은 기혼 샘의 물을 끌어와 실로암 연못까지 연결한 곳 가까이 있

었던 것으로 보인다. 그곳에서는 미스바 지역을 다스리던 살룬이 백성
들을 독려하여 성문을 다시금 세우고 문짝을 달아야 했다. 그리고 자물
쇠와 빗장을 갖추게 되었다.

그들은 '왕의 정원'으로 알려진 곳 근처 셀라 못가의 성벽을 중수하
게 되었다. 그리하여 다윗성에 이르는 층계까지 그 일을 이어갔다. 그
다음은 벧술 지방의 절반을 다스리던 아스북의 아들 느헤미야가 성벽
을 중수하여 다윗의 묘실과 마주 대한 곳까지 이르게 되었다. 또한 땅
을 파서 만든 '인공 호수'를 지나 '용사의 집'이라 일컫는 곳까지 성벽
공사를 진행했다.

그리고 레위 지파에 속한 르훔과 그일라 지방 절반을 다스리던 하사
뱌와, 나머지 절반을 다스리던 그의 형제 바왜가 이어서 성벽을 중수하
게 되었다. 또한 미스바를 다스리던 에셀이 군기고(軍器庫)의 맞은편까
지 성벽을 중수하는 일을 담당했다. 그 외에도 일을 배분받은 많은 백
성이 그것을 위해 적극적으로 동참하게 되었다.

그런데 우리가 여기서 보게 되는 사실은 당시 그곳에 여러 제사장이
각각 분담하여 그 일에 참여하고 있었다는 사실이다. 평지에 살고 있던
제사장들은 자기에게 맡겨진 구획에 따라 그 일에 헌신적으로 참여하
게 되었다. 이는 성벽을 중수하는 일에 제사장들이라 해서 예외가 될
수 없음을 말해주고 있다. 즉 제사장들이 제사에 연관된 일과 백성들에
게 율법을 가르치며 교육하는 일뿐 아니라 언약의 자손으로서 마땅히
행해야 할 노동에 참여하는 것은 기본적인 의무였다.

그리고 우새의 아들 발랄은 성을 굽이도는 곳 맞은편과 왕의 윗 궁에
서 돌출한 곳에 있던 '내민 망대' 맞은 편인 시위청 가까운 성벽을 중
수해야 했다. 그 외에도 여러 사람이 직분과 신분에 상관없이 느헤미야
가 계획한 바에 따라 성실하게 그 일에 참여하게 되었다. 이를 통해 성
벽을 쌓아가는 언약의 자손들이 적극적으로 헌신하는 모습을 엿볼 수
있다.

(7) '수문'(水門, Water Gate, 느3:26,27)에서 '마문' 까지

수문은 골짜기 문에서 성읍 내부를 지난 동쪽 맞은편에 자리잡고 있었다. 이 문은 기드론 골짜기에 있던 기혼 샘으로 이어진 것으로 보인다. 그 지역에서는 느디님 사람들이 사역을 담당해야 했는데 그들은 이방인 출신으로 언약의 울타리 안으로 들어온 백성들이다. 그들은 혈통적으로 이방인의 피가 섞여 있었으나 그로 말미암아 정통 유대인들로부터 부당한 대우를 받지 않았다.

느디님 사람들은 대개 성전 봉사자들로서 레위인들의 사역을 돕는 역할을 했다. 그렇다고 해서 모든 느디님 사람들이 그 직무를 감당했던 것으로 보이지 않는다. 그들 가운데 일부는 성전에서 하인들이 하는 허드렛일을 하며 봉사했으나 다른 일부는 일반 유대인들처럼 살았을 것이다.

그들은 성벽을 중수하는 일을 감당할 때 오벨에 거하면서 동편 수문과 마주 대한 곳에서부터 '내민 망대'(the projecting tower) 곧 밖으로 돌출한 곳의 망대까지 성벽을 중수했다. 그곳에 이어서 드고아 사람들이 성벽의 한 부분을 중수하여 '내민 큰 망대'와 마주 대한 곳에서 시작하여 오벨 성벽을 중수하는 일을 감당하게 되었다.

(8) '마문'(馬門, Horse Gate, 느3:28,29ⓐ)에서 '동문' 까지

오벨 성벽에서 북쪽으로 올라가면 마문(馬門) 곧 말문이 자리잡고 있었다. 그 문은 예루살렘 성전 동편에 위치했다. 마문을 거쳐 바깥으로 나가면 기드론 골짜기로 통하는 길로 이어졌다. 그 문의 이름이 마문이었던 것은 아마도 전쟁에 연관된 것으로 보인다. 즉 전쟁이 발발하면 그곳에 말들을 모아 적군의 침략에 대비한 것으로 짐작된다.

마문에서 위쪽으로 이어지는 성벽은 그 주변에 거주하던 제사장들이 자기 집과 마주 대하고 있는 성벽을 중수해야 했다. 그다음부터는 임멜의 아들 사독이 자기의 집과 마주하고 있는 성벽을 중수하게 되었다. 이렇게 하여 그 주변 구역의 무너진 성벽이 다시금 세워졌다.

(9) '동문'(東門, East Gate, 느3:29ⓑ,30)에서 '함밉갓 문' 까지

동문은 예루살렘 성전의 동쪽에 자리잡고 있었으며 금문이라 불리기도 했다. 거기서부터 함밉갓 문까지는 스마야와 하눈, 그리고 므술람이 책임자가 되어 각기 구역을 나누어 성벽을 중수해야 했다. 므술람은 예루살렘 성읍 안에 살던 인물로서 자기의 침실과 마주 대하고 있던 구역을 중수하게 되었다.

그 거리는 짧았으나 그들이 중수한 성벽은 매우 중요한 의미를 지니고 있었다. 성전의 동쪽에 위치한 동문은 바로 아래쪽에 전쟁에 연관된 마문이 있었으며 위쪽으로 군대의 검열과 소집에 연관된 이름을 가진 함밉갓 문이 있었기 때문이다. 이렇게 하여 성벽의 중건이 순탄하게 진행되어 갔다.

(10) '함밉갓 문'(the Inspection Gate〈NIV, NASB〉, 느3:31,32)에서 '양문' 까지

함밉갓 문은 동문과 양문 사이에 위치하고 있었다. 이 문을 검열문이라 이해하기도 하며 집결문(the Muster Gate〈NRSB, REB〉)으로 해석하기도 한다. 흠정역(KJV)에서는 '지정된 문'(the gate Miphkad)이라는 뜻으로 번역하기도 했다. 거기에는 감옥 망루(Prison Tower)가 있었으므로 감옥문으로 부르기도 한다.[7]

---

7) 한글새번역과 공동번역에서는 이 문을 '점호 문' 으로 번역하고 있다.

이처럼 '함밉갓 문'은 그에 연관된 언어적 의미상 전체적으로 상통하는 개념이지만 다양한 해석이 가능한 뜻을 지니고 있다. 하지만 보다 중요한 점은 그 문이 예루살렘 성벽의 동문과 양문 사이에 자리잡고 있었다는 사실이다. 성전 바로 앞의 동문과 성전에서 제사를 드리기 위한 양을 끌고 들어오는 양문 사이에 그 문이 위치하고 있었기 때문이다.

동문과 양문의 중간 지점에 세워진 함밉갓 문은 예루살렘 성읍 전체에 대한 검열과, 성읍 내에서 어떤 사건이 발생하면 그곳에 집결해 문제를 해결했던 것으로 보인다. 또한 그곳에 감옥이 있는 망루가 있었다는 것은 성읍의 질서를 유지하기 위한 중요한 역할을 부여받고 있었던 것으로 추정할 수 있다.

느헤미야는 이제 그 함밉갓 문과 마주 대한 성벽 공사를 금세공업자 말기야에게 배당했다. 그 영역은 느디님 사람과 상인들의 집에서 시작하여 성 모퉁이의 누각까지 이어졌다. 그리고 그곳에서 양문에 이르는 성벽은 금세공업자와 상인들이 맡아 책임을 지고 작업하게 되었다.

이렇듯이 다양한 기준 가운데 예루살렘 성벽을 여러 구획으로 나누어 허물어진 곳을 중건하기 시작했다. 하지만 그 모든 과정은 순조로웠던 것이 아니라 많은 어려움을 동반하게 되었다. 사탄이 거룩한 성전을 보호하기 위한 성벽이 중수되어가는 것을 막기 위해 안간힘을 쏟았기 때문이다. 그로 인한 원수들의 공작과 심한 방해에도 불구하고 성벽 중수를 위한 역사적인 공사는 하나님의 뜻 가운데 진행되어 갔다.

제4장

원수들의 방해와 유다 백성들의 대비

(느4:1-23)

1. 산발랏과 도비야의 비아냥거림 (느4:1-3)

유다인들이 느헤미야의 지도와 감독 아래 예루살렘 성벽을 중건하는
일이 시작되었다는 소문은 삽시간에 주변 지역으로 퍼져나갔다. 그 일
은 오랜 세월 동안 시행되지 않고 있었으므로 공사를 다시금 착공한다
는 것은 의외의 소식이 아닐 수 없었다. 그 성벽이 오래전 바벨론 제국
에 의해 완전히 허물어진 후 이미 140년이라는 긴 세월이 흘렀다.

뿐만 아니라 약 100년 이전이었던 BC 538년에 페르시아 제국의 고
레스 왕이 내린 칙령에 의해 스룹바벨을 비롯한 많은 유다 자손들이 본
토로 돌아왔으나 그동안 성벽 중수를 위해 아무 일도 할 수 없었다. 또
한 아하수에로 왕 당시 왕후 에스더와 총리대신 모르드개가 유다 족속
출신이었지만 그 일을 시행하지 못했다. 나아가 십수 년 전 학사 겸 제
사장 에스라가 유다 백성들을 예루살렘으로 이끌고 왔을 때도 마찬가
지였다.

그런데 느닷없이 느헤미야가 예루살렘으로 돌아와 유다 자손들을 총

동원해 무너진 성벽 공사를 시작하게 되었다. 성벽 재건 공사를 시작한 사실을 알게 된 이방인들 가운데는 그에 대해 강력하게 반대하는 세력들이 있었다. 특히 사마리아 지역의 행정 책임자였던 호른 사람 산발랏은 그 정보를 듣고 크게 분노했다. 한편 그와 같은 시도를 한 유다 자손들을 조롱하며 크게 비웃었다.

그는 지금껏 유다 자손들이 성벽 중수를 위해 엄두를 내지 못한 것은 페르시아 제국의 관료들과 주변의 강력한 이방인들의 눈치를 보았기 때문이라 판단하고 있었다. 그런데 유다인들이 이제는 저들을 두려워하지 않는 것 같이 보였다. 이는 유다인들이 페르시아 제국의 관료들과 주변의 이방 세력을 무시하는 것처럼 비쳐졌음을 말해주고 있다. 그로 말미암아 산발랏이 유다인들에 대하여 크게 분노하게 되었다.

또한 그가 성벽 중수를 시작한 유다인들을 비웃었던 까닭은 그들이 아무런 힘이나 능력이 없는 것으로 간주했기 때문이다. 그들이 그 거대한 성벽 공사를 시작한다고 할지라도 끝까지 성공할 리 만무하다는 판단을 내리고 있었다. 그러니 그들을 크게 비웃으며 조롱할 수밖에 없었다.

그러므로 산발랏은 자기 주변의 여러 동료와 함께 그에 관한 논의를 했다. 그 결과 예루살렘을 침공할 의도를 가지고 사마리아 군대를 한자리에 집결시켰다. 그곳에서 그는 유다인들이 예루살렘 성벽 공사를 시작한 사실을 알리며 그에 대한 강한 비판의 말들을 쏟아냈다. 그는 병사들 앞에서 아무런 힘이 없는 유다인들이 무슨 짓을 하고 있는지 모르겠다는 듯이 비아냥거렸다. 그리고 그런 자들이 감히 성벽을 다시금 건축하여 견고한 나라를 세우고자 하느냐며 핏대를 세웠다.

그리고 유다인들이 예루살렘 성벽을 세워 그 안에서 저들의 신에게 제사를 지내려고 하느냐며 조롱했다. 나아가 그 사람들이 그 큰 공사를 하루 만에 완공하려고 하는지 반문하면서 비판을 이어갔다. 또한 백사십년도 넘는 오랜 세월 전에 이미 시커멓게 불타버린 흙무더기 속에서 돌들을 골라내 새 성벽을 일으켜 건축하려고 하는지 비난하며 거기 모인 자들을 선동했다.

그 자리에 집결한 모든 병사는 산발랏의 말을 듣고 크게 흥분하며 그에 동의했을 것이 분명하다. 허물어진 예루살렘 성벽이 다시 세워진다는 것은 사마리아를 비롯한 주변의 이방인들에게는 매우 부담스러운 일이 아닐 수 없었다. 따라서 거기 모인 자들 가운데 암몬 사람 도비야가 크게 한마디 거들었다.

그는 아무런 힘없는 유다인들이 설령 예루살렘 성벽을 중수한다고 할지라도 대단한 것이 되지 못하리라고 했다. 즉 견고하지 않은 조잡한 성벽에 지나지 않을 것이 분명하므로 그 위에 작은 여우가 뛰어 올라가도 곧 허물어질 것이라고 했다.[8] 이 말 가운데는 유다인들을 폄훼하며 그에 반대하는 자들의 힘을 북돋우어 주고자 하는 의도가 담겨 있다.

2. 언약 백성들의 간구 (느4:4-6)

성벽 중수를 위한 공사를 시작한 유다 백성들은 그 일을 방해하려는 대적자들의 소식을 듣게 되었다. 당시 그 이방인들은 유다인들과 비교해 훨씬 강력한 세력을 소유하고 있었다. 그와 같은 형편에서 예루살렘 성벽을 중수해 가는 언약의 자손들로서는 심한 위협을 느끼지 않을 수 없었을 것이다.

하지만 유다 백성들은 그 심각한 문제를 저들 스스로 해결하기 위해 앞서 행동하지 않았다. 즉 그들은 대적자들에게 대항하여 맞서 싸

---

8) 호론 사람 산발랏과 암몬 사람 도비야는 맨 처음 느헤미야의 예루살렘 도착 소식을 들었을 때 큰 근심에 빠졌다(느2:10). 하지만 그들은 점차 오만한 마음을 드러냈다. 그후 예루살렘 성벽 중수 계획 소식을 듣고는 유다 자손을 업신여기고 비웃었다(느2:19). 그리고 공사가 시작된 것을 알고는 크게 분노하며 비웃기까지 했다(느4:1).

우려고 생각하기 전에 여호와 하나님께 모든 형편을 아뢰고 간절히 기도했다. 그들은 먼저 하나님께 속한 언약의 백성이 사악한 이방인들에 의해 업신여김을 당하고 있다는 사실을 고했다. 이는 그 원수들이 이스라엘 백성뿐 아니라 거룩한 하나님을 멸시하고 있다는 의미를 내포하고 있다.

그러므로 이방 세력이 하나님과 그의 백성을 능욕하는 것을 보시고 그냥 좌시하지 말아 달라고 간구했다. 즉 그들이 내뱉는 욕설과 저주가 저들의 머리에 되돌아가게 해달라고 했다. 그리하여 그들이 더 강한 다른 이방 세력에 의해 노략을 당하고 그 종으로 사로잡혀 가기를 원한다고 아뢰었다.

또한 감히 여호와 하나님을 모독하는 악한 자들의 행동을 그냥 덮어두지 마시고 그들의 죄악을 절대로 용서하지 말아 달라고 간구했다. 그들은 하나님의 도성인 예루살렘 성전을 보호하기 위한 성벽이 중수되어가는 것을 보고 그 일을 방해하며 하나님의 진노를 유발했다는 것이다. 그러니 그런 자들을 절대로 용서해서는 안 된다는 사실을 고했다.

그동안 예루살렘을 둘러싼 성벽을 중수하는 공사는 계획대로 진척되어 서서히 전체적으로 연결되어 가고 있는 상태였다. 그리고 작업의 능률을 위해 여러 영역으로 분할된 각 성벽의 높이가 거의 절반 정도 쌓여가는 중이었다. 유다 자손들이 온 힘을 기울여 최선을 다해 공사하는 중이었는데 사악한 자들이 그 일을 훼방하고 있었던 것이다. 그러니 이제는 그들이 성벽 공사를 방해하지 못하도록 막아달라고 하나님께 간구할 수밖에 없었다.

3. 예루살렘 성벽 중수를 방해하는 자들과 대치 (느4:7-14)

느헤미야를 비롯한 온 유다 자손들이 성벽 중수를 위한 작업을 진행하고 있을 때 그에 반대하는 원수들이 저들을 괴롭히고자 획책을 시도

했다. 산발랏과 도비야와 아라비아, 암몬, 아스돗 사람들이 적극적인 방해를 펼치려 했기 때문이다. 그것은 예루살렘 성벽이 중수되어가고 퇴락한 곳이 보수되어 간다는 소식을 듣고 크게 분노한 자들이 내린 결정이었다.

그리하여 저들은 주변의 세력을 결집하여 예루살렘을 공격하기 위한 구체적인 계략을 꾸몄다. 그와 같은 행동은 유다 백성들에게 큰 위협이 되지 않을 수 없었다. 그런 중에도 백성들은 성벽 공사를 멈추지 않고 지속했으나 불안한 마음을 감추지 못했다. 그리하여 그들은 여호와 하나님께 간구하며 도움을 요청했다.

그와 동시에 악한 자들의 공격을 방어하기 위해 곳곳에 경비병을 세워두고 그에 대비하고자 했다. 하지만 강력한 세력을 갖춘 자들의 침략 가능성에 대한 소문으로 인해 크게 위축될 수밖에 없었다. 그로 인해 마음이 약한 유다인들 사이에 부정적인 여론이 형성되어가기 시작했다. 성벽을 쌓아야 할 흙무더기가 아직도 많이 남아있는데 일군들의 힘이 빠져 성벽을 중수하지 못하리라는 것이었다. 그와 같은 자괴감 섞인 한탄의 소리가 백성들 가운데 급속히 퍼져나가게 되었다.

당시 성벽 중수를 적극적으로 방해하고자 하는 자들은 유다 자손들이 눈치채지 못하는 사이 예루살렘을 습격하여 유다인들을 쳐죽이고 공사를 중단시키기로 다짐했다. 그 이방인들 가까이 살고 있으면서 위태로운 정보를 입수한 유다인들은 열 번이나 예루살렘으로 와서 그 실상을 지도자들에게 알려주었다. 그들이 되풀이하여 이방인들의 계략을 귀띔해 준 것은 속히 그에 대비하라는 의미를 지니고 있었다.

그 모든 상황을 정확하게 파악한 느헤미야는 그에 대한 군사적 대비책을 마련하고자 했다. 백성들 가운데 전투에 임할 수 있는 자들을 동원하여 칼과 창과 활을 주어 무장시켰다. 그리고 아직 공사가 진척되지 않은 성벽 뒤 낮은 빈터에 무장한 병사들을 집결시켜 각 집안에 따라 적절히 배치하도록 했다.

그리고 난 후 느헤미야는 작업에 임하는 백성들을 전체적으로 돌아보며 그 분위기를 자세히 살폈다. 전개되어가는 상황으로 인해 두려움에 빠진 자들을 보면서 그 지도자들과 관리들을 비롯한 모든 백성에게 격려하는 말을 전했다. 예루살렘 성벽 중수를 방해하는 악한 세력을 두려워할 필요가 전혀 없다는 것이었다. 그 대신 지극히 크고 위대하신 여호와 하나님을 기억하고 오직 그에게 의지하라는 권고를 했다.

그와 더불어 하나님을 전적으로 의지하는 가운데 이방인들의 세력에 의해 위축되지 말고 담대한 자세로 맞서 싸우라는 지시를 내렸다. 그리하여 모두가 힘을 합쳐 형제자매와 자녀, 아내를 비롯한 온 가정을 지켜내야만 한다는 점을 강조했다. 원수들에 맞서 싸울 수 있는 능력을 갖춘 자들은 그 일을 위해 여호와 하나님께 모든 것을 맡기고 믿음으로 힘써 싸울 수밖에 없었다.

4. 대적자들의 습격에 대비한 전투태세 (느4:15-20)

예루살렘 성벽이 재건되는 것을 막기 위해 군사적 계략을 펼치려던 원수들이 저들의 작전이 유다 자손들에게 누설되었음을 알게 되었다. 비밀리에 예루살렘을 습격하고자 하는 저들의 작전을 하나님께서 막아주셨다. 그런 중에 성벽 공사는 중단되지 않고 지속될 수 있었다.

하지만 성벽 공사를 하는 백성들의 전반적인 분위기는 비상사태에 이르게 되었다. 따라서 느헤미야는 그에 대한 대책을 마련해야만 했다. 그리하여 일부 백성들에게는 성벽 공사를 계속하도록 명령을 내리고 나머지 백성들에게 적군들의 기습 공격을 방어하는 임무를 맡도록 했다. 또한 느헤미야는 그때부터 자기 수하(手下)에 있던 자들 가운데 절반은 성벽 공사를 하도록 명했으며 나머지 절반에게는 갑옷으로 무장하고 창과 방패와 활을 가지고 경계를 서게 했다.

또한 많은 일군은 성실한 자세로 제각각 성벽 쌓는 일에 동참하면서 동시에 허리에 칼을 찬 채 전투태세를 갖추고 있었다. 그리고 지도자들은 성벽을 쌓는 현장의 뒤에 있으면서 공사를 감독하는 일을 했다. 나아가 느헤미야는 만일 적군들이 예루살렘을 침공하는 비상사태가 발생할 때 그 사실을 알리게 될 나팔수를 자기 곁에 머물도록 했다.

그리고는 지도자들과 관리들과 온 백성을 향해 명령을 내렸다. 그는 먼저 예루살렘 성벽을 중수하는 일은 큰 공사이기 때문에 그에 참여하는 모든 자들이 각기 분량을 나누어 흩어져 작업에 임하고 있다는 사실을 상기시켰다. 따라서 어느 구역에서 맡은 바 일을 감당하고 있든지 나팔 소리를 듣게 되거든 그 소리가 나는 곳으로 집결하라고 했다.

하나님으로부터 예루살렘 성벽 중수를 위한 총 책임을 맡은 자인 느헤미야가 그곳에 있다는 것이었다. 그리하여 모두가 힘을 합쳐 원수들의 공격에 맞서 싸워야 한다는 사실을 밝혔다. 그와 동시에 유다 백성들이 전투에 임할지라도 여호와 하나님께서 친히 자기 백성을 위해 싸우시리라는 사실을 언급했다.

우리는 이 말씀을 통해 소중한 교훈을 배우게 된다. 지상 교회에 속한 모든 성도는 타락한 이 세상에 살아가면서 느헤미야 시대에 선포되고 행해진 것처럼 한 손에는 노동을 위한 도구를 들고 다른 한 손에는 영적인 병기인 성경을 들고 있어야 한다는 사실이다. 그리하여 항상 사탄에게 속한 자들을 경계하며 저들의 공격을 대비하고 있어야만 하는 것이다.

그리고 모든 성도는 하나님의 몸된 교회가 공적으로 선포하는 나팔 소리에 귀를 기울여 들어야 한다. 매 주일 공예배 중에 선포되는 하나님의 말씀은 그에 참여하는 성도들에게 경계와 해석을 요구하는 의미를 지니고 있다. 그래야만 타락한 세상과 사악한 대적자들의 세력을 능히 이겨낼 수 있게 된다. 마지막 주님의 재림이 가까워지는 우리 시대에는 모든 성도들이 정신을 바짝 차려 이 점을 마음속 깊이 새겨 두고 실행하며 살아가야 한다.

5. 밤에는 보초 서고 낮에는 노역하는 백성들 (느4:21-23)

성벽 공사를 시행하는 언약의 자손들은 각자에게 맡겨진 바 힘겨운 일을 지속해야만 했다. 백성들 가운데 절반은 새벽 동틀 때부터 밤에 별이 뜰 때까지 종일토록 일하면서 원수들의 침공을 경계하며 손에 창을 잡고 있었다. 그렇게 하지 않으면 악한 대적자들이 나타나 공격을 시도할 때 그것을 방어하기 어려울 것이었기 때문이다.

그때 느헤미야는 또한 백성들을 향해 명령을 내렸다. 그것은 지도계층에 있는 모든 관리들을 향한 것이었다. 이는 지도자들은 밤이 되어도 자기 집으로 돌아가지 말고 같이 일하는 자들과 함께 예루살렘 성읍 안에서 잠을 자라는 것이었다. 그전에는 그들이 낮에는 성벽 공사에 참여하고 밤에는 성 밖에 있는 집에 가서 잠을 자고 돌아왔다. 하지만 이제 상황이 더욱 강화된 까닭은 원수들의 위협이 더욱 심해졌다는 판단 때문이었을 것이 분명하다.

그리하여 백성들로 하여금 밤에는 원수들의 침공에 대비하여 차례로 보초를 서고 낮에는 성벽 공사를 지속하도록 요구했다. 모든 언약의 자손들은 느헤미야의 명령을 받아들여 그에 온전히 순종했다. 따라서 느헤미야 자신은 물론 그의 형제들과 수하에 있는 관리들과 성읍을 지키기 위해 보초를 서는 당번 모두가 비상 근무에 돌입하게 되었다.

따라서 그들은 밤에 잠을 잘 때도 옷을 입고 있으면서 혹시 모를 적군의 습격에 대비하는 일을 게을리하지 않았다. 그리고 물을 긷기 위해 바깥으로 나갈 때도 손에는 물통뿐 아니라 병기를 잡고 그 일을 행했다. 그들은 잠시도 긴장의 끈을 늦추지 않았다. 그들이 그렇게 했던 궁극적인 이유는 예루살렘 성벽 중수를 완성하기 위해서였다. 이는 그 가운데 존재하는 하나님의 거룩한 성전을 지켜 보호하고자 하는 숭고한 뜻이 담겨 있었다.

오늘날 우리는 이를 통해 소중한 교훈을 받을 수 있어야 한다. 사탄이 지배하는 타락한 이 세상은 결코 호락호락한 영역이 아니다. 사탄은 자기의 졸개들을 총동원해 하나님의 몸된 교회와 그의 자녀들을 공격하기 위해 호시탐탐 주변을 노리며 공격할 기회를 살피고 있다.

따라서 비상사태에 처한 현대를 살아가는 모든 성도는 하나님의 몸된 교회를 지키기 위해 최선의 노력을 기울여야 한다. 사람들이 붐비는 낮에는 성령의 도우심에 힘입어 성실하게 생활하고 사람들이 잠든 밤에는 옷을 벗지 않은 채 영적인 병기인 하나님의 말씀을 굳게 잡고 있어야 한다. 그래야만 사악한 원수들의 공격을 능히 방어해 낼 수 있을 것이기 때문이다.

제5장
백성의 원성과 느헤미야의 격노
(느 5:1-19)

1. 민족 내부의 원망 소리 (느 5:1-5)

느헤미야 5장에는 당시 유다 자손들 가운데 일어난 총체적인 형편을 기록하고 있다. 예루살렘 성벽을 중수하기 위해 아닥사스다 왕의 특별한 배려로 예루살렘으로 오게 된 느헤미야는 일반 백성들이 주변의 이방인들뿐 아니라 유다인 기득권층의 횡포로 인해 심한 어려움을 겪고 있다는 사실을 알게 되었다. 물론 드러내놓고 그런 악행을 저지르는 자들도 있었지만 의도하지 않은 채 착취의 대열에 선 자들도 상당수 있었다.

그런 형편 가운데서 백성들이 겪는 가장 고통스러운 일은 심한 흉년으로 인해 먹을 양식이 떨어지는 경우이다. 특히 많은 자녀를 둔 가정의 부모는 생계를 이어가기에 더욱 힘겨울 수밖에 없다. 그들은 어린 자녀들과 함께 생명을 유지하고자 온갖 노력을 다 기울였을 것이 분명하다. 하지만 스스로 그 어려움을 헤쳐나가는 데는 한계가 따를 수밖에 없었다. 그렇게 되자 가난한 백성들은 그 고통스러운 상황을 견디지 못해 유다의 지도자들을 향해 원망을 쏟아놓게 되었다.

당시 유다 지역에서 살아가던 언약의 자손들은 기근으로 인해 먹을 양식이 부족해 심한 고통을 겪고 있었다. 갑작스럽게 들이닥친 흉년 때문에 식량을 구하지 못하면 개인과 가정적으로나 사회적으로 심각한 문제가 야기될 수밖에 없다. 거기다가 주변의 이방 종족들로부터 심한 멸시와 미움을 받는 상태에서는 저들에게 가서 노동력을 제공하고 양식을 구해오는 일마저 쉬운 일이 아니었다.

따라서 그와 같은 어려운 형편이 벌어졌을 때 백성들은 양식을 구하기 위해 저들이 경작하던 밭과 포도원 심지어는 집이라도 전당 잡혀 그 위기를 넘기고자 애썼다. 그들 가운데 다수는 그 전에 이미 저들의 밭과 포도원을 잡히고 돈을 빚내어 세금으로 바친 자들도 많이 있었다. 이제 그들이 그 심각한 문제를 해결하기 위해 대처할 방안은 아무것도 남아있지 않았다.

하지만 일부 기득권층 유다 지도자들 가운데는 가난한 자들과 달리 자기를 위해 따로 상당한 곡식을 비축해 두고 있었다. 그러다 보니 굶주림에 처한 백성들의 저들을 향한 원성은 날로 커져만 갔다. 굶주림으로 인해 허덕이며 심한 고통을 당하는 자들이 있었는가 하면 배불리 먹고 살아가는 기득권층이 있었기 때문이다. 이처럼 백성들 사이에 식량으로 인한 극명한 빈부격차가 존재한다는 것 자체가 견디기 어려운 일이 아닐 수 없었다.

급기야 가난한 백성들은 먹고살기 위해 자기 자녀를 남의 집 종으로 파는 경우가 생겨났으며, 이미 딸을 다른 사람의 종으로 팔아넘긴 경우도 많았다. 자식을 종으로 팔면 그 돈으로 잠시나마 나머지 가족이 목숨을 부지할 수 있었으며, 팔려 간 자녀들도 그 주인을 섬기며 겨우 입에 풀칠을 할 수 있었다. 살아남기 위해서는 그와 같은 참담한 일을 행하지 않을 수 없는 형편이 되었다.

나아가 가난한 백성들이 경작하던 밭과 포도원 가운데는 그 전에 이미 부자들의 손에 넘어가 버린 경우가 많았다. 이는 이제는 땅을 저당 잡히고 다른 사람으로부터 돈이나 양식을 구할 수 없다는 사실을 말해 주고 있다. 따라서 백성들은 심한 굶주림으로 인해 도탄(塗炭)에 빠져 있으면서도 그 문제를 해결할 만한 아무런 방법이 없었으므로 기득권층을 향해 원성을 쏟아낼 수밖에 없었다.

2. 느헤미야의 격노 (느5:6-9)

굶주리는 백성들의 기득권층을 향한 원망의 소리는 가나안 땅 어디에서든 들렸다. 느헤미야 역시 그 처참한 외침을 듣게 되었다. 그는 백성들의 원성을 듣고 크게 진노하지 않을 수 없었다. 언약에 속한 하나님의 자녀로서 결코 있을 수 없는 상황이 이스라엘 백성들 가운데 벌어지고 있었기 때문이다.

그리하여 느헤미야는 작정하고 유다 자손들의 지도자들과 관리들을 한 자리에 불러 모았다. 그리고 저들을 향해 크게 책망하는 말을 했다. 그들이 이제까지 가난한 형제들로부터 적극적이거나 소극적인 잘못된 착취를 일삼아온 사실을 지적했다. 그 악행을 저지른 자들 가운데는 이웃을 해치려는 나쁜 의도를 지니고 있었던 것은 아니었으므로 자기는 남의 것을 강제로 착취한 적이 없다고 여기는 자들이 많이 있었을 것이 분명하다. 나아가 그중에는 자기가 가난하게 살아가는 사람들과 달리 하나님으로부터 큰 복을 받은 것으로 믿는 자들도 상당수 있었을 것이다.

하지만 당시 기득권층에 속해 살아가면서 이웃의 고통을 외면하였다는 것은 자신의 지위를 앞세워 가난한 자들의 재물을 착취하는 행위에 가담하는 것과 다르지 않았다. 따라서 느헤미야는 기득권층에 속한 자들의 행위를 보고 모르는 척 그대로 지나칠 수 없었다. 나아가 그 일은 저들에게 그냥 몇 번 권면하거나 충고하고 끝낼 사안이 아니었다.

그러므로 그는 온 백성을 한곳에 모아 총회를 개최했다. 그리고는 그 자리에서 가난한 자들의 것을 착취함으로써 악행을 저지른 지도자들과 관리들을 엄하게 책망하며 가난한 이웃을 기억하도록 했다. 그것은 어려운 자들을 위한 단순한 구제책에 머무는 것이 아니라 언약의 민족 공동체 가운데 정상화를 꾀하기 위한 목적이 강했다.

느헤미야는 그 자리에서 그동안 취했던 자기의 삶과 신앙 자세에 관한 고백적 언급을 했다. 그는 자기와 함께 있는 사람들과 더불어 이방인의 손에 팔려 간 유다의 형제들을 위해 온 힘을 기울여 해방시킨 사실을 말했다. 그런데 언약의 자손이라 칭하면서 기득권을 누리고 있는 자들이 형제를 팔아 개인적인 욕망을 추구하기에 급급한 상황을 지적했다. 그와 더불어 기득권을 누리며 살아온 자들로서 이제는 이방인에게 팔아넘긴 그 형제들을 느헤미야 자신에게 찾아오라고 말할 것이냐고 했다.

느헤미야로부터 심한 책망과 권고의 말을 들은 기득권층 지도자들은 그 앞에서 아무런 대꾸도 하지 못했다. 그 모든 것은 과장이 아니라 실제로 일어난 현실들이었기 때문이다. 하나님께서는 오래전 바벨론 제국의 포로로 잡혀간 언약의 자손들을 구출하여 예루살렘과 가나안 본토로 데리고 오셨다.

하나님께서 그렇게 하신 궁극적인 목적은 그들을 통해 언약의 상속을 위한 메시아 왕국을 건설하는 것이었다. 그런데 기득권을 소유한 지도자들이 구출된 그 백성을 또다시 이방인들의 손에 팔아넘기면서 자신의 이득을 취하고자 했다. 그런 자들은 하나님의 뜻을 저버리고 그것을 자신을 위한 욕망의 도구로 악용했다.

그러므로 느헤미야는 그들을 향해 저들의 행위가 여호와 하나님 앞에서 악하다는 사실을 언급하며 책망하지 않을 수 없었다. 그와 더불어 이방인인 원수들로부터 비웃음거리가 되지 않으려면 언약의 자손으로서 올바른 행동을 해야 한다고 강조했다. 그것을 위해서는 이기적인 욕망을 버리고 언약 공동체와 함께 항상 여호와 하나님을 진정으로 경외하는 가운데 살아가야 했다.

3. 백성들의 악행 중단과 맹세 (느5:10-13)

느헤미야는 다양한 방법을 동원해 힘없는 백성들로부터 착취를 일삼아 온 자들을 강하게 책망하며 이제 그와 같은 행동을 중단하라고 촉구했다. 그리고 자기와 자기 형제 그리고 자기를 따르는 자들이 그동안 돈과 곡식을 모아 어려운 백성들을 위해 나눠주고 있는 지극히 상식적인 자신의 삶을 모범으로 제시했다. 그러니 기득권층에 속한 자들은 언약 공동체에 속해 있으면서 생활이 어려운 이웃에게 물건을 빌려주고 저들로부터 이자를 받는 행위를 그만두라고 요구했다.

그러므로 당장 그날부터 저들이 소유한 밭과 포도원과 감람원을 비롯해 과거 궁핍한 생활을 면하기 위해 넘겨준 모든 부동산을 원래의 주인에게 되돌려주라고 했다. 그와 더불어 그들이 취한 돈과 곡식과 포도주와 기름의 백 분의 일을 돌려보내라는 요구를 했다. 여기서 느헤미야가 돌려주라고 한 밭을 비롯한 부동산이 아닌 돈이나 식량 등 물품들 가운데 백 분의 일이란 지극히 낮은 비율에 지나지 않는다. 우리는 이를 통해 당시 백성들 사이에 빈부격차가 엄청나게 컸다는 사실을 알 수 있다.

공개적으로 느헤미야의 요구를 들은 기득권층 사람들은 그의 말에 전적으로 순종하고자 했다. 그리하여 그가 명한 그대로 가난한 이들에게 되돌려 보내야 할 모든 것을 돌려주고 그 어떤 것도 요구하지 않으리라고 다짐했다. 그러자 느헤미야는 곧장 제사장들을 불러 저들로 하여금 여호와 하나님 앞에서 맹세하도록 했다. 그것은 백성들 가운데 진행된 공적인 행위에 해당하는 절차적 과정이었다. 그렇게 해야만 장차 저들이 변명하지 않고 그 일을 구체적으로 실행해 나갈 것이었기 때문이다.

그들이 하나님과 언약의 자손들 앞에서 굳게 맹세한 것을 본 느헤미야는 그 현장에서 자기가 입고 있던 옷자락을 털면서 말했다. 만일 기득권층에 속한 자들 가운데 거기서 맹세한 바대로 행하지 않는 자가 있다면 하나님께서 저의 집과 산업을 옷자락의 먼지를 털 듯이 완전히 떨쳐 버리기를 원한다고 했다. 그 말을 듣게 된 모든 백성은 하나님 앞에서 '아멘'으로 화답했다. 그리고는 여호와 하나님을 찬송하며 그 말한 대로 실행으로 옮기게 되었다.

4. 느헤미야의 삶의 자세 (느5:14-19)

느헤미야는 본문 가운데서 자기가 유다 지역의 총독으로 발령받아 온 이래 어떤 삶을 살아왔는지에 대한 모든 사실을 숨김없이 말했다. 그는 아닥사스다 왕 제 이십 년 곧 BC 444년 유다 지역을 담당하는 총독으로 임명받은 후 왕의 재위 삼십이 년 곧 BC 432년까지 자기가 맡은 바 직무를 성실하게 수행했노라고 했다. 그것은 하나님 앞과 언약의 백성들 앞에서 항상 그래왔었다는 사실을 스스로 증언하는 의미를 지니고 있었다.

그는 그 기간에 자기와 자기 개인의 집안을 위해 총독의 녹을 먹지 않았다는 사실을 언급했다. 그것은 굳이 말하지 않아도 그에 관련된 자들이라면 누구나 알 수 있는 내용이었다. 재정 씀씀이에 대해서는 장부에 명확하게 기록되어 있었을 것이기 때문이다. 그럼에도 불구하고 그가 굳이 그 사실을 공개적으로 언급한 것은 자기를 자랑하고자 해서가 아니라 백성들에게 중요한 교훈을 남기고자 하는 의도가 있었기 때문이다.

따라서 느헤미야는 그 전에 유다 지역을 다스리던 여러 총독들은 전혀 그렇지 않았다는 사실을 말했다. 그들은 자신의 이득을 위해 백성들

의 재산을 취하는 것을 당연한 권리로 이해했다. 나아가 그들은 권력을
이용해 백성들의 재산을 착취하는 악행을 저질렀다. 그들은 자기의 권
력을 이용하여 백성들로부터 부당한 뇌물을 받으면서 자기 배를 불리
기에 치중했다는 것이다.

또한 그들은 힘없는 백성들로부터 곡물과 포도주와 '은 사십 세겔'
을 취했다는 사실을 언급했다. 이는 적법(適法)한 행위를 가장하여 농산
물의 일부인 곡물과 포도주뿐 아니라 부당한 세금을 거둔 것에 연관된
의미를 지니고 있다. 본문 가운데 언급된 '은 사십 세겔'이란 명시적인
표현은 아마도 당시 백성들이 부담해야 할 세금의 기본 단위와 연관된
것으로 이해하는 것이 자연스럽다.

유다 지역에서 최고 권력을 행사하던 총독들이 그와 같은 악행을 저
지르자 그의 수하에 있던 모든 관리들도 그와 동일한 행동을 하기 일쑤
였다. 하나님을 두려워하지 않던 자들은 자기에게 주어진 권세를 이용
해 연약한 백성들을 압제하기에 급급했을 따름이다. 그렇게 함으로써
자기의 욕망과 부귀영화를 추구했던 것이다.

그러나 여호와 하나님을 진정으로 경외하는 느헤미야는 결코 그와
같은 일을 행하지 않았다. 그는 도리어 하나님께 속한 언약의 백성들에
대한 깊은 존중감을 가지고 있었다. 존귀한 하나님의 자녀들을 개인적
인 욕망에 따라 아무렇게나 대하는 것은 하나님에 대한 범죄행위였기
때문이다.

따라서 그는 저들을 지켜 보호하기 위해 최선의 노력을 기울이게 되
었다. 예루살렘 성벽을 중수하고 그것을 지켜 보존하는 일을 위해 최선
을 다했으며 자기의 모든 부하들도 온 힘을 기울여 그에 성실하게 참여
했다고 했다. 그 모든 것은 하나님과 언약의 백성들을 위한 그의 헌신
적인 삶에 연관되어 있었다.

나아가 느헤미야는 유다 지역을 다스리는 총독으로 근무하면서 자기
자신의 개인적인 영달(榮達)을 추구한 적이 없다는 사실을 말했다. 따라

서 그는 자기를 위해 땅을 사들임으로써 재산 증식을 위해 노력하지 않
았다고 했다. 최고 권력을 가진 총독으로서 마음만 먹으면 얼마든지 행
할 수 있는 일이었으나 그렇게 하지 않았다는 것이다. 그는 오로지 예
루살렘을 둘러싼 성벽과 성문을 세우고 그 안에 있는 하나님의 거룩한
성전과 그에 연관된 언약의 자손들을 보호하기 위해 최선의 노력을 기
울였을 따름이다.

그 대신 느헤미야는 자기 관저(官邸)에서 많은 유다 사람들과 이방인
들로서 자기에게 나아오는 자들을 위해 충분한 음식을 제공한 사실을
언급했다. 그 가운데는 유다 관리들을 포함하여 150여 명이 있어서 날
마다 저들과 함께 먹었으며 이방인으로서 여러 지역으로부터 자기에게
오는 사신들을 비롯한 손님들도 함께 식사하게 되었다고 했다. 이는 그
의 관저에는 많은 수의 사람들이 근무하거나 출입하고 있어서 항상 충
분한 음식을 마련해야 했던 점을 말해주고 있다.

느헤미야는 또한 그 많은 사람들과 함께 먹기 위해 매일 소 한 마리
와 양 여섯 마리를 준비하고 닭도 많이 준비한 점을 말했다. 그는 아마
도 자기 집에 있던 사람들뿐 아니라 주변의 많은 이웃과 함께 그 음식
을 나누어 먹었을 것이다. 그 가운데는 가난한 사람들도 포함되어 있었
을 것이 분명하다. 또한 열흘에 한 번씩은 각종 포도주를 준비해 마시
도록 허락했다고 했다. 이는 그 백성에게 심각한 기근의 때가 지나고
모든 것이 원활하게 되어 느헤미야가 페르시아 제국의 총독으로서 유
다 지역을 다스리는 동안 평화로운 시대가 유지되었다는 사실을 말해
주고 있다.

느헤미야가 자신의 관저에서 그와 같은 일을 진행하기 위해서는 엄
청난 액수의 돈이 필요했을 것이 분명하다. 그런데 그는 자기가 유다
지역의 총독으로 있으면서 당연히 취할 권리가 있는 '총독의 녹'을 먹
지 않았다는 사실을 말했다. 그가 그렇게 했던 이유는 백성들이 힘겹게
노동하며 살아가는 것을 알고 있었기 때문이라고 했다. 따라서 그들로

부터 과다한 세금을 징수할 수 없었다는 것이다.

그럼에도 불구하고 느헤미야가 그 일을 능히 감당할 수 있었던 것은 그가 개인적으로 경제적인 여유가 있었기에 가능한 일이었다. 그것은 그가 유다 지역의 총독이 되기 전 수산 궁에서 술관원으로 근무할 때부터 소유한 재산에 연관되어 있다. 그가 부모로부터 많은 상속을 받았는지 아니면 다른 적법한 어떤 방법을 통해 부자가 되었는지는 알 수 없다.

그리고 당시 총독에게는 그가 다스리는 지역에서 정당하게 취할 수 있는 녹봉(祿俸) 외에 페르시아 제국의 수도인 수산의 왕궁에서 제공되는 국가의 재정이 있었을 것으로 보인다. 그것은 백성들을 통치하고 다스리도록 공적으로 허락된 재정이다. 따라서 느헤미야는 자기가 유다 지역에서 적법하게 사용할 수 있는 국가 재정을 피지배 지역 백성들을 안전하게 통치하기 위해 사용했다.

느헤미야가 그와 같은 선정을 펼칠 수 있었던 것은 페르시아 제국의 아닥사스다 왕의 정책과 더불어 여호와 하나님을 경외하는 신앙을 기초로 한 언약의 자손들을 위한 특별한 배려 때문이었다. 그리하여 그는 하나님을 향해 이제 자기에게 은혜를 베풀어달라는 간곡한 기도를 했다. 자기가 행한 모든 일을 하나님께서 잘 알고 계시므로 그에 관한 사실을 기억해 달라는 것이었다. 그것은 물론 그의 개인적인 문제를 넘어 예루살렘 성전 및 성벽과 더불어 언약의 백성을 위한 간절한 기도였다.

제6장

대적들의 음모와 성벽 중수 완공

(느6:1-19)

1. 원수들의 저항과 계략 (느6:1-4)

사악한 원수들은 느헤미야가 총지휘하는 예루살렘 성벽 공사를 끊임
없이 방해했다. 그런 와중에도 그 공사는 중단없이 지속되어 갔다. 그
리하여 시간이 흐르면서 성벽이 어느 정도 완성되어 가는 시점에 이르
고 있었다. 그에 대한 소문은 주변 지역으로 퍼져나가게 되었다. 물론
유다 자손들에게 대적하는 자들 역시 그에 대한 소문을 들었다.

소문을 듣게 된 자들 가운데 산발랏과 도비야와 아라비아 사람 게셈
을 비롯한 강력한 세력을 갖춘 원수들은 그에 대하여 적극적으로 훼방
놓고자 했다. 당시는 예루살렘 성벽의 퇴락한 것을 거의 중수했으나 아
직 성문의 문짝을 다는 일을 비롯한 마무리 작업이 완성되지 못한 상태
에 있었다. 그처럼 최종 완공 시기가 점차 가까이 다가오고 있는 시점
에서 그 원수들이 작당하기 시작했다.

그들은 총책임자라 할 수 있는 느헤미야에게 사신을 보내 저들의 의
사를 전달했다. '오노 평지'(the plain of Ono)의 한 촌에서 서로 만나 타

협하자는 것이었다. 즉 서로 좋은 말로 대화함으로써 원만하게 그 문제를 해결하자고 했다. 그들은 물론 성벽 공사를 그 정도로 그만두게 하는 것이 목적이었다. 하지만 저들의 속내는 그에 그치지 않고 느헤미야를 바깥으로 유인하여 해치고자 했다.

원수들이 보낸 사신을 맞아 저들의 견해를 듣게 된 느헤미야는 그에 대하여 긍정적으로 응할 마음이 전혀 없었다. 따라서 나중 저들에게 사신을 보내 자신의 의사를 분명히 전달했다. 그는 지금 성벽을 중수하는 큰 공사가 진행되는 중이어서 그들이 원하는 곳으로 나갈 수 없다고 했다. 유다인들의 민족적인 대 공사를 중단하고 저들에게 내려가는 것은 옳지 않다는 것이다.

느헤미야로부터 부정적인 답변을 들은 산발랏을 비롯한 대적자들은 저들의 뜻을 쉽게 굽히려 하지 않았다. 그들은 한두 번이 아니라 무려 네 번이나 느헤미야에게 사신을 보내 동일한 요구를 했다. 하지만 느헤미야는 자기가 진행하고 있는 유다 백성의 그 중대한 일을 결코 포기할 수 없다는 반응을 보였다. 그와 같은 상황은 원수들로 하여금 심한 분노를 자아낼 수밖에 없었다.

2. 원수들의 모함 (느6:5-9)

느헤미야로부터 자기의 요구를 거절당한 산발랏은 또다시 다섯 번째 사신을 보냈다. 그는 봉하지 않은 서신을 그의 손에 들려 최종적인 통보를 했다. 거기에는 느헤미야에게 그 서신이 전달되기 전에 이미 다른 사람들이 볼 수 있게 했다는 뜻이 담겨 있다. 그것은 또한 마지막 통첩의 성격을 지니고 있음을 말해주고 있다.

산발랏은 그 서신에서 느헤미야를 향해 페르시아 제국의 왕에 대한 반란을 일으키고자 하는 의도가 있지 않느냐고 겁박하듯이 말했다. 그에 연관된 소문은 이방 여러 지역에 파다하게 퍼져 있다는 것이었다.

그리고 느헤미야가 행하는 모든 일을 소상히 알고 있는 가스무(Gashmu)도 그에 대한 분명한 증거를 가지고 있다고 언급했다. 즉 느헤미야가 유다 사람들을 부추겨 페르시아 왕에게 반란을 일으켜 친히 왕위에 오르려고 하는 야망이 있음이 확실하다는 것이었다.

그들은 예루살렘 성벽을 중수하는 일이 페르시아 제국의 군대를 방어하고자 하는 수단이 되는 양 몰아갔다. 그로 말미암아 느헤미야가 왕위를 탐낸다는 소문이 페르시아 전역에 돈다면 여간 심각한 문제가 아닐 수 없었다. 실상은 그렇지 않을지라도 그 말이 아닥사스다 왕의 귀에 들어가면 어떤 일이 발생할지 모른다. 그에 연관된 모든 정황을 잘 알고 있던 산발랏은 성벽 공사를 중단하지 않는 느헤미야에게 거짓말을 덧붙여 협박했다.

산발랏을 비롯하여 여러 대적자들은 나름대로 그에 대한 증거를 수집하고자 애쓰고 있었다. 그들은 급기야 느헤미야가 여러 선지자들을 동원하여 유다에 왕이 존재한다는 사실을 선포한 것을 알고 있다고 말했다. 그것은 장차 오실 메시아와 연관된 의미지만 그 사람들은 억지를 부렸다.

이제 그에 관한 모든 사실이 수산 궁에 있는 아닥사스다 왕에게 정식으로 보고될 것이라고 했다. 그렇게 되면 장차 느헤미야를 비롯한 유다 백성에게 어떤 끔찍한 일이 발생할지 모른다는 협박성 발언을 했다. 그래서 그와 같은 일이 발생하기 전에 느헤미야와 직접 만나 그에 관한 대처 방안을 논의해 보기를 원했다고 말했다.

하지만 느헤미야는 전혀 주눅들거나 위축되지 않았다. 그는 도리어 산발랏에게 사신을 보내 그 모든 주장은 허위일 뿐 사실이 아니며 사람들이 지어낸 음모에 지나지 않는다고 했다. 대적자들이 그와 같은 엉터리 소문을 만들어 사람들에게 퍼뜨리는 까닭은 유다인들을 두려움에 빠지게 하려는 의도 때문이었다. 그렇게 하여 유다인들이 의욕을 잃어 예루살렘 성벽 공사를 지속하지 못하도록 막으려 했다. 이는 그들이 유다 자손들의 성벽 중수 공사를 두려워했다는 사실을 말해주고 있다.

느헤미야는 대적자들의 협박에도 전혀 굴하지 않고 끝까지 당당한 모습을 보였다. 그것은 느헤미야의 개인적인 능력이나 용기 때문이 아니라 오직 여호와 하나님을 의지하는 마음 때문이었다. 그는 예루살렘 성벽 중수를 방해하기 위해 수단 방법을 가리지 않는 자들과 유다인들의 모든 사역을 폐하려는 원수들의 계략을 알고 하나님께 간구했다. 하나님께서 자기에게 능력을 주어 그 일을 완성할 수 있게 해 달라는 것이었다.

3. 대적자들과 결탁한 유다의 내부 배신자 (느6:10-14)

언약 공동체 안에서는 항상 내부 반란자들이 생겨나기 쉽다. 지상에 존재하는 신앙인들의 모임은 완벽하지 않기 때문이다. 따라서 하나님을 진정으로 경외하는 마음 없이 자신의 욕망을 추구하며 이기적인 목적을 달성하고자 애쓰는 자들이 많이 나타나게 된다. 그런 자들은 아닌 척 은근히 하나님의 말씀을 무시하며 주변의 어리석은 사람들을 선동하여 자기를 따르게 한다.

느헤미야가 활동하던 당시에도 그와 같은 일들이 발생했다. 이스라엘 자손이 외부로부터 위협을 당하며 그에 저항하는 심각한 상황에서 언약 공동체 내부에서 활동하던 배도자들이 오히려 그들을 혼란스럽게 만들었다. 성숙한 신앙인들은 그런 상황이 발생하게 될 때 방치하지 말고 그에 철저히 대응해야만 한다. 그렇지 않으면 어리석은 자들이 미혹되어 더욱 큰 혼란이 일어나게 될 것이기 때문이다.

느헤미야가 하나님을 의지하며 적들의 위협에 대항하여 고군분투(孤軍奮鬪)하고 있을 때 스마야라는 인물이 두문불출(杜門不出)하고 밖으로 나오지 않았다. 당시 그는 언약의 백성들 가운데 상당한 영향력을 지닌 유력한 인물이었다. 이는 많은 백성이 그를 따르고 있었다는 사실을 말해주고 있다.

그러므로 느헤미야가 날을 잡아 그의 집을 방문했다. 스마야에게 무슨 사정이 생겼는지 적이 염려되어서였다. 느헤미야의 방문을 받은 스마야는 그를 향해 심각한 말을 전했다. 그동안 자기가 밖으로 나가지 않은 것이 마치 느헤미야를 위한 것이었던 양 행세하며 거짓말을 했다. 지금 적들이 느헤미야를 죽이기 위해 예루살렘에 들이닥치게 되리라는 것이었다. 만일 그런 일이 실제로 일어나게 되면 큰일이 아닐 수 없었다.

그러므로 그는 느헤미야를 향해 곧 발생할 그 위기를 피해 성전으로 가서 성소 내부에 피하여 숨어 있으라는 권고를 했다. 그리고 안에서 성소의 출입문을 잠가버리라고 말했다. 제사장 신분이 아닌 그가 거룩한 하나님의 성소에 들어간다면 그것 자체로서 하나님의 율법을 범하는 죄악이 된다. 그럼에도 불구하고 속히 그렇게 하지 않으면 원수들이 와서 반드시 그를 죽일 정도로 긴박한 상황이라는 것이었다.

스마야는 그와 같은 거짓 아이디어를 제시하면서 자기가 마치 느헤미야를 위한 사람인 양 행세했다. 그것은 느헤미야를 속여 위험에 빠뜨리고자 하는 술책이었다. 만일 그의 말을 따르게 된다면 느헤미야 혼자만 위기에 빠지게 되는 것이 아니라 유다 자손 전체가 심각한 궁지에 몰리게 된다. 따라서 느헤미야는 저의 제안이 자기를 미혹하는 거짓말인 줄 알고 받아들이지 않았다.

따라서 느헤미야는 장차 그런 심각한 위기가 자기에게 닥친다고 할지라도 결코 도망칠 수 없다고 말했다. 그리고 설령 성소 안으로 들어가 피한다고 해도 그것은 하나님의 율법을 어기는 행위이므로 자신의 목숨을 부지할 수 없으리라고 했다. 느헤미야는 자기를 위하는 척 행세하며 실상은 궁지로 몰아가려는 스마야의 태도에 아무런 진정성이 없다는 점을 알아차리고 있었다.

느헤미야는 자기 앞에서 거짓말을 만들어 내면서 유혹하는 스마야가 하나님으로부터 보냄을 받은 예언자가 아니란 사실을 확실히 깨닫고 있었다. 참 하나님의 선지자라면 느헤미야에게 거룩한 성소에 들어가 피하라는 말을 할 리가 없다. 따라서 스마야는 산발랏과 도비야로부터 뇌물을 받고 느헤미야를 궁지로 몰아가기 위해 거짓 예언을 한 것이다. 그 사람은 언약의 자손들 가운데서 훌륭한 지도자 행세를 하면서 신앙인인 양 행세했으나 실상은 하나님과 백성들을 속이며 자기의 욕망을 채우기에 급급한 인물에 지나지 않았다.

산발랏과 도비야는 이스라엘 백성 중에서 지도자로 명성을 떨치던 스마야에게 뇌물을 주면서 느헤미야가 하나님을 위한 사역을 못 하도록 사주했다. 그로 말미암아 느헤미야가 두려움에 빠지게 하려는 비밀 계략을 펼쳤다. 느헤미야가 만일 하나님의 거룩한 성소에 들어감으로써 죄를 범하게 되면 그가 저지른 악행을 근거로 소문을 내어 비방하려고 했다.

스마야를 만나서 그로부터 거짓 권면의 말을 들은 느헤미야는 당시 전개되어가는 상황을 정확하게 파악할 수 있었다. 산발랏과 도비야는 이미 온갖 위협을 되풀이했다. 또한 언약의 자손들 가운데 여자 선지자 노릇을 하던 노아댜를 비롯한 악한 자들이 협잡하여 그를 두려움에 빠뜨리고자 했다.

이처럼 이스라엘 밖의 이방인들과 내부에서 지도자 행세를 하던 거짓 선지자들이 느헤미야에게 끊임없는 위협을 가했다. 따라서 그는 하나님을 향해 악한 자들의 행동을 감찰하시고 자신을 그 위기로부터 구해 달라고 간절히 기도했다. 하나님의 사람 느헤미야는 주님의 도우심 없이는 결코 그 위기를 피할 수 없다는 사실을 깨닫고 있었다.

4. 예루살렘 성벽의 중수 완공 (느 6:15, 16)

성벽 중수 공사를 시작한 이후부터 유다 족속들 가운데는 더욱 복잡한 문제들이 발생하게 되었으나 그 일이 중단되지 않았다. 백성들은 대적들의 위협으로 인해 한 손에는 싸우는 무기를 들고 다른 한 손에는 일하는 도구를 들고 성실하게 일했다. 나아가 힘을 쓸 수 있는 청년들은 밤에는 적군의 침입을 막기 위해 보초를 서고 낮에는 최선의 노력을 기울여 성벽을 중수하는 일에 매진했다.

언약의 울타리 밖에 있던 외부 이방인들이 느헤미야를 비롯한 유다 자손들에게 심한 위협을 가했으며 언약 공동체 내부에서도 악한 배도자들이 원수들의 편에 서서 느헤미야를 욕하며 훼방하는 경우가 발생하게 되었다. 그럼에도 불구하고 하나님의 적극적인 도우심과 은혜 가운데 성벽 공사를 시작한 지 52일 만에 완성을 보게 되었다. 즉 엘룰월 (12월) 25일에 모든 공사를 마쳤다.

성벽 전체를 각 직분과 집안을 비롯하여 다양한 기준으로 나눠 공사함으로써 일의 진척이 빨랐다. 그리고 그 공사를 위해 모든 희생을 감수하고 성실하게 작업에 임한 백성들의 노고가 컸다. 또한 전체적인 공사를 총지휘했던 느헤미야와 에스라를 비롯한 신실한 지도자들의 믿음이 큰 역할을 했다.

성벽 공사가 완성되자 언약의 자손들을 괴롭히던 주변의 원수들과 많은 이방인이 그에 관한 소문을 듣고 크게 두려워하게 되었다. 그들의 눈에는 그 모든 것이 기적과 같은 놀라운 일이었다. 파괴된 지 140년이 넘는 긴 세월 동안 방치된 성벽을 중수하는 것은 결코 쉬운 일이 아니었다. 또한 불과 오십이 일이라는 짧은 기간에 모든 공사를 마무리한 것도 기적이었다. 그것은 하나님의 은혜가 아니면 일어날 수 없는 일이었다.

성벽 공사 자체의 어려움과 언약 자손들의 내부와 외부로부터 상당한 위협과 교란이 있었으나 느헤미야는 그 모든 상황을 능히 극복해 낼 수 있었다. 느헤미야를 비롯한 유다 지도자들은 성벽 공사가 무사히 완성된 것은 하나님께서 이루신 것으로 받아들였다. 나아가 악한 자들도 그 놀라운 상황을 목격하면서 이스라엘의 하나님이 돕지 않고는 그와 같이 될 수 없다고 생각하게 되었다. 그리하여 성벽 공사를 반대하는 일부 유다 자손들과 이방의 대적자들도 크게 두려워하며 낙심하게 되었다.

5. 원수들과 동맹을 맺은 유다 지도자들 (느 6:17-19)

하나님의 언약 공동체를 어지럽히거나 해치는 자들은 내부에도 항상 존재한다. 즉 외부의 적들보다 내부의 배도자들이 더 위험할 수 있다. 바깥에 있는 자들은 내부의 실상을 잘 모르는 채 일반적인 힘과 기교를 통해 공격하게 된다.

그에 반해 공동체 내부에 자리잡은 배도자들은 내부 실상을 잘 알고 있으므로 다른 언약의 자손들을 미혹하거나 공동체를 어지럽히기에 훨씬 수월하다. 그런 자들은 언약의 백성 앞에서 자신의 행위가 마치 정의를 위한 것인 양 포장하며 행동하기를 좋아한다. 느헤미야가 유다 지역과 예루살렘에서 하나님을 섬기며 사역할 때도 그와 같은 일이 발생했다.

그런 형편에서 배도에 빠진 일부 지도자들이 대적자인 도비야에게 여러 번 서신을 발송했다. 그리고 그에 대한 답신이 도착하기를 기다렸다. 그들은 유다 족속의 기밀 사항에 해당하는 내용을 원수들에게 누설하면서 추한 자기의 위상을 드러내기를 좋아했다. 그런 자들은 느헤미야의 지도를 따르지 않고 이방인들의 세력과 손을 잡는 것이 오히려 지혜로운 처신인 양 여겼을지도 모른다.

결국 그들은 이방인의 세력과 상호 의기투합하여 동일한 목적을 이루어가고자 했다. 그것은 느헤미야와 에스라 등의 인도를 거부하고 저들이 원하는 단일 대오를 형성하는 일이었다. 그리하여 이방인인 도비야와 그의 자식은 유다 여성을 저들의 아내로 취했다. 우리는 이를 통

해 그들뿐 아니라 많은 유다인들이 그와 같은 악행을 저지른 사실을 짐
작할 수 있다. 이처럼 배도자들이 이방 혼인을 장려함으로써 이방 종족
들과 일부 유다 족속이 상호 동맹을 맺기에 이르렀다.

그런 형편 가운데 악한 지도자들은 남을 속이거나 기만하는 일에 열
중했다. 그들은 하나님과 언약 공동체 앞에서 무서운 범죄를 저지르고
있으면서도 뻔뻔스럽기 그지없었다. 그들은 대적자인 도비야가 선을
행하는 사람이라 치켜세우며 느헤미야 앞에서 그의 선행을 말하기를
주저하지 않았다. 하나님의 율법을 멸시하는 이방인 지도자를 치켜세
운 것은 느헤미야를 향해 그와 손을 잡으라는 메시지를 담고 있다. 하
지만 그 모든 판단과 행위를 통해 그들 역시 하나님을 모독하는 자리에
앉게 되었다.

그러나 느헤미야는 저들의 입술에 발린 거짓과 기만술에 넘어가지
않았다. 오히려 저들에게 언약의 백성을 해치며 위협하는 것이 얼마나
사악한 행위인지 도비야에게 전하도록 요구했다. 느헤미야의 말을 듣
게 된 도비야는 또다시 그에게 여러 차례 서신을 보내 두려움에 빠뜨리
고자 했다. 그러나 느헤미야는 여호와 하나님을 굳게 믿고 있었으므로
모든 어려운 과정을 능히 이겨낼 수 있었다.

제7장

예루살렘 성벽의 완공과 언약의 자손들

(느7:1-73)

1. 성벽 중수와 성문 재건 후 직분자들을 세움 (느7:1-4)

유다 자손들은 어려운 여건 가운데서 성벽 중수와 성문들을 재건하
는 일을 완성했다. 주변 이방인들의 세력이 적극적인 방해 공작을 펼치
고 언약의 자손들 가운데 배도자들이 생겨나 괴롭히는 중에도 공사는
중단되지 않았다. 하나님의 도우심과 느헤미야를 비롯한 신실한 지도
자들이 있었기에 가능한 일이었다.

예루살렘 성벽이 완성되고 성문들이 다시 세워짐으로써 성 안에 있
는 하나님의 거룩한 성전과 거기서 섬기는 제사장들을 비롯한 직분자
들이 안전하게 지켜질 수 있었다. 그 상태에서 제사장들은 하나님께 제
물을 바치며 경배할 수 있게 되었다. 그것은 장차 오실 메시아에 대한
예표로서 모든 언약의 자손들에게 큰 감사와 기쁨이 되었다.

외부 구조 즉 일종의 하드웨어(hardware)라 할 수 있는 건축과 토목
구조물들이 모두 완성되었다. 그것은 성전과 성벽과 그 둘레의 성문들
이 대표적이다. 그와 더불어 이제 일종의 소프트웨어(software)가 갖추

어져야만 했다. 그것은 현실적인 실효성과 인적인 구성원들에 연관되어 있었다.

그러므로 느헤미야를 비롯한 지도자들은 성문을 지키는 문지기들을 세웠다. 그들에게는 매우 중요한 직무가 맡겨졌다. 예루살렘 성읍에 들어오고 나가는 사람들에 대한 신분 확인을 해야 했기 때문이다. 만일 그들이 제 임무를 소홀히 하여 아무나 마음대로 출입하게 한다면 성전과 성벽과 성문들의 기능을 위협하는 것과 마찬가지가 된다. 따라서 그들은 맡겨진 직무를 성실하게 감당함으로써 전체적인 안전을 도모하게 되었다.

그리고 노래하는 자들을 세웠다. 그들은 예루살렘 성전에서 공적으로 시편을 노래부르는 직무를 맡은 자들이다. 즉 성전을 출입하는 일반 백성들은 그들이 부르는 시편의 노래에 마음으로 참여하게 되는 것이다. 그들은 노래를 부르는 일뿐 아니라 영적인 질서를 유지하는 매우 중요한 직무를 유지해야만 했다.

즉 백성들은 제각기 자기가 원하는 대로 무질서하게 노래를 불러서는 안 된다. 만일 성전에 출입하는 자들이 제각각 자기 취향에 따라 큰 소리로 노래한다면 성전과 백성들의 경건한 상태를 유지할 수 없다. 따라서 공적으로 노래하는 직무를 맡은 자들의 인도에 따라 노래를 불러야 했다.

또한 느헤미야는 레위인들을 세웠다. 이는 영적인 관리 직무에 관련된 것으로 이해해야 한다. 레위인들도 각 사람에 따라 다양한 직무를 가지고 있었다. 어떤 레위인은 성전에서 봉사하는 직무를 맡았는가 하면 또 다른 어떤 레위인들은 여러 지역에 흩어져 회당에서 하나님의 율법을 가르치고 시편을 노래하는 일을 지도하기도 했다.

본문에서 레위 사람들을 세웠다는 말은 그들에게 성전 봉사를 위해 특별한 직무를 맡겼다는 의미를 지닌 것으로 이해할 수 있다. 우리가 여기서 이해할 수 있는 사실은 레위인들이라고 해서 성전에 관련된 모든 일을 자의적 혹은 자발적으로 행한 것이 아니란 사실이다. 모든 일은 규례에 따라 맡겨진 대로 사명을 감당해야 했다.

그리고 행정 책임자들을 따로 세웠다. 백성들 가운데 여러 면에서 출중한 인물을 선택하여 예루살렘을 다스리게 했다. 그들의 출중함 가운데 가장 중요한 것은 하나님의 율법에 순종하는 신앙적인 인품이었다. 이 말은 하나님을 경외하는 저들의 자세가 일반 백성들보다 뛰어나야 한다는 사실을 말해주고 있다.

예루살렘 성벽이 중수된 후 적절한 소양을 가진 자들에게 직무를 맡긴 느헤미야는 저들에게 명령을 내렸다. 그 가운데 중요한 것은 예루살렘 성문을 온전히 파수하는 일이었다. 그 직무를 맡은 자들은 아침 해가 높이 뜨기 전에는 성문을 열지 말아야 했으며 파수하는 동안에는 문을 닫아둔 채 빗장을 질러두어야 한다고 했다.

이는 예루살렘 성전과 성읍 안에서 규례에 따라 하나님을 섬기는 직무를 맡은 자들을 지켜 보호하기 위해서였다. 해가 높이 뜬 후에 사람들의 출입을 허락하라는 것은 그들의 신분을 비롯한 모든 것을 분명히 확인할 수 있어야 한다는 사실을 말해주고 있다. 즉 어두컴컴한 상태에서는 사람을 제대로 분별하기 어려울 수 있으니 그 시간에는 출입을 허락하지 말라는 것이었다.

그러므로 성문을 파수하는 자들의 직무는 매우 중요했다. 그것을 위해서 성 안에 사는 책임이 있는 거민들에게 순번과 절차에 따라 그 일이 맡겨졌다. 또한 느헤미야는 성문을 파수하는 자들에게 항상 자기 집 맞은편을 지켜야 한다는 사실을 주지시켰다.

이는 성문 주변의 상황을 가장 익숙하게 알고 있을 뿐 아니라 주변 사람들을 잘 아는 자가 그 일을 맡아야 한다는 점에 연관되어 있다. 예루살렘 성은 넓은 데 반해 그 안에 거하는 거민은 그다지 많지 않다고 했다. 그 이유는 당시 성읍 안에 사람들이 살 수 있는 가옥이 많이 건축되지 않았기 때문이었다.

이 말은 당시 많은 백성이 예루살렘 성 밖에서 살아간 사실을 말해주고 있다. 성곽 바깥의 주변에서 살아가던 자들이 하나님을 경배하는 일이나 특별한 용무가 있을 때 성 안으로 들어왔다가 성문이 닫히기 전에 다시 집으로 돌아가야 했다. 이를 통해 모든 언약의 자손들이 적법한 절차에 따라 예루살렘 성문을 통해 출입할 수 있었다. 그에 반해 언약에 근거한 자격이 없는 자들의 출입은 엄격하게 제한되었다.

2. 가나안 본토로 귀환한 자들의 명단

(1) 각 집안에 따른 자손들(느7:5-24)

느헤미야는 바벨론 제국의 느부갓네살에 의해 이방의 포로가 되어 잡혀갔다가 약속의 땅 가나안 본토로 귀환한 사람들의 이름을 나열하고 있다. 여기에는 바벨론을 정복하고 페르시아 제국을 세운 고레스 왕의 칙령과 더불어 귀환한 자들이 포함되어 있다. 그들은 느헤미야에게는 증조할아버지나 고조할아버지 정도의 조상들이었다.

느헤미야는 지나간 과거 역사에 연관된 여러 선조들의 이름을 언급함으로써 하나님의 놀라운 섭리와 더불어 자기 시대의 백성들에게 언약적 교훈을 주고자 했다. 그래서 하나님께서 자기의 마음을 감동케 하셔서 지도자들을 비롯한 책임있는 백성을 불러모아 체계적으로 파악하라고 하셨다고 했다(느7:5). 그 결과 얻은 귀환한 자들의 계보에 대하여 언급하게 되었다는 것이다.

그 명단 가운데는 여러 사람들의 이름이 기록되어 있다. 스룹바벨과 예수아는 첫 번째 귀환 때 가나안 본토로 돌아온 인물들이다. 그들은 예루살렘 성전의 기초를 놓고 어렵고 힘든 가운데 성전이 재건되는 데 온 힘을 쏟았다. 다윗의 혈통을 잇고 장차 메시아로 오시게 될 예수 그리스도와 언약적으로 직접 조상이 되는 스룹바벨과 아론 지파에 속한 대제사장 예수아가 당시 유다 백성을 인도하게 되었다.

느헤미야서 7장 본문에 기록된 내용은 에스라서 2장에 기록된 내용과 대동소이하다. 그리고 그 명단에는 느헤미야의 이름과 모르드개의 이름이 등장한다. 그런데 느헤미야라는 인물이 성경을 기록한 느헤미야와 동일한 인물인지, 모르드개가 아하수에로 왕 시대 총리대신을 지낸 모르드개와 동명이인(同名異人)인지에 대해서는 단정적으로 말하기 어렵다. 하지만 그들이 유다 자손들을 인도하는 중요한 지도자였음은 분명하다.

스룹바벨과 예수아와 느헤미야와 모르드개 등 지도자들은 먼저 각 집안의 자손들을 체계적으로 계수하여 인도했다. 바로스 자손, 바핫모압 자손, 아스갓 자손, 비그왜 자손 등에 속한 집안의 자손들은 이천 명이 훨씬 넘는 경우도 많았다. 그에 반해 아델 곧 히스기야 자손의 경우는 백 명이 채 되지 않았다.

우리가 여기서 기억해야 할 바는 가나안 본토로 귀환하는 자들의 수가 많은 집안이나 적은 집안 사이에 특별한 차이가 없었다는 사실이다. 어떤 집안에서는 많은 사람이 귀환하고자 자원하기도 했을 것이며 또 다른 어떤 집안은 큰 규모임에도 불구하고 소수가 자원했을 수도 있다.

당시 본토 귀환에 참여하는 자들은 신앙이 더 돈독하고 귀환하지 않는 자들은 그렇지 않다고 말할 수 없다. 하나님께서는 섭리와 경륜 가운데 어떤 사람들은 귀환하도록 인도하셨으며 또 다른 어떤 사람들은 남아있게 하셨다. 그래서 다른 시대 다른 지도자들과 더불어 본토에 귀환한 백성들이 있었으며 각기 나름대로 중요한 사명을 가지고 있었다.

(2) 지역에 따른 다양한 자손들(느7:25-38)

느헤미야는 앞에서 각 집안에 따라 귀환한 자들을 명시적으로 언급했으며 출신 지역에 따른 귀환자를 기록하고 있다. 이는 그들의 조상이 원래 살았던 본적지와 연관된 것으로 보인다. 이는 당시에도 한 집안사람이 서로간 가까이 지낸 것처럼 고향이 같은 동향(同鄕) 사람들이 더 친하게 지낸 사실을 말해주고 있다.

물론 그것은 각 지역성에 따라 어떤 파벌이 조장된 것을 의미하지 않는다. 그들은 바벨론 땅으로 사로잡혀 갈 때부터 동일한 지역에 살던 사람들이 서로 위로를 주고받았으며 그 자손들 역시 그러했음을 보여주고 있다. 이는 바벨론 당국에서는 포로로 잡아 온 유다 백성을 여러 지역으로 분산시킬 때 과거 유다 땅에서 이웃해서 살던 동일한 지역에 살던 사람들에 대한 배려가 있었음을 말해준다.

그러므로 유다인들이 본토로 귀환할 때도 그와 같은 배경이 어느 정도 작용하고 있었다. 본문에서는 베들레헴, 아나돗, 기럇여아림, 벧엘과 아이, 여리고 등 여러 지역이 언급되었다. 이는 그들이 각 집안에 따른 분류가 아니라 가나안 땅 조상들의 고향에 따라 분류되었음을 말해주고 있다. 물론 거기에는 각 가정과 크고 작은 집안들이 모여 하나의 지역적 집합체로 구성된 사실이 나타난다.

(3) 제사장들, 레위 자손들, 노래하는 자들, 문지기들(느7:39-45)

느헤미야는 뒤이어 제사장들과 레위 자손들, 그리고 노래하는 자들과 문지기들의 자손들을 기록하고 있다. 각기 고유한 직무를 맡은 자들은 매우 중요한 사명을 지니고 있었다. 그들의 직무가 소홀히 되거나 부패하게 되면 언약의 백성 전체에 심각한 악영향을 끼치게 된다. 그렇게 되면 이스라엘 민족에 허락된 언약적 의미가 붕괴할 수밖에 없다.

예루살렘 성전에서 여호와 하나님께 제물을 바치며 장차 오실 메시아를 선포하는 제사장들의 사역은 절대적이라 할 수 있다. 모든 백성이 그에 속해 있기 때문이다. 느헤미야는 제사장들 가운데 고레스 왕 시대에 유다 백성을 지도했던 예수아의 집안의 여러 자손에 관한 언급을 하고 있다.

또한 성전에서 제사장들을 돕고 약속의 땅 전역에 흩어진 회당에서 율법을 가르치며 하나님을 노래하도록 지도하는 일은 기본적으로 레위인들에게 맡겨진 일이다. 그들의 사역은 항상 하나님의 율법과 언약에 기초하고 있어야 했다. 느헤미야는 호드야 자손들 가운데 여러 사람이 본토로 돌아온 사실을 언급했다.

그리고 노래하는 자들은 하나님을 경배하면서 대표로 노래하는 일을 담당했다. 하나님의 율법에 순종하는 자들로서 경건하게 노래를 부름으로써 그에 참여하는 백성들에게 질서와 통일성을 유지하도록 했다. 하나님을 노래하는 자들은 제각각 알아서 취향대로 노래부르는 것이 아니라 앞서 노래하는 자들과 조화되어야 했다. 느헤미야는 노래하는 직무를 맡은 아삽 자손들의 귀환한 숫자에 관한 기록을 남기고 있다.

그리고 문지기들은 성전에 출입하는 자들을 통제하는 직무를 담당한 자들이다. 그들은 아무나 조건 없이 성전 안으로 들어오는 것을 통제했다. 그곳은 하나님을 경외하고 모세 율법을 준수하고자 하는 삶의 자세를 소유한 자들이 들어가 하나님께 경배하는 거룩한 영역이기 때문이다. 문지기들은 그 거룩성을 유지하기 위한 자신의 책무를 다해야만 했다. 느헤미야는 살룸 자손들을 비롯하여 가나안 본토로 귀환한 사람들의 수에 관한 기록을 남기고 있다.

(4) 느디님 사람들(느7:46-56)

느헤미야는 본문에서 본토로 귀환한 느디님 사람들에 관하여 특별한 언급을 하고 있다. 그 사람들은 혈통적으로 보아서는 이스라엘 자손이 아닌 이방인들이었다. 그들은 이스라엘 자손과 이방인 사이에서 출생한 혼혈 유대인들이 아니었다. 그 사람들은 초기 단계에 이방의 전쟁

포로를 비롯하여 불가피하게 이스라엘 백성들 가운데 들어와 살게 된 사람들이다.

그런데 그 사람들은 육체적으로 이스라엘 백성들의 지배를 받게 되었을 뿐 아니라 점차 그들은 언약 공동체 안으로 들어왔다. 그것은 물론 하나님의 섭리와 경륜에 의한 것으로서 혈통적 이스라엘 자손들이 기꺼이 그들을 받아들였다. 그러니 비 혈통적 언약의 자손들이 되었던 것이다.

하나님께서는 특별히 저들에게 매우 중요한 직무를 맡기셨다. 그것은 거룩한 성전에서 제사장들과 레위인들을 보조하는 역할에 연관되어 있었다. 그런데 이스라엘 자손 중에도 그 일을 감당할 수 있는 자들이 많았을 텐데 왜 구태여 이방인 출신 사람들에게 그것을 맡겼는지 생각해 보아야 한다. 그들이 맡은 일이 비록 허드렛일이라 할지라도 하나님의 성전에서 일하는 매우 중요한 역할이었다.

이는 아마도 거룩한 성전에서 행하는 여러 사역들 가운데 이방인 출신 백성을 참여시킴으로써 하나님이 원하시는 사역은 혈통주의에 얽매이지 않는다는 사실을 선포하는 의미를 지닌 것으로 보인다. 즉 하나님께서는 자기가 택하신 자들을 통해 일하시면서 이스라엘 백성의 혈통에 의존하시지 않는다. 혈통적 유대인들은 항상 이 점을 기억하며 하나님 앞에 겸손한 자세를 유지해야만 했다.

그러므로 느헤미야는 특별히 느디님 사람들 가운데 본토로 귀환한 자들의 집안 명단을 밝히고 있다. 엄밀한 의미에서는 그들의 원 고향이 서로 달랐을 수도 있다. 물론 저들의 조상 가운데는 사사시대 이전부터 그곳에 살았던 자들이 있었을 수 있으나 그들은 언약의 자손들이 본향을 생각하고 찾는 것과는 상당한 차이가 났다. 물론 이제 언약 공동체 안에 들어온 그들은 언약적 의미를 염두에 두고 있었을 것이 분명하다.

(5) 솔로몬 왕의 신하들의 자녀들(느7:57-60)

느헤미야는 본문 가운데서 솔로몬 왕의 신복이었던 자들의 후손 가운데 본토로 귀환한 자들에 관한 언급을 하고 있다. 그들은 수백 년 전 저들의 조상이 솔로몬 왕의 신하였던 사실을 자부심으로 여겼던 것 같다. 아마도 그들의 직무는 단순한 정치적인 신복을 넘어 예루살렘 성전을 건축하는 일에 연관되었을 것으로 보인다.

그들은 오랜 세월이 흐르는 가운데 솔로몬 왕을 도와 예루살렘 성전 건축에 참여한 조상들이 자랑스러웠을 것이 분명하다. 그와 같은 정신은 그 후손들로 하여금 강한 결속력을 유지하는 동력이 되었을 것이 틀림없다. 따라서 느헤미야는 그들에 관한 특별한 언급을 했던 것으로 이해된다.

솔로몬의 신복으로서 그를 도와 성전 공사에 참여한 자들은 소규모의 여러 집안으로 나뉘어 있었다. 그 가운데 특이한 점은 그들의 자손과 함께 느디님 사람들이 언급되어 있다는 사실이다(느7:60). 그들은 솔로몬의 신복으로 일컬어지는 이스라엘 자손과 함께 성전 공사에 참여했던 것으로 보인다. 이는 오랜 세월이 지나 이스라엘 자손으로서 솔로몬의 성전 건립 사역을 돕던 자들과 이방인 출신의 느디님 사람들 사이에 본질적인 차이가 없다는 사실을 말해주고 있다.

(6) 신원이 불확실한 자들(느7:61-65)

느헤미야는 이스라엘 자손으로서 신원이 확실치 않은 자들 가운데 귀환한 자들에 관한 언급을 하고 있다. 그것은 아마도 이방인들과 혼인함으로써 발생한 문제였을 것으로 보인다. 그들은 유대인과 이방인 사이에서 출생한 자들로서 그 혈통적 계보가 분명하게 기록되어 있지 않았다. 그 자손들 가운데는 유대인의 신분보다 이방인 출신 부모 가운데 한쪽의 족보를 선택한 자들이 있었을 것이기 때문이다.

본토로 귀환하는 자들 가운데는 그와 같은 자들이 많이 있었다. 즉 명단에서는 그 계보를 확인할 수 없었으나 그 당사자들은 자기가 이스라엘 민족의 후손이라 여기고 있던 자들이 존재했다. 또한 놀라운 점은 그들 가운데 제사장의 혈통을 가진 것으로 주장하는 자들이 상당수 있었다는 사실이다.

하지만 제사장의 계보에서 그들의 명단을 찾을 수 없었으므로 저들에게 제사장 직분을 맡기지 않았다. 담당 지도자들은 하나님의 뜻을 묻는 신탁의 도구인 대제사장의 판결 흉패 안에 보관된 우림과 둠밈으로 하나님의 뜻을 물어 그들이 실제로 제사장 자격을 갖추었는지 확인해야만 했다. 따라서 그렇게 하기 전에는 저들로 하여금 제사장들이 먹는 거룩한 음식을 먹도록 허용해서는 안 되었다.

(7) 회중의 총수와 노비와 노래하는 자들(느7:66,67)

느헤미야는 위에 언급된 본토 귀환자들의 총수가 사만 이천삼백육십 명이라고 했다.[9] 그런데 노비 칠천삼백삼십칠 명과 노래하는 남녀 이백사십오 명은 그 수에 포함하지 않았다(느7:67). 여기서 노비란 아마도 이방인 출신의 하인으로서 언약에 속하지 않은 비자발적으로 동원된 자들로 보인다.

그리고 여기서 노래하는 자들이란 앞의 느헤미야 7장 44절에 기록된 노래하는 자들과는 그 성격이 근본적으로 다르다. 그들은 예루살렘 성

---

9) 성경에서 사람들의 수를 계산할 때 다른 기록과 비교해 보아 정확하게 맞아떨어지지 않는 경우가 종종 있다. 이는 숫자에 포함하는 기준에 약간의 차이가 있기 때문이다. 예를 들어 남자만 계수한다든지 어린아이들은 총수에서 제외하는 경우가 있다. 또한 신분에 따라 어떤 사람들은 그 수에 포함하지 않는 경우도 나타난다. 그러므로 숫자 자체를 두고 민감한 접근을 할 것이 아니라 전체적인 의미를 올바르게 깨닫는 것이 중요하다.

전에서 시편을 노래하는 자들이 아니라 일반적으로 노래하는 자들을 일컫고 있다. 즉 그들은 장례식장이나 혼인식장 혹은 특별한 행사를 위해 노래를 불렀을 것이다. 그들 역시 자발적으로 귀환한 자들이 아니라 필요에 따라 함께 데리고 온 자들로 생각된다.

우리는 이를 통해 언약의 자손과 여호와 하나님에 대한 신앙이 없는 이방인들 사이에 분명한 경계와 차이가 존재했다는 사실을 알 수 있다. 이방인들 가운데 언약 공동체에 속하게 된 자들이라면 아무런 차별이 없지만 그렇지 않으면 엄격하게 구분되어야 한다. 따라서 그들은 귀환 자들의 명단에서 특별한 관리를 받는 대상이 되었다.

(8) 말과 노새와 약대와 나귀(느7:68,69)

느헤미야는 또한 언약의 자손들이 가나안 땅 본토로 귀환할 때 끌고 나온 다양한 짐승들의 수를 확인했다. 거기에는 말과 노새와 낙타와 나귀들이 포함되어 있었다. 그 짐승들은 사람을 태우기도 하고 각종 물품을 싣기도 했다.

그 짐승들이 각 개인의 사유재산이었는지에 대해서는 명확하지 않다. 하지만 그 짐승들은 귀환하는 유다인들에게 공공재산의 의미가 더 컸을 것으로 보인다. 그것들은 필요에 따라 각 개인에게 맡긴 채 예루살렘을 향해 갔을 것이다.

그 짐승들은 단순히 예루살렘에 도착할 때까지만 필요했던 것이 아니라 그 이후에도 유용한 노동력을 제공했을 것으로 이해된다. 예루살렘으로 귀환하는 자들은 하나님의 성전을 재건해야 했으며 성벽 중수와 성읍의 가옥을 짓기 위한 건축과 토목 공사를 해야만 했다. 그 과정에서는 흙이나 돌을 옮기는 힘든 일을 해야 할 터인데 각종 짐승이 필요에 따라 감당해야 할 일이 있었다.

이방 지역에서 가나안 본토로 귀환하는 유다인들은 여행 과정과 그후의 모든 일을 염두에 두고 짐승들을 끌고 왔을 것이 분명하다. 따라서 그 짐승의 종류와 숫자를 명확하게 계수했다. 우리는 이를 통해 하나님께서 각종 짐승까지도 자신의 언약을 위한 작업의 도구로 사용하셨던 사실을 알 수 있다.

(9) 물품으로 보조한 자들(느7:70-72)

유다 자손들이 가나안 본토로 귀환할 때 그에 참여한 자들이 있었는가 하면 이방 지역에 그대로 남아있는 자들도 많이 있었다. 함께 가지 못하는 백성들도 각기 나름대로 그렇게 해야만 할 이유가 있었을 것이 틀림없다. 그들 역시 귀환길에 참여하고 싶었으나 형편이 어려워 마음 아파하는 자들도 많았을 것이 분명하다.

하지만 본토 귀환을 결심하고 본향으로 돌아가는 자들이 뒤에 남은 자들보다 신앙이 더 좋았을 것이라 말할 수 없다. 그 가운데는 인간들이 판단할 수 없는 하나님의 섭리와 경륜이 존재하고 있었다. 첫 번째 귀환 대열에 오르지 못한 에스더와 모르드개는 그 남은 자들의 후손이었다. 그리고 에스라가 귀환할 때 느헤미야는 그에 참여하지 못했으나 후에 중요한 직무를 맡게 되었다.

그리하여 뒤에 남은 자들은 약속의 땅 가나안으로 돌아가는 언약의 자손들을 위해 물질적으로 많은 지원을 했다. 족장들 가운데는 예루살렘 성전 재건을 위한 기금을 내어놓았으며 행정 지도자 중에는 금과 은을 비롯한 금 그릇을 내어놓기도 했다. 또한 제사장들이 예루살렘에 도착하여 입을 제사장 의상을 제공하기도 했다. 이에 대해서는 족장이나 지도자들뿐 아니라 온 백성이 그에 참여했다.

우리가 여기서 눈여겨보아야 할 점은 제사장들의 의복이 총 오백아흔일곱 벌이나 되었다는 사실이다(느7:70,72). 물론 그것이 모든 제사장에게 한 벌씩 준다는 의미인가에 대해서는 알 수 없다. 하지만 분명한 것은 당시에 많은 수의 제사장들이 있었다는 점이다. 이는 예루살렘 성전 재건과 그곳에서 하나님께 제물을 바치며 섬겨야 할 제사장들이 그 중심에 있다는 사실을 말해준다. 그들의 사역이 장차 예수 그리스도께서 이땅에 오시게 됨을 선포하게 된다.

(10) 약속의 땅에 돌아와 터를 잡은 언약의 자손들(느7:73)

가나안 땅으로 귀환한 언약의 자손들은 제각각 살아가야 할 터전을 잡게 되었다. 그것은 물론 각자의 개인적인 판단과 결정에 의존한 것이 아니라 지도자들의 질서 있는 배정에 따라 그렇게 했다. 그렇게 함으로써 아무도 불평하거나 불만을 가진 자들이 없었다.

제사장들과 레위 사람들과 성전문을 지키는 자들과 성전에서 노래하는 사람들을 비롯한 백성 가운데 일부와 성전에서 허드렛일하는 자들 가운데 많은 사람은 예루살렘 성읍에 거주하게 되었다. 물론 그들 가운데도 예루살렘이 아닌 다른 지역에 살게 된 자들도 있었다. 그리고 유다 백성들은 각기 저들의 조상들의 고향에 자리잡기도 하고 여러 고을에 흩어져서 살기도 했다.

우리가 반드시 기억해야 할 바는 본토로 돌아온 성숙한 백성들이 개인적으로 만족스러운 삶을 추구하는 것을 목적으로 삼지 않았다는 사실이다. 그들에게 중요한 점은 하나님의 성전을 재건하는 일과 그곳에서 행해지는 제사장들의 제사를 통해 이땅에 메시아가 오기를 기대하는 것이었다. 그와 같은 신앙은 천상의 나라에 직접 연결되어 있었으며 그것이 참된 소망의 근거가 된다.

제8장

성벽의 완공에 따른 새해 첫날
선포된 율법과 초막절

(느8:1-18)

1. 성벽 중수를 완성한 후 첫 번째 티쉬리(Tishri) 달
초하루의 집회(느8:1-4)

오래전에 무너진 예루살렘 성벽과 허물어진 성문이 다시금 완성된 후 백성들이 한자리에 모여 율법을 통해 그 의미를 확인하게 되었다. 예루살렘에 거하던 이스라엘 자손이 저들의 달력으로 새해 첫 달에 해당하는 칠월 곧 티쉬리 달 첫날에 모든 백성이 예루살렘 성 수문 앞 광장에 모였다.

새해 첫날인 그달 초하루에는 수양의 뿔로 된 나팔을 불어 나팔절(feast of trumpets)로 지키면서 온 백성에게 언약에 연관된 의미와 새해를 선포했다. 그리고 그달 10일은 하나님께서 자기 자녀들의 모든 죄를 용서하시는 의미를 확인하는 대속죄일(Yom Kippur)이었으며 15일부터 이레 동안 초막절로 지켰다. 그 절기들을 통해 하나님께서 사탄의 세력을 꺾고 자기 자녀들의 죄를 속한 일과 인간들은 이 세상에서 나그네로 살아가며 영원한 천상을 소망하는 의미를 확인하게 되었다.

새해 첫날을 기념하는 나팔절날 온 백성이 수문 앞 광장에 모이자 학사 겸 제사장 에스라가 이스라엘 민족에게 허락하신 하나님의 율법책을 가져왔다. 놀랍게도 그 일은 백성들이 먼저 학사 에스라에게 요청한 일이었다(느8:1). 이는 당시 언약의 자손들이 하나님의 율법을 통해 그의 뜻을 알고자 하는 마음이 간절했음을 말해주고 있다.

따라서 에스라는 그 자리에서 율법책을 펼쳐두고 말귀를 알아들을 만한 남녀 모든 백성을 향해 하나님의 율법을 낭독하고 선포했다. 그 내용 가운데는 율법의 적용으로서 예루살렘 성전과 성벽 및 성문을 중수한 의미가 포함되었을 것이 분명하다. 성전이 재건되고 무너진 성벽이 완성된 것은 하나님의 율법에 순종하는 언약의 자손들이 지속해야 할 신앙과 직접 연관되어 있었기 때문이다.

에스라가 모세의 율법책을 읽고 그 의미를 설명할 때 모든 백성이 그로부터 선포되는 말씀에 귀를 기울였다. 당시 에스라는 특별히 제작한 나무 강단 앞에 서 있었다. 그때 그의 좌우편에는 공적인 책무를 지닌 여러 지도자가 함께 서게 되었다. 그의 오른편에는 맛디댜와 스마와 아나야와 우리야와 힐기야와 마아세야 등 여섯 명이 섰으며 그의 왼편에는 브다야와 미사엘과 말기야와 하숨과 하스밧다나와 스가랴와 므술람 등 일곱 명이 섰다.

우리는 여기서 몇 가지 특이한 사실과 더불어 그 의미를 되새겨 볼 수 있어야 한다. 그것은 먼저 언약의 자손들이 성전 앞 광장이 아니라 수문 앞 광장에 모인 점이다. 수문은 예루살렘 성벽의 동쪽 아래편에 자리잡고 있었다. 그곳은 다윗 왕궁 바로 가까운 위치에 있었으므로 아마도 백성들로 하여금 율법에 순종케 하고자 하는 언약 준수에 연관된 정치적 의미가 내포된 것이 아니었을까 추론해 볼 수 있다.

또한 특별히 마련된 그 강단 위 앞자리에 느헤미야가 자리잡고 있지 않았다는 사실이다. 성벽 중수를 마친 후 새해 첫날 모이는 그 집회는 매우 중요한 의미를 지니고 있었다. 따라서 어느 모로 보나 느헤미야는 맨 앞자리에 설 만한 지위에 있던 인물이었다. 하지만 느헤미야는 앞에

서지 않았으며 그에게는 그로 인한 어떤 불만도 없었다.

허물어진 예루살렘 성벽을 중수하는 데 있어서 가장 중요한 위치에 있었을 뿐 아니라 일등 공신이라 할 만한 느헤미야가 강단 위 앞자리가 아니라 회중의 편에 서 있었다. 물론 에스라가 느헤미야를 무시했기 때문에 그렇게 한 것은 결코 아니었다. 이는 당시 율법 및 규례와 각 직분에 의한 사역이 중요하게 적용된 사실을 보여주고 있다.

그리고 하나님의 율법을 선포하는 자리에 에스라가 혼자 선 것이 아니라 오른편에 여섯 명 왼편에 일곱 명이 함께 서게 된 사실을 눈여겨봐야 한다. 에스라가 중앙에 서 있고 양편에 동일한 숫자가 있다면 형식적 그의 위상을 드러내는 것처럼 비쳐질 수 있다. 그런데 한 편은 여섯 명 다른 한 편은 일곱 명인 것을 보아 에스라는 오른편에 선 자들의 수에 포함되어 있다는 사실을 알게 된다.

이는 학사 에스라가 개인적인 판단에 따라 단독으로 하나님의 율법을 백성 앞에 선포한 것이 아니라 여러 지도자들과 더불어 혹은 그들을 대표하여 그 율법을 전한 사실을 알 수 있다. 우리는 이를 통해 희미하게나마 신약 시대 지상 교회 가운데도 그 의미가 적용되어야 한다는 사실을 알게 된다.

매 주일 공예배 시간에 목사가 설교하지만, 개인의 주관적인 판단에 따라 마음대로 설교해서는 안 된다. 오히려 그에 연관된 의미상 여러 장로들과 더불어 혹은 그들을 대표하여 하나님의 말씀을 회중 가운데 선포해야 한다. 이는 설교하는 목사가 강단에서 종교적인 사사로운 목적을 추구하기 위해 개인적인 주장을 펼쳐서는 안 된다는 사실을 말해 주고 있다.

2. 학사 에스라의 율법낭독과 백성들의 화답 (느8:5,6)

학사 에스라가 좌우편의 여러 지도자들과 함께 강단 위에 서서 모든 백성들이 보는 가운데 하나님의 율법책을 펼쳤다. 그러자 모든 백성이 그 자리에서 일어났다. 이는 하나님과 그 율법에 대한 저들의 경외심을 드러내 보여주고 있다. 나아가 그와 같은 자세는 강단 위에 선 에스라를 비롯한 지도자들에 대한 신뢰를 드러내는 것이기도 했다.

바벨론 제국의 느부갓네살 왕에 의해 파괴되었던 하나님의 성전이 페르시아 제국의 고레스 왕과 다리오 왕의 허락에 의해 예루살렘 성읍 안에 다시금 재건되었으며 이제 아닥사스다 왕의 지원으로 그것을 보호하기 위한 성벽 중수가 완공되었다. 그리고 사람들이 출입하는 성문이 책임을 맡은 문지기들에 의해 엄격하게 통제되고 있었다. 이는 아무나 자유롭게 예루살렘을 드나들 수 없다는 사실을 말해주고 있다. 당연히 그 모든 것은 하나님의 율법과 규례에 따른 것이었다.

그와 같이 전체적인 공사가 완료된 가운데 학사 에스라가 먼저 언약의 백성들 앞에서 광대하신 여호와 하나님을 송축했다. 모든 백성들은 그에 참여하여 손을 높이 들고 '아멘'으로 화답했다. 또한 그들은 몸을 굽혀 얼굴을 땅에 대고 여호와 하나님께 경배했다. 이는 백성들이 자의적인 판단에 따라 하나님을 경배하며 송축했던 것이 아니라 에스라가 전한 말씀과 더불어 그에 참여한 사실을 보여주고 있다.

우리는 느헤미야가 그 자리에 있었지만, 그 모임을 주도한 것이 아니라 뒤로 한 발짝 물러서 회중과 함께 있었다는 사실을 기억해야 한다. 자기가 총지휘를 하여 성벽과 성문 공사를 완성하고 그로 말미암아 온 백성이 모여 하나님을 경배하는 자리였으나 거기서 자신을 전면에 드러내고자 하지 않았다. 이는 이스라엘 민족의 지도자들 가운데는 각기 맡은 바 직무가 있었으며 서로가 그에 대한 존중심을 가지고 있었음을 말해준다.

이에 연관된 모든 의미는 신약 시대 교회에도 그대로 받아들여 적용되어야 한다. 지상 교회에 다양한 직분과 직책들이 있는 것은 개인을 드러내는 수단이 되어서는 안 된다. 모든 직분 사역은 오직 하나님의

몸된 교회를 온전히 세우고 후대에 상속하고자 하는 근본적인 의미가
분명히 드러나야 한다.

3. 레위인들의 율법 교육 지도 (느8:7,8)

언약의 자손들에게 가장 중요한 것은 하나님의 율법에 순종하는 삶
이다. 문제는 그에 온전히 순종하기 위해서는 성경에 기록된 율법의 내
용과 그 의미를 분명히 깨달아야만 한다는 사실이다. 하나님의 율법을
모르고 이해하지 못하는 상태에서는 그의 뜻에 진실로 순종하는 것이
불가능하다.

만일 어떤 사람이 하나님의 율법에 대한 지식이나 이해가 전혀 없는
상태에서 하나님께 순종한다고 주장한다면 그것은 허위에 지나지 않는
다. 설령 언약의 범주에 속한 자라고 할지라도 마찬가지다. 그런 자들
은 자신의 이성과 경험을 통해 얻은 주관적인 판단을 기준으로 하나님
께 순종하고자 하여 그것이 마치 옳은 것인 양 주장을 펼친다. 하지만
그와 같은 태도는 하나님께 순종하는 것이 아니라 종교성에 자신을 맡
기는 것에 지나지 않는다.

하나님으로부터 계시된 말씀을 따르지 않은 채 조성된 종교적인 상
황은 더욱 위험할 수 있다. 그런 자들은 주관적인 판단에 따른 인식을
기초로 하여 왜곡된 종교성을 확립해갈 우려가 있기 때문이다. 따라서
구약 시대 레위인들은 모든 언약의 자손들에게 하나님의 율법을 가르
쳐 그에 순종하도록 지도하는 직무를 감당했다.

우리가 여기서 주의 깊게 생각해야 할 바는 단순히 율법에 대한 지식
을 많이 소유한 자가 백성들을 가르치지 않았다는 점이다. 오히려 개인
적인 판단에 따라 아무나 율법을 가르치는 행위가 금지되었다. 율법에
대한 지식과 개인의 주관적인 감정을 앞세워 이 사람 저 사람 아무나
백성들을 가르치게 되면 전체적인 질서가 무너질 수밖에 없다.

본문에서는 에스라가 율법책을 펼치고 낭독한 후 하나님을 향해 경배하고 나서 레위 지파 사람들이 백성들에게 그 율법의 내용을 가르친 사실이 기록되어 있다. 이는 당시 백성들이 질서에 따라 작은 규모의 무리를 지어서 모이게 하고 그곳에서 레위인들이 하나님의 율법을 가르쳐 깨닫게 한 것으로 보인다. 이는 마치 예수님께서 오병이어(五餠二魚)의 기적을 행하실 때 그곳에 있던 백성들이 각기 여러 그룹으로 모여 앉은 것과 유사한 형편이었을 것이다.

이처럼 학사 겸 제사장 에스라가 여러 지도자들과 더불어 강단 위에서 선포한 율법의 말씀을 예수아를 비롯한 가르치는 직무를 맡은 레위인들이 무리지어 앉은 사람들에게 그 내용을 깨닫도록 지도했다. 즉 낭독한 하나님의 율법의 내용과 그 뜻을 올바르게 해석하여 백성들로 하여금 그 모든 내용을 깨닫도록 했다. 그리하여 그것이 언약의 백성들에게 가장 기본적인 신앙의 지침이 되었다.

4. 백성들의 반응과 유다 지도자들 (느8:9-12)

에스라가 낭독한 율법책에 기록된 말씀을 듣고 그 의미를 깨닫게 된 모든 백성은 눈물을 쏟으며 울었다. 그 눈물은 슬픔의 눈물이었으나 곧 기쁨으로 변하게 되었다. 그들이 하나님의 율법을 듣고 슬퍼했던 까닭은 그것을 버리고 배도의 길에 빠져 이방의 노예가 되었던 조상들과 저들 자신의 죄 때문이었다. 그들은 이제 모세가 기록한 하나님의 율법을 통해 모든 실상을 더욱 분명히 깨닫게 되었다.

총독 느헤미야와 제사장 겸 학사 에스라와 백성들에게 율법을 가르치는 레위 사람들이 언약의 백성을 향해 말했다. 그들이 모인 그날은 여호와 하나님의 거룩한 성일이기 때문에 슬퍼하거나 울지 말라는 것이었다. 하나님의 말씀을 통해 자신을 되돌아보며 죄를 깨닫게 되는 것은 도리어 기뻐할 일이었기 때문이다.

그러므로 느헤미야는 그들을 향해 이제 살찐 고기와 맛나고 단 것을 먹으라고 했다. 그리고 음식을 예비하지 못한 이웃에게는 저들의 것을 나누어 주라는 요구를 했다. 그날은 언약에 속한 모든 백성이 하나님께서 행하신 놀라운 일로 인해 함께 기뻐해야 할 날이었다. 이는 파괴된 예루살렘 성벽이 다시금 중수된 후 도래한 새해 첫날이 언약의 자손들에게 특별한 의미를 지닌 날이란 사실을 말해주고 있다.

그해 티쉬리 월 초하루는 다른 새해 첫날과 달리 예루살렘 성에 연관된 중요한 구속사적 의미가 드러난 날이었다. 따라서 그날은 거룩하게 구별된 의미를 지니고 있으므로 슬퍼하거나 근심하지 말라고 했다. 오히려 여호와 하나님 앞에서 진정으로 기뻐하고 감사하면 그가 저들의 힘이 되어 지켜 보호해 주시리라는 것이었다.

또한 하나님의 율법을 가르치는 직임을 맡은 레위인들도 일반 백성들을 진정시키며 저들에게 말했다. 감정적인 기분에 들떠 야단스럽게 행동하지 말고 하나님의 언약을 기억하는 가운데 정숙한 자세로 조용히 생각하며 그날을 보내라고 했다. 그리하여 근심하거나 슬퍼하는 대신 여호와 하나님 앞에서 기쁘고 감사한 마음을 가지라고 했다.

느헤미야를 비롯하여 레위인들이 전한 모든 말을 들은 백성들은 곧 음식을 준비하여 먹고 마시며 즐거워했다. 또한 그들은 음식이 없는 이웃에게 먹을 것을 나누어주며 그들과 함께 크게 기뻐하는 시간을 보냈다. 이는 그들이 학사 에스라가 낭독하고 레위인들이 저들에게 전하여 가르친 하나님의 율법이 가진 의미를 밝히 깨달았기 때문이다.

5. 학사 에스라의 성경 강론과 초막절 준수 (느8:13-18)

새해인 티쉬리(Tishri) 월 첫날이 지난 그 이튿날 백성의 족장들과 제사장들과 레위 사람들이 하나님의 율법에 기록된 말씀을 더욱 분명히 알고자 원하여 학사 에스라 앞에 모였다. 그들은 율법을 통해 하나님의 뜻에 온전히 순종하고자 하는 마음을 가지고 있었다. 이제 그들은 지나간 과거의 모든 잘못을 청산하고 하나님의 율법에 온전히 순종하고자 하는 마음을 가지게 되었다.

거기 모인 백성들은 여호와 하나님께서 율법책을 통해 모세에게 명령한 말씀 가운데 초막절을 지키라고 한 내용을 확인했다. 하나님께서 칠월의 그 절기 중에 초막에 거하도록 명한 사실을 들었기 때문이다. 따라서 그들은 그 일을 실행하기 위해서 예루살렘을 비롯한 모든 성읍에 거하는 백성들에게 하나님의 그 명령을 전달했다.

언약의 백성들로 하여금 산으로 올라가 감람나무 가지와 들 감람나무 가지와 화석류 나뭇가지와 종려나무 가지를 비롯한 무성한 나뭇가지를 꺾어 초막을 지으라고 했다는 것이다. 따라서 그들은 말씀에 순종하여 꺾어온 그 나뭇가지들을 가지고 규례에 따라 초막을 지어야만 했다. 그것은 지도자들의 단순한 권고가 아니라 율법에 기록된 하나님의 명령이었다.

율법에 기록된 그 말씀을 들은 백성들은 산으로 올라가 다양한 나뭇가지들을 꺾어서 가지고 내려와 각기 초막을 짓기 시작했다. 어떤 사람들은 자기 집의 옥상 위나 집의 정원에 초막을 지었다. 그리고 또 다른 어떤 사람들은 성전 뜰이나 수문 앞 광장 혹은 에브라임 문 앞 광장에 초막을 짓기도 했다.

그리하여 이방의 포로로 잡혀갔다가 약속의 땅 본토로 돌아온 온 백성들이 성벽이 중수된 후 첫째 달 초막을 짓고 절기를 지키면서 그 안에 거했다. 그와 같은 일은 이스라엘 자손이 오래전 시내 광야 생활을 마치고 요단강을 건너 가나안 땅에 들어왔던 초기에 여호수아의 지도에 따라 지킨 후에는 그런 절실한 마음으로 초막절을 지킨 적이 없었다고 했다. 이는 절박했던 그들의 상황과 더불어 하나님에 대한 감사와 소망이 가득 찼음을 보여주고 있다.

그러므로 언약의 백성들은 곧 철거될 임시 거처인 초막에서 힘든 형편 가운데 지냈으나 하나님의 은혜로 인해 크게 기뻐하며 즐거워할 수 있었다. 그 기간 첫날부터 마지막까지 백성들은 날마다 낭독되는 하나님의 율법을 통해 그 교훈을 들었다. 또한 백성들은 그와 더불어 이레 동안 초막절을 지키고 제 팔일에는 규례에 따라 성회를 열게 되었다.

이스라엘 자손들은 초막에 거하면서 잠시 지나가는 이 세상이 영원하지 않다는 사실을 절감하면서 영원한 나라에 소망을 두어야 할 저들의 신앙에 대한 정체성을 확인했다. 그들은 하나님의 율법을 통해 장차 이땅에 메시아가 오시면 그의 사역으로 인해 참된 거처가 마련된다는 사실을 믿고 있었다. 그것이 저들에게 허락된 진정한 기쁨이 될 수 있었다.

구약 시대 언약의 백성들이 지켰던 초막절의 의미는 신약 시대에도 그대로 존속되고 있다. 하나님의 몸된 교회에 속한 성도들은 이땅에서 영원히 살 것처럼 행동하지 않는다. 오히려 타락한 이 세상에서는 아무런 소망을 두지 않은 채 지나가는 나그네로 오직 영원한 천상의 나라를 바라보며 참된 소망과 기쁨을 누리며 살아가게 되는 것이다.

제9장

성벽 중수와 율법 선포 및 회개와 경배

(느9:1-38)

1. 하나님의 율법책과 백성들의 회개와 경배 (느9:1-3)

새해가 시작되는 티쉬리(Tishri)월 24일 곧 초막절이 끝난 다음 이스라엘 자손들은 또다시 한자리에 모여 금식하며 굵은 베옷을 입고 티끌을 뒤집어쓴 채 하나님을 향해 간구했다. 그들은 자신의 추한 죄를 직시하며 하나님께서 모든 것을 용서해 주시기를 원했다. 하나님 앞에 선 백성들은 그 죄악이 얼마나 사악한 것이었는지 깨닫고 있었다.

그들이 범한 죄는 하나님의 율법을 버리고 이방인들의 더러운 풍조를 받아들인 것에 연관되어 있었다. 그들은 종교적인 면과 일반 사회와 문화적인 측면에서 이방인들의 것을 내부로 가지고 들어와 혼합주의가 되었다. 즉 이방인들의 사상과 형태를 상당 부분 도입하면서도 그 가운데는 유다인들의 정서에 연관된 색채들이 남아있었다.

그러다 보니 간악한 자들은 혼합되거나 변형된 상태의 종교적인 요소에도 불구하고 자기는 배도하지 않았으며 여전히 열성적으로 이스라엘의 하나님을 믿고 섬기는 양 행세했다. 신앙이 어린 자들은 그것을 보며 그들이 하나님을 버린 것이 아니라는 착각을 했다. 하지만 그와 같은 행위가 하나님의 백성을 미혹하는 가장 악한 죄의 뿌리가 된다.

뒤늦게나마 그에 관한 올바른 깨달음을 가지게 된 언약의 자손들은 이제 주변의 이방 사람들과 격의 없이 교제하기를 거부했으며 저들과 형성된 내밀한 관계를 청산하고 교제를 끊었다.10) 그리고 그로 말미암아 범죄한 사실을 하나님 앞에 내어놓고 자복했다. 중요한 점은 당시 많은 백성이 자기가 직접 저지른 죄뿐 아니라 조상들의 허물까지 자복했다는 사실이다(느9:2).

우리는 여기서 그에 관한 의미를 올바르게 이해해야 할 필요가 있다. 이미 오래전에 죽은 조상들의 죄를 그에 직접 참여하지 않은 후손들이 회개하고 자복한 것은 무엇을 의미할까? 우리는 이에 대하여 매우 신중한 생각을 해야 한다. 그것은 후손들이 조상의 죄로부터 영향을 받아 그 악행이 여전히 저들의 현실 가운데 작용하고 있었기 때문이다.11)

따라서 그 자손들이 조상의 죄를 회개함으로써 동일한 범죄행위에 빠지지 않도록 주의를 기울여야 했으며 역사적 현상으로 존재하는 실제 가운데 전체적인 삶을 살펴볼 수 있어야만 했다. 따라서 언약의 자손들은 조상이 지은 죄가 자기와 무슨 상관이 있느냐고 거절하거나 항변하지 못한다. 조상들의 허물로 인해 그 후손들이 하나님의 징계 아래

---

10) 여기서 언약의 자손들이 이방인들과 관계를 단절한 것은 하나님의 언약에 연관된 문제들 때문이었다. 하나님의 율법에 어긋나지 않는 한 이방인들과 더불어 행해지는 일반적인 관계가 허용되었다. 이에 대해서는 느헤미야 10:31에 어느 정도 설명되고 있다. 당시 최고 지도자였던 느헤미야의 경우 페르시아 제국의 고위 관료로서 이방인인 아닥사스다 왕과 정치적인 긴밀한 관계를 유지하고 있었다. 하지만 그것이 전혀 문제 되지 않았다는 사실을 기억해야 할 필요가 있다.

11) 일제 강점기 시대 신사참배를 두고 지금도 회개하자고 하는 이유가 여기에 있다. 하나님의 교회와 성도들의 신앙을 혼합주의에 빠뜨리고 어지럽힌 당시 교회 지도자들이 저지른 신사참배의 죄는 조상들의 죄이지만 그 영향이 후대의 교회에도 미치고 있다.

놓인다면 억울하다고 여길 수 있겠지만 자기와 무관한 것이라 주장하지 못하고 함께 감당해야 할 징계로 받아들이게 되는 것이다.

그러므로 성벽 재건이 완성된 후의 새해 첫날은 하나님 앞에서 자신을 비롯한 언약에 속한 백성을 돌아보며 회개하는 중요한 의미를 가지게 되었다. 그날 낮 시간의 사 분의 일은 그 처소에 서서 낭독되는 하나님의 율법책을 귀담아들었다고 했다. 이는 낮을 열두 시간으로 본다면 그 가운데 사 분의 일은 세 시간 정도 된다. 즉 백성들은 세 시간가량 낭독되는 하나님의 율법과 선포되는 말씀을 들었다. 그리고 나머지 세 시간가량은 하나님 앞에 자신을 비롯한 전체 민족과 조상의 죄를 자복하고 여호와 하나님께 경배와 찬양을 돌렸다.

우리는 이 말씀을 통해 매우 중요한 교훈을 얻을 수 있어야 한다. 신약 시대 교회에 속한 성도들도 타락한 세상의 풍조를 품은 이방인들과 신앙적인 타협을 하거나 그들의 것을 무분별하게 수용해서는 안 된다. 느헤미야 당시 정신을 차리게 된 유다인들이 이방인들과 단절을 꾀했듯이 우리 역시 그렇게 해야만 한다. 이는 일반적인 상황이 아니라 지상 교회가 이방인들의 세속적 가치를 무분별하게 수용해서는 안 된다는 사실을 말해주고 있다.

그리고 우리 또한 자신의 죄뿐 아니라 과거 조상들이 저지른 죄를 하나님 앞에 내어놓고 금식하며 회개할 수 있어야 한다. 따라서 우리는 때와 형편에 따라 자신을 돌아보는 금식이 실제로 필요하다는 사실을 기억해야 한다. 잘못된 종교 지도자들과 조상들이 남긴 죄에 익숙하게 된 자신의 모습을 되돌아보는 기회를 가져야 하기 때문이다. 그것은 하나님의 율법 곧 계시된 말씀을 올바르게 깨달아 받아들이는 것과 밀접하게 연관되어 있다.

2. 회개와 경배 : 하나님의 구속 사역에 관한 기억 (느9:4-38)

(1) 언약에 속한 백성들의 자복과 하나님을 향한 찬양(느9:4-5ⓐ)

그달 초막절이 끝난 뒤 24일에 모인 백성들은 하나님 앞에 모든 죄를 내어놓고 용서를 빌며 간구했다. 모든 언약의 자손들이 그 실제적 현실에 참여하게 되었다. 우리가 여기서 반드시 기억해야 할 바는 그들이 자복하는 죄가 일반 윤리적인 차원의 죄와는 상당히 차이가 나는 성격을 지니고 있다는 사실이다.

즉 윤리적으로 저지른 범죄 행위라면 사람마다 각기 다를 수밖에 없다. 어떤 사람은 심각한 범죄를 행했을 수 있으며 또 다른 어떤 사람은 그다지 큰 죄를 범하지 않았을 수 있다. 또한 동일한 정도의 죄를 짓고도 각 사람은 개인의 인품과 성격에 따라 어떤 이는 심각한 죄를 지은 것으로 여기고 크게 자책하는가 하면 또 다른 어떤 이는 그 죄에 대한 별다른 자각이 없을 수도 있다.

그러므로 유다 백성들은 일반적으로 범죄한 자기의 개인적인 죄를 중심에 두고 각기 회개했다기보다 민족적인 총체적 죄악을 하나님 앞에 내어놓고 자복했을 것으로 보는 편이 자연스럽다. 그 백성들이 죄를 자복하고 용서를 비는 내용과 정도는 공적인 관점에서 볼 때 대동소이(大同小異)한 것으로 보이기 때문이다. 물론 각자는 자신의 사사로운 범죄행위에 대해서도 하나님 앞에 회개했을 것이 분명하다.

레위 사람들 가운데 특별한 직임을 맡은 자들이 앞으로 나와 모든 백성 앞에서 큰 소리로 부르짖으며 여호와 하나님께 기도했다. 이는 그들이 백성들의 회개 내용을 두고 하나님을 향해 간구하도록 인도했음을 말해주고 있다. 모든 백성은 앞서 인도하는 레위인들의 기도에 참여하며 하나님께 간절히 기도했다.

그리고 레위 사람들은 백성들을 일으켜 세워 영원토록 살아계시는 여호와 하나님을 송축하는 일에 참여하도록 했다. 그리하여 지도자들을 비롯한 모든 백성이 하나님의 영화로운 이름을 높여 찬양하게 되었다. 그들의 송축은 단순히 인간들의 종교적인 심성으로부터 나온 것이 아니라 하나님의 언약에 바탕을 둔 경건한 참된 경배였다.

우리가 여기서 기억해야 할 점은 당시 지도자들이 큰 소리로 부르짖고 모든 백성과 한마음으로 기도한 것은 오늘날 한국교회의 일반적인 통성기도와 합심기도와는 상당한 차이가 난다는 사실이다. 중요한 것은 겉으로 드러나는 종교적인 형식이 아니라 율법에 순종하는 성도들의 참된 고백에 근거한 내용과 한마음으로 행해지는 교회적인 기도이다. 따라서 우리는 하나님이 제시하시는 율법의 본질을 깨닫는 가운데 자신의 모든 죄악을 고백하고 진정으로 하나님을 섬기며 경배할 수 있어야 한다.

(2) 찬양과 회개 및 간구의 내용

① 경배받으시는 창조주 하나님 (느9:5ⓑ,6)

언약의 자손들은 여호와 하나님의 영화로운 이름이 송축받는 것은 지극히 당연한 일이라는 사실을 알고 있었다. 그의 이름은 지극히 존귀하여서 인간들이 조작한 종교적인 경배의 대상과 비교할 수 없다. 이는 여호와 하나님께서 받으시는 찬양은 타락한 이 세상 자체에 속하지 않는 절대적인 성격을 지니고 있음을 말해주고 있다.

언약의 백성들은 여호와 하나님 한 분만이 참된 신이란 사실을 잘 알고 있다. 그가 홀로 우주 만물을 창조하기로 작정하고 그 일을 실행하셨기 때문이다. 그는 하늘과 그 위의 광대한 영역과 해와 달과 별들을 만드셨다. 그 모든 것은 오직 하나님의 지혜로 말미암은 것이며 하나님 자신을 위한 것이었다.

그리고 하나님께서는 땅과 땅 위에 존재하는 만물들을 지으셨다. 이는 인간들이 살아가는 이 세상 곧 지구는 하나님께서 특별히 구별하신 영역이라는 사실과 연관되어 있다. 그는 땅 위에 있는 만물과 바닷속에 존재하는 모든 것들을 직접 창조하셨으며 그것들을 친히 보존하고 계신다.

여호와께서 타락한 이 세상을 유지시키시는 근본적인 목적은 하나님 자신을 위해서이다. 그리고 아담의 범죄로 말미암아 모든 인간이 즉시 심판받아 파멸에 던져져야 함에도 불구하고 여전히 하나님에 의해 보존되는 것은 그곳에 태어나 살아갈 언약의 자손들 때문이다. 언약에 신실하신 하나님은 사탄의 유혹으로 인해 인간들이 범죄하고 우주 만물이 완전히 오염되었으나 자신의 거룩한 뜻을 이루어 가시고자 종말의 때까지 지구와 만물을 지켜 보존하시게 되는 것이다.

그 모든 것은 우주 만물이 존재하기 전부터 이루어진 하나님의 작정과 연관되어 있다. 아직 우주와 지구상의 만물과 하나님의 형상을 닮은 인간이 창조되기 전부터 성부 성자 성령 하나님이신 삼위일체 하나님 스스로 언약을 맺으시고 그 효력을 나타내셨다. 따라서 천군 천사들을 비롯한 모든 피조물이 근원적으로 여호와 하나님께 경배하게 된 것이다.

② 아브라함과 언약을 맺으시는 하나님(느9:7,8)

유다 자손들의 지도자들은 기도하는 가운데 오래전 하나님께서 아브람(Abram)을 선택해 부른 사실을 언급했다. 그가 선택을 받게 된 것은 전적으로 하나님의 뜻에 의한 것으로 아브람이 스스로 원했던 일은 아니었다. 그는 오히려 그와 같은 일에 관한 관심을 가지지 않았으며 전혀 기대하지 않던 상태였다.

또한 그들은 기도 중에 갈대아 우르에 살고 있던 아브람을 하나님께서 친히 불러내어 그에게 아브라함(Abraham)이라는 다른 이름을 주신 사실을 말했다. 이는 동일한 인물이지만 이제 그가 전혀 다른 사람으로 변한 사실과 연관되어 있다. 동일한 인물로서 아브람이란 이름을 가진 자에게 하나님께서 아브라함이라는 새 이름을 주심으로써 그에게 새로운 삶의 의미가 부여되었다.

하나님께서는 아브라함의 마음이 자기 앞에서 충성됨을 보시고 그와 더불어 언약을 세우셨다고 했다. 여기서 그가 충성스럽다고 한 것은 그의 성품이 선량하고 성실하다는 일반적인 의미와는 다르다. 이는 하나님으로부터 새로운 이름을 부여받은 아브라함이 이제 하나님의 말씀에 순종하고자 하는 마음을 가지게 되었음을 말해주고 있다.

물론 아브라함에게 그와 같은 선한 마음을 허락하신 분도 하나님이다. 하나님께서 그에게 새로운 이름을 주셨듯이 새로운 마음을 허락하셨다. 그리하여 하나님께서는 자기의 뜻에 온전히 참여하게 된 아브라함과 더불어 언약을 세우셨다. 그 언약의 주체는 여호와 하나님이며 아브라함은 그에 참여하게 되었다.

그 언약에 담긴 내용은 장차 가나안 족속과 헷 족속과 아모리 족속과 브리스 족속과 여부스 족속과 기르가스 족속이 차지하여 살고 있는 땅을 아브라함의 후손에게 주리라는 것이었다. 이는 그 언약으로 인해 하나님으로부터 새 이름을 얻고 새로운 마음을 선물로 받은 아브라함의 자손이 하나님께서 허락하신 새로운 땅에 들어가 살게 되리라는 사실을 말해주고 있다.

언약의 자손들은 아브라함이 죽고 난 오랜 후에 하나님께서 그 약속을 이루게 된 사실을 언급했다. 언약에 신실하신 하나님은 아브라함과 맺은 언약에 따라 가나안 땅을 그 후손들에게 주셨다는 것이다. 하나님께서 행하신 그 모든 일 가운데는 장차 있을 메시아 사역의 의미가 내포되어 있었다.

③ 노예 생활을 청산한 이스라엘 자손의 시내광야 사십 년(느9:9-22)

이스라엘 자손은 가나안 땅을 차지하기 전 애굽 땅에서 숱한 고난을 겪어야 했다. 하나님께서는 그 모든 과정을 지켜보고 계셨으며 홍해 바다를 건널 때까지 그들이 부르짖는 소리를 듣고 계셨다. 그들이 고난을 겪은 것은 '인간 존재'에 대한 자기 성찰에 연관되어 있었으며 하나님 홀로 그들을 도와 구원해 낼 수 있었다.

하나님께서는 언약의 자손들에게 자신의 존재를 증거해 보이시기 위해 수많은 이적과 기사를 베푸셨다. 자연의 법칙을 벗어난 다양한 기적을 통해 애굽의 바로 왕과 그의 신하들뿐 아니라 온 백성을 치셨다. 하나님께서 그렇게 하셨던 까닭은 그들이 가나안 땅에서 애굽으로 내려와 거하는 언약의 자손들을 괴롭히며 교만하게 굴었기 때문이다.

그들에 대한 하나님의 엄중한 심판으로 인해 언약의 자손들이 해방되었으며 하나님은 큰 영광을 취하셨다. 하나님께서는 또한 모든 이스라엘 자손이 보는 앞에서 홍해 바다를 가르고 그들로 하여금 갈라진 바다의 마른 땅바닥을 밟고 통과하게 하셨다. 하지만 언약의 자손들을 뒤에서 추격해 오던 애굽 군인들은 마치 무거운 돌덩이가 깊은 물에 던져지듯이 바닷속에 빠져 심판을 받게 되었다.

홍해 바다를 건넌 이스라엘 자손은 애굽과 완전히 단절되었다. 그리고 시내광야에서는 인간들이 결코 기대하거나 상상할 수 없는 새로운 세계가 전개되었다. 하나님께서는 뜨거운 사막 가운데서 낮에는 구름기둥 밤에는 불기둥으로 언약의 백성들을 보호하며 그들이 나아갈 길을 안내하셨다.

그는 또한 하늘로부터 친히 시내산에 강림하셔서 언약의 자손들을 향해 말씀하셨으며 그 가운데서 완벽하고 참된 규례와 율법, 그리고 선한 율례와 계명을 주셨다. 이는 새로운 삶을 허락받은 백성은 오직 하나님의 법과 뜻에 따라 살아가야 한다는 사실에 연관되어 있다. 따라서 저들에게 거룩한 안식일을 지키도록 요구하셨으며 하나님의 종 모세를 통해 주신 모든 계명과 율례와 율법에 순종하도록 명령하셨다.

이스라엘 자손들은 시내광야에 머무는 사십 년 동안 인간적인 지혜나 능력 혹은 노동력을 통해 양식을 마련하지 않았다. 하나님께서 친히 날마다 하늘에서 만나와 메추라기를 내려보내고 반석에서 물을 흘려보내 저들의 생명을 보존케 하셨다. 그런 중에 옛날 하나님께서 약속하신 가나안 땅에 들어가 그곳을 차지하라는 명령을 내리셨다.

그런데 시내 광야에서 살아가던 이스라엘 민족의 조상들은 교만에 빠져 자기 고집을 피우며 하나님의 명령을 듣지 않았다. 그들은 과거 애굽 땅에서 저들을 위해 하나님께서 행하신 모든 기적을 마음속에서 지워버렸다. 그 대신 목을 굳게 한 채 패역한 상태에 빠져 도리어 저들의 욕망을 이루기에 적합한 지도자를 세워 종살이하던 애굽 땅으로 되돌아가고자 했다.

그들에게는 날마다 먹는 만나와 메추라기가 지루하게 여겨졌다. 또한 삭막한 사막 가운데서 하나님의 율법을 들어야 하는 딱딱한 생활의 반복이 지겨웠다. 따라서 그 백성은 애굽 땅의 출렁이며 흐르는 아름다운 나일강과 넘쳐나는 각종 과일과 채소 및 다양한 동물들의 고기 맛을 그리워하게 되었다.

그들은 애굽 땅에서 힘든 노동을 하며 이방 왕국의 노예로 살아가는 것이 삭막한 땅에서 여호와 하나님을 섬기는 것보다 낫다고 여겼다. 그래서 애굽 땅으로 되돌아가기를 원했다. 하지만 그와 같은 태도는 여호와 하나님께 저항하는 사악한 행동에 지나지 않았다. 구속사 전체를 염두에 두신 하나님은 은혜와 긍휼이 넘치는 인자하신 분일 뿐 아니라 노하기를 더디 하시는 분이다. 따라서 백성들이 배도의 길에 빠졌으나 하나님은 그들을 즉시 버리지 않으셨다.

그럼에도 불구하고 타락한 인간들은 종교성을 내세웠을 뿐 악행을 중단하지 않았다. 그들은 시내산 아래서 금송아지 형상을 만들어 섬겼다. 이스라엘 백성을 애굽 땅에서 인도해 낸 존재가 그 금송아지라는 것이었다. 그들이 만든 금송아지는 애굽의 이방인들이 섬기는 신의 형상이었다. 그들은 눈으로 볼 수 없는 하나님이 아니라 가시적인 신을 만들어 냈다. 그들은 그 금송아지가 여호와 하나님의 현현이라는 거짓 풍조에 빠지게 되었다.

참고 인내하시는 하나님께서는 그 악한 자들조차 완전히 버리지 않고 긍휼을 베풀어 낮에는 구름기둥 밤에는 불기둥으로 인도하시며 앞길을 비추어 주셨다. 또한 성령을 보내 저들을 율법으로 가르치도록 하셨다. 그는 또한 날마다 만나와 메추라기를 식량으로 공급해 주시고 마시는 물을 중단하지 않으셨다.

그리하여 하나님께서는 이스라엘 자손이 사십 년 동안 광야에 살아가는 동안 먹고 마시는 일에 부족함이 없도록 하셨다. 나아가 그들의 의복과 신발이 해어지지 않았으며 건강을 유지할 수 있게 되었다. 또한 사십 년이 지나고 가나안 땅에 들어가기 전 하나님께서는 주변의 여러 나라들과 족속들을 저들의 지배 아래 놓이도록 하셨다. 즉 그들은 하나님의 도우심으로 시혼의 땅 곧 헤스본 왕의 땅과 바산 왕 옥의 땅을 차지하게 되었다.

④ 가나안 정복과 언약의 나라(느9:23-29)

하나님께서는 애굽 땅에서 고난당하고 있던 언약의 자손들을 옛날 아브라함에게 약속하신 가나안 땅으로 인도하셨다. 아브라함의 자손인 그들은 하늘의 별과 바닷가의 모래알같이 많은 수가 되었다. 아브라함 한 사람과 야곱의 한 집안으로부터 시작된 적은 수의 사람들이 한 민족으로 세워지게 된 것은 하나님의 뜻에 따라 원수들과 싸워 그가 계획하신 바 승리를 거두게 하시기 위해서였다.

이스라엘 자손이 약속의 땅 가나안으로 들어가서 그곳을 점령하게 되자 그전에 살던 이방 거민들은 저들 앞에서 항복했다. 하나님께서 가나안 땅의 여러 족속과 그 왕들을 비롯한 모든 이방인을 저들의 손에 붙이셨기 때문이다. 이는 그 백성의 승리가 저들의 전투력 때문이 아니라 하나님께서 주도하신 결과라는 사실을 말해주고 있다.

이스라엘 자손은 그 땅에 있는 이방인의 견고한 성들과 기름진 땅을 정복하여 쟁취했다. 그리고 아름다운 물건으로 채워진 저들의 가옥을 비롯하여 우물과 포도원과 감람원과 풍부한 과일나무를 차지하게 되었다. 따라서 그들은 충분한 양식을 통해 육체를 건사함으로써 하나님께서 허락하신 큰 복을 누릴 수 있었다.

하지만 배도에 빠진 악한 자들은 하나님으로부터 그와 같은 은택을 입고 있으면서도 하나님을 거역하고 불순종하며 그의 율법을 무시하여 버리게 되었다. 많은 선지자들이 그들을 향해 하나님께 돌아오라고 권면했을 때 오히려 저들을 멸시하고 죽이기까지 했다. 그러면서 그들은 어리석은 백성들 앞에서 거만한 태도를 보였다.

그러므로 하나님께서는 배도에 빠진 그 백성을 원수들의 손에 내어주어 심한 고통을 당하게 하셨다. 그들은 그로 말미암아 임한 환난 가운데서 여호와 하나님께 부르짖었다. 그러자 사랑의 하나님은 천상의 나라에서 그들의 간구를 들으시고 은혜를 베풀어 주셨다. 그들을 원수들의 손에서 구출해 주셨다.

그런데 하나님의 은혜로 말미암아 평강을 얻은 후에도 그들은 또다시 여호와 하나님 앞에서 배도 행위를 되풀이했다. 그럴 때 하나님께서는 그들을 대적자들에게 내어주셨으며 또다시 그들이 돌이켜 부르짖으면 하나님께서 천상에서 구원의 손길을 펼치셨다. 그와 같은 일이 끊임없이 되풀이되었다.

그리하여 하나님께서는 다시금 저들로 하여금 자신의 율법에 복종하도록 요구하며 강하게 경계하셨으나 그의 말씀을 귀담아듣지 않았다. 교만한 배도자들은 제멋대로 행하기를 좋아했으며 생명 공급의 원천이 되는 하나님의 계명을 거부했다. 그들은 하나님의 율법을 범하는 것을 예사로 여겼다. 목을 굳게 한 채 오만한 모습을 보이는 자들은 세상의 욕망을 추구하기에 급급했다.

⑤ 이방에 팔려 간 언약의 백성들(느9:30-33)

하나님께서는 언약을 앞세운 채 위선으로 가득한 배도자들의 속내를 완전히 드러내 대 수술을 꾀하고자 하셨다. 그동안 수도 없이 용서해 주었으나 아무런 소용이 없었다. 또한 여러 선지자를 보내고 하나님의 성령으로 저들을 경계했으나 그 말씀을 귀담아듣지 않았다. 결국 하나님께서는 배도에 빠진 백성들을 이방인들의 왕국에 붙이시게 되었다.

그런 중에도 하나님께서는 그들로부터 긍휼을 완전히 거두시지 않았다. 즉 그 백성을 철저한 멸망에 빠뜨리거나 끝까지 버리지 않으셨다. 여호와 하나님은 창세 전에 스스로 맺은 언약에 신실할 뿐 아니라 은혜로운 분으로서 택하신 자기 자녀들에게 긍휼을 베푸시는 분이기 때문이다.

따라서 이방인들의 심한 압제 아래 놓이게 된 언약의 자손들은 실상을 깨닫고 여호와 하나님을 찬양하는 노래를 부르며 간구했다. 언약의 백성 가운데 있는 왕들을 비롯한 지도자들과 제사장들 및 선지자들과 조상들과 모든 백성이 앗수르 제국의 통치 시대부터 당시까지 당하고 있는 바 환난을 작게 여기지 말아 달라고 기도했다. 이는 이방인들의 세력에 의해 당하는 고통이 견디기 어렵다는 사실을 말해주고 있다.

그렇지만 그들은 자신이 당하는 모든 고통은 지극히 당연하다는 사실을 고백했다. 따라서 그런 고통스러운 상황으로 말미암아 하나님을 원망하지 않는다고 했다. 여호와 하나님은 공의로우신 분으로서 영원한 언약을 앞세운 데 반해, 악을 행한 자들은 하나님을 떠남으로써 징계를 받는 것이 지극히 당연하다는 것이었다. 즉 배도에 빠진 자들로 하여금 이방 왕국에 의해 고통당하게 하신 하나님은 정당하다고 고백했다.

⑥ 가나안 땅으로 귀환한 백성들의 종의 신분(느9:34-38)

언약의 자손들은 기도하는 가운데 백성의 지도자들과 지나간 조상들의 죄악에 관한 내용을 언급하고 있다. 열왕과 방백들과 제사장들이 하나님의 율법을 떠났으며 과거에 살았던 저들의 조상이 하나님의 율법과 계명을 어기고 악한 것들을 경계하라는 명령에 순종치 않았다는 것이다. 이는 각 사람이 자신의 죄뿐 아니라 현재와 과거에 연관된 전체적인 죄를 뉘우치고 고백하는 의미를 지니고 있다.

그 백성들은 자신의 모든 죄가 지도자들의 불순종과 뒤엉켜 있으며 조상들의 죄와 연결되어 있다는 사실을 깨닫고 있었다. 즉 자신의 죄가 하나님에 대한 다른 사람의 불순종 행위와 완전히 분리된 채 존재하지 않았다. 당시 많은 사람은 하나님께서 베푸신 큰 복과 자기 앞에 놓인 넓고 기름진 땅을 누리면서도 하나님의 은혜를 깨닫지 못했다. 그들은 하나님께 감사하지 않은 채 인간의 욕망으로 얼룩진 악행을 저지르기에 급급했다.

당시 언약의 자손들이 가나안 본토로 귀환했음에도 불구하고 여전히 이방 왕국의 세력 아래 놓여 저들의 종이 되어 있는 것은 지도자들과 조상들의 죄와 연관되어 있었다. 조상들에게 허락하신 약속의 땅에서 생산되는 과일을 먹고 아름다운 소산을 누리게 하셨으나 오히려 이방인의 종이라는 신분을 벗어나지 못하고 있었다. 중요한 점은 당시 성숙한 백성들이 지도자들과 조상들의 죄를 자신의 죄로 받아들이고 있었다는 사실이다.

그와 같은 죄로 말미암아 하나님께서는 이방인들의 여러 왕이 저들 위에 군림하도록 하셨다. 그리하여 이방인의 세력이 약속의 땅 가나안에서 난 소산물과 육축 뿐 아니라 언약의 백성을 임의로 관할하며 통치하게 되었다고 했다. 그러니 백성들이 그런 상황에서 살아가기 힘겹다는 사실을 토로하며 하나님의 도움을 간구하게 되었다.

그들은 이제 그 모든 상황을 직시하는 가운데 하나님 앞에서 견고한 언약을 세워 기록으로 남기겠다고 했다. 이는 그 백성이 하나님 앞에서 언약에 연관된 문서를 작성하고 그 내용대로 실행하리라는 고백적인 의미를 담고 있었다. 그리하여 백성들의 지도자들과 레위 사람들과 제사장들이 그 언약 문서에 인을 치게 되었노라고 했다.

이에 대해서는 오늘날 우리 역시 그 모든 교훈을 받아들여 마음속 깊이 간직해야 한다. 우리도 개인이 직접 지은 죄뿐 아니라 교회 지도자들의 죄와 오래전 조상들의 죄를 자신의 죄와 관련된 것으로 이해해야만 한다. 즉 모든 교인들은 저들의 죄와 연관되어 있으며 삶 속에 받아들여 뒤엉켜 있기 때문이다. 하나님의 자녀들이라면 항상 지나간 과거에 존재했던 역사적 과오를 기억하는 가운데 악한 일들을 경계하며 살아가야 하는 것이다.

제10장

언약에 인친 자들과 그에 동참하는 백성의 다짐
(느10:1-39)

1. 언약에 인친 자의 명단 (느10:1-27)

언약의 자손들은 저들과 그 조상들이 하나님의 율법을 벗어나 악행을 저질러 온 사실을 깨닫게 되었다. 따라서 그들은 새로운 마음으로 여호와 하나님 앞에서 견고한 언약을 세워 문서로 작성했다. 그것은 하나님 앞에서 다짐하는 일종의 계약적 성격을 지니고 있었다. 따라서 유다 민족의 지도자들과 레위인과 제사장을 대표하는 자들이 그 문서의 내용을 지키겠다는 서명을 했다.

본문 가운데는 당시 인을 친 사람들의 명단이 언급되어 있다. 그들 가운데는 먼저 방백 느헤미야와 시드기야를 비롯한 여러 제사장의 이름이 들어있다. 그리고 예수아와 빈누이를 비롯한 레위 사람들의 이름들이 많이 보인다. 그 사람들이 특별한 내용을 기술하여 작성한 문서에 따르겠다는 고백적 증거로 그에 서명했다.

우리가 여기서 눈여겨봐야 할 대목은 그 문서에 인을 친 사람들이 제사장들과 레위인들이 주를 이룬다는 사실이다. 그들은 하나님께 제물을 바치며 제사할 뿐 아니라 언약의 백성들에게 하나님의 율법을 선포하여 가르치는 직무를 감당하는 자들이었다. 제사장들과 레위인들은 단순히 백성들을 율법으로 가르칠 뿐 아니라 하나님을 향한 경배와 더불어 저들로 하여금 그에 순종하도록 지도하는 책무를 가지고 있었다.

우리는 제사장들과 레위 사람들 다수의 이름이 기록된 명단이 전면에 나타나는 것을 보며 하나님의 말씀을 올바르게 가르치고 지도하는 것의 중요성을 깨달을 수 있다. 예루살렘 성전과 성벽 공사를 완성한 백성들은 이제 하나님의 율법을 깨달아 그에 순종하는 삶을 살아야만 했다. 그것이 하나님을 섬기는 일의 바탕을 이루게 된다. 즉 율법을 멀리한 상태에서는 하나님을 향해 올바르게 경배할 수 없으며 신앙을 온전히 지켜나가지 못한다.

2. 하나님의 율법을 지키기로 다짐 (느10:28,29)

공적으로 작성된 그 특별한 문서에 서명하고 인을 친 자들과 더불어 그 규례를 지키기로 다짐한 유다 자손들이 많이 있었다. 직접 인을 친 자들은 백성들의 대표로서 지도자 지위를 가진 인물들로 보인다. 따라서 그 외에 직접 서명하지 않은 제사장들과 레위인들도 작성된 문서에 기록된 모든 내용을 준수하기로 하나님 앞에서 서약했다.

그리고 성전 문지기들과 성전에서 노래하는 자들 그리고 성전을 위해 봉사하는 일군인 느디님 사람들과 주님의 율법에 순종하고자 하는 모든 백성이 그에 따르고자 했다. 그리고 이방인들과 형성된 관계를 단호히 단절한 자들과 그 아내를 비롯한 자식들과 언약의 자손으로서 말귀를 알아듣는 지혜롭고 총명한 모든 백성이 그 문서에 기록된 내용을 받아들여 따르고자 했다.

그들은 여호와 하나님께서 모세를 통해 주신 율법을 준수하기로 다짐한 후 지도자들과 더불어 그에 관한 맹세를 했다. 만일 그들이 하나

님의 계명과 그에 따른 규례와 율례를 지키지 않는다면 저주를 받아도
좋다고 서원했다. 이는 그들이 여호와 하나님의 율법에 전적으로 순종
하겠다는 공적인 고백의 의미를 지니고 있다. 그 문서 가운데는 하나님
의 율법에 연관된 구체적인 다양한 내용이 포함되어 있었다.

3. 백성들의 다짐과 구체적인 이행 (느10:30-39)

(1) 이방 혼인 금지(느10:30)

하나님의 율법에 비추어 볼 때 언약의 자손들에게는 기본적으로 이
방 혼인이 금지되었다. 하지만 구속사 가운데 특별히 예외적인 경우가
몇 차례 있었다. 대표적으로 요셉이 애굽의 이방 여인과 혼인을 했으
며 모세가 시내 광야에서 이방인 제사장의 딸과 혼인했다. 그리고 에
스더가 페르시아 제국의 아하수에로 왕과 이방 혼인을 하여 왕비가 되
었다.

그러나 이 같은 경우는 구속사의 과정에서 하나님의 특별한 섭리 가
운데 진행된 일이었다. 하나님께서는 그와 같은 이방인과 혼인을 허락
함으로써 자신의 놀라운 경륜을 이루어가고자 하셨다. 나중 그런 예를
빌미로 삼아 이방 혼인을 정당화하려는 무지하거나 악한 자들이 있었
겠지만, 그것을 일반화시켜 받아들여서는 안 된다.

느헤미야 시대에 유다인들이 이방 혼인을 하지 않겠다고 다짐한 것
은 그동안 있었던 일에 대한 회개와 더불어 율법에 순종하고자 하는 마
음 때문이었다. 이방 여인을 아내로 데려오게 되면 그들의 종족 가운데
조성된 악한 문명과 문화가 이스라엘 가운데 도입될 수밖에 없다. 그들
의 관습은 일반적인 것이 아니라 종교적인 의미를 지닌 것들이다.

당시 유다 백성들은 하나님의 율법에 반하는 주장을 펼치지 않았다.
즉 과거 신실한 믿음의 조상들 가운데 이방 혼인을 한 사람들이 많지

않았냐는 식의 헛된 대응을 하는 자들이 없었다. 당시 언약의 자손들은 하나님의 율법에 온전히 순종하고자 하는 자세를 유지하고 있었다. 이 방 혼인에 관한 그들의 신앙 정신이 하나님께서 제시하신 규례에 따라 굳건히 정리되었다.

(2) 안식일과 안식년(느10:31)

이스라엘 백성에게 매 주일의 안식일과 칠 년 만에 돌아오는 안식년 은 매우 중요한 의미를 지니고 있었다. 안식일은 인간의 노동과 관련되 어 있으며 안식년은 토지의 경작을 한 해 동안 쉬게 하는 것과 연관되 어 있다. 모세 율법은 언약의 자손들을 향해 안식일을 엄격히 지키도록 요구했다. 아무 일도 하지 말고 경건한 자세로 조용히 쉬라는 것이었 다. 하지만 평소에 행하던 모든 일을 멈추고 노동을 금하는 것 자체로 안식일을 온전히 지키는 것이라 말할 수 없다. 언약에 속한 백성들은 안식일의 정신과 그 의미를 받아들여 신앙의 실천을 이루어가는 것이 중요하다.

죄에 빠진 인간들은 원래 힘든 노동을 하며 살아가야 하는 존재이다. 아담이 범죄한 후 인간들은 땀 흘려 땅을 개간하며 곡식을 얻어 삶을 이어갔다. 그러나 하나님께서는 언약의 자손들이 인간의 수고와 노동 으로 인해 살아가는 존재가 아니란 사실을 일깨워주셨다. 따라서 하나 님의 자녀들은 노동을 쉬며 안식일을 지키는 가운데 하나님의 은혜로 말미암아 먹고 살아간다는 사실을 깨달아야 한다.

시내 광야에서 생활하던 사십 년 동안 이스라엘 자손은 날마다 하늘 로부터 내리는 만나와 메추라기를 먹으면서 모든 양식이 하나님으로부 터 공급된다는 사실을 실제로 경험했다. 그들이 약속의 땅 가나안에 들 어가 그 은혜의 양식이 내리는 것이 끝난 후에도 그 정신은 그대로 존 속하고 있었다. 이스라엘 백성이 하나님의 율법에 따라 안식일을 지키는 것은 그에 밀접하게 연관되어 있다.

또한 그들은 안식일을 지키면서 노동을 쉴 뿐 아니라 하나님의 율법을 배우고 공부하면서 그 말씀에 온전히 순종하며 살아가야 한다는 사실을 확인했다. 그와 더불어 여러 지역에 흩어져 있는 회당에서 예루살렘 성전을 바라보며 여호와 하나님을 찬양하며 경배했다. 매주 돌아오는 그 안식일을 통해 언약의 백성들이 소유해야 할 신앙의 정체성을 유지하며 하나님의 백성으로 살아가게 되었다.

그러므로 느헤미야 시대의 유다 자손들은 약속의 땅에서 안식일을 온전히 지키겠다고 다짐했다. 혹 하나님을 알지 못하는 그 땅의 이방인들이 물건이나 식물을 가지고 와 팔려고 할지라도 안식일을 지켜 그들과 매매하지 않겠다는 것이었다.[12] 그들은 안식일을 철저히 지키는 가운데 여호와 하나님의 은혜를 기억하고자 했다.

그리고 그들이 안식년을 지키기로 다짐한 것은 땅을 통해 먹을 음식을 공급하시는 하나님의 은총을 마음속에 새기겠다는 의미를 내포하고 있다. 즉 땅에서 나는 모든 곡물 역시 하나님의 전적인 은혜에 근거하고 있다. 그리하여 제 칠 년이 되는 해에는 안식년을 지켜 땅을 경작하지 않고 쉬게 함으로써 그 교훈을 새기게 하셨다. 백성들은 그와 더불어 안식년을 지키면서 자기에게 진 다른 사람의 빚을 탕감해 주겠다는 결심을 하게 되었다.

---

12) 느헤미야 10장 31절에 기록된 말씀은 우리에게 매우 중요한 교훈을 주고 있다. 당시 유다 백성들이 이방인들과 교제하는 것을 엄히 금했던 까닭은 하나님의 언약과 연관되어 있었다. 본문 가운데는 안식일이 아닌 평일에는 이방인들과 물건을 매매하는 일이 허용되었음을 말해주고 있다. 이방인과 혼인하는 문제와 저들의 종교적인 관행에 대해서는 철저히 금하는 자세를 유지해야 했으나 일반적인 사안에 대해서는 그렇지 않았다. 이에 대해서는 오늘날 우리 역시 마찬가지다. 언약에 연관된 문제에 대해서는 불신자들의 것을 철저히 배격해야 한다. 하지만 물건을 매매하는 일 등 일반적인 문제에 대해서는 그렇지 않다.

이는 안식년을 통해 하나님의 뜻을 깨달아 실천에 옮기겠다는 고백적 의미를 지니고 있다. 언약의 자손들은 하나님께서 허락하신 보편 은총 가운데 하나님의 은혜를 깨달아 행해야만 했다. 따라서 이웃의 빚을 탕감해 줌으로써 언약에 속한 공동체의 의미를 드러내게 된다. 이제 그 백성이 그에 대한 깨달음과 더불어 안식일과 안식년을 지키며 하나님의 율법에 순종하겠다는 다짐을 했다.

(3) 백성들의 성전세(느10:32,33)

언약의 백성들은 언제 어디서 무슨 일을 하든지 항상 예루살렘 성전을 중심에 두고 그곳을 바라보며 살아가야 한다. 그와 같은 신앙 자세는 단순히 정신적인 측면에 국한되는 것이 아니다. 그것은 실제적인 삶과 직접 연관되어 있어야만 한다.

그러므로 하나님의 율법은 성전에 연관된 매우 중요한 교훈을 주고 있다. 그리하여 백성들은 규례를 정하여 해마다 각자 '세겔의 삼 분의 일'을 성전세로 내기로 다짐했다.[13] 그것은 자발적인 동시에 언약적 성격을 지니고 있었으며, 하나님의 성전 유지와 각종 제물을 예비하기 위한 경비로 사용되어야 했다. 물론 성전세를 부담하기 어려운 자들에 대해서는 규례에 따른 특별한 대책을 세웠을 것으로 보인다.

언약에 속한 모든 백성이 낸 그 경비로써 성소 안에 두는 거룩한 떡인 진설병(bread of the presence)과 하나님께 바치는 소제물을 준비해야

---

13) 한글 '현대인의 성경'에서는 본문에 언급된 '세겔의 삼 분의 일'을 '은 4그램'으로 해석하여 번역하고 있다. 한편 모세 율법에는 성전세를 반 세겔로 규정하고 있다(출30:13). 예수님께서도 그에 관해 반 세겔을 말씀하셨다(마17:24). 반 세겔은 느헤미야서에 기록된 삼 분의 일 세겔과는 상당한 차이가 난다. 이는 아마도 환율의 변동과 연관되는 것으로 이해할 수 있다. 일반적으로 반 세겔을 노동자의 이틀 노동 대가로 보기도 하지만 시대에 따라서는 삼 분의 일 세겔이 그에 해당할 수도 있을 것이기 때문이다.

했다. 또한 그것으로 날마다 드리는 상번제와 안식일에 바칠 제물과 월삭 곧 매월 초하루에 바치는 예물 그리고 여러 절기에 속죄 제물로 바쳐지게 될 짐승을 마련했다. 그 외에 성전에 필요한 많은 성물과 기구들을 준비하게 되었다. 이렇듯이 언약의 자손들이 낸 성전세를 통해 성전과 성전 제사가 지속될 수 있었다.

우리가 여기서 생각해 보아야 할 점은 하나님의 성전을 유지하기 위해서는 지도자들을 비롯한 특정 계층이나 부류가 아니라 모든 백성이 동등하게 참여했다는 사실이다.[14] 한편 십일조는 각 사람의 수입이나 거두는 소출 정도에 따라 차등적으로 바쳐지게 되었다. 그에 반해 성전세는 부유하거나 가난한 개인적인 형편과 무관하게 모두가 동일한 액수를 부담했다. 이는 하나님 앞에서는 빈부귀천이 없으며 모든 언약의 백성이 평등하다는 사실을 선포하는 의미를 지니고 있다.

우리는 예루살렘 성전을 중심에 둔 이스라엘 자손들의 규례에 따른 구체적인 삶을 통해 신약 시대 성도들의 실천적인 삶 역시 그와 동일한 성격을 지니고 있다는 사실을 기억해야 한다. 무슨 일을 하면서 어느 곳에 살며 어떤 형편에 처해 있든지 모든 성도의 삶은 항상 교회 중심이어야 한다. 이는 막연한 관념이 아니라 구체적으로 드러나야 한다. 지상에 존재하는 참된 교회는 예수 그리스도의 몸이며 그에 속한 성도들은 머리인 그에게 붙어있는 지체들이기 때문이다.

(4) 여호와 단에서 불사를 나무(느10:34)

하나님의 성전에서는 모든 일이 율례에 따라 엄격하게 진행되어 가야 했다. 그 가운데 하나님의 제단에 불을 피우기 위한 나무를 사용하는 것 역시 마찬가지였다. 즉 제단에서 불을 피우는 나무는 아무것이나

---

14) 성전세에 연관된 균등 참여 문제는 기본적으로 모세 율법이 정하고 있는 규례이다(출30:15, 참조).

임의로 가져와 사용해서는 안 된다. 규례에 의한 적합한 종류의 나무가 있었으므로 그에 따라야 했다. 겉보기에는 동일한 불같으나 실상은 전혀 그렇지 않기 때문이다.

또한 그 나무는 개별적인 판단에 따라 임의로 베어 와서도 안 된다. 그 일은 반드시 정한 규례와 절차에 따라 진행되어야만 한다. 성전의 모든 것이 정비된 후 백성들과 제사장들과 레위인들이 제비를 뽑아 집 안별로 해마다 정한 때가 되면 사용하기에 적합한 나무를 베어 성전으로 가지고 와야 했다. 그것으로써 율법에 기록된 대로 여호와 하나님의 거룩한 제단에 불을 피우도록 했다.

우리는 여기서 정해진 제물을 불로 태우고 익혀 하나님께 바칠 때 제사 행위 자체뿐 아니라 규례에 따라 적절한 나무를 사용하는 그 과정이 중요하다는 사실을 기억해야 한다. 즉 누구든지 아무 나무나 베어 와서 불을 피워 제물을 태우거나 익혀서는 안 된다. 설령 모든 정성을 기울인다고 할지라도 그것 이상으로 불을 지펴 태우는 나무에 연관되는 과정이 중요한 의미를 지니고 있음을 염두에 두어야 한다.

만일 규례와 절차를 어긴 채 규례에 상관없이 잘 타는 나무를 아무나 가지고 와서 불을 피운다면 그것은 도리어 하나님을 욕되게 하는 행위에 지나지 않는다. 아무리 흠 없는 양이나 소라 할지라도 불법적인 불을 사용할 경우 모든 것이 무효가 되기 때문이다. 하나님의 제단에 불을 피우는 자들은 반드시 그에 대한 규례를 지켜야만 한다.

우리는 여기서 신약 시대 교회 질서에 관한 사실을 떠올리게 된다. 교인들이 제각각 자기가 원하는 대로 열정을 다해 하나님을 섬기고자 하는 것은 도리어 위험할 수 있다. 하나님의 말씀에 온전히 순종하는 자세로 하나님께서 원하시는 대로 하나님을 섬기며 살아가는 삶이 중요하다. 그렇게 하기 위해서는 언약적 질서에 따라 그에 연관된 올바른 정신을 소유하는 것이 매우 중요하다.

(5) 곡물의 맏물과 과목(果木)의 첫 열매(느10:35, 37ⓐ)

인간은 이 세상에 살아가면서 날마다 음식과 음료를 먹고 마시며 살아가게 된다. 그것이 없이는 아무도 이 세상에서 생명을 유지하지 못한다. 그런데 언약의 자손들에게는 모든 음식과 음료가 원천적으로 하나님에 의해 공급된다는 사실을 기억해야 한다. 하나님께서 친히 역사 가운데 그에 관한 실상을 보여주고 확인해 주셨다.

출애굽한 이스라엘 자손이 홍해 바다를 건너 시내 광야에 머무는 동안 하나님께서는 날마다 저들에게 만나와 메추라기를 내려보내 주셨다. 그리고 반석을 통해 마실 물을 공급해 주셨다. 이를 통해 언약의 백성들은 이 세상에 살아가는 동안 하나님께서 허락하시는 양식을 통해 생명을 부지하면서 살아간다는 사실을 실제로 확인하게 되었다.

시내 광야 생활이 끝난 후에도 그 의미는 언약의 자손들에게 상속되어 갔다. 구약 시대에 줄곧 그 의미가 상속되었으며 신약 시대에도 여전히 그렇다. 주님께서 제자들에게 기도를 가르치면서 "오늘날 우리에게 일용할 양식을 주옵시고"(마6:11; 눅11:3)라는 내용을 확인하신 것은 그와 연관된 의미를 지니는 것으로 이해해야 한다.

느헤미야서에는 당시 유다 자손들이 먹는 양식과 과일 및 마시는 것에 관한 내용이 고백적으로 언급되어 있다. 그들은 하나님께서 저들에게 허락하신 토지 소산의 맏물과 과일의 첫 열매를 여호와 하나님의 성전에 드리기로 다짐했다. 그리고 처음 익은 밀의 가루와 높이 들어 바친 거제물(擧祭物)과 각종 과일과 새 포도주 및 기름을 제사장에게 가져가 하나님의 성전 골방에 두라고 했다.

언약의 백성들은 첫 열매를 여호와 하나님께 드림으로써 생명의 근원이 그에게 있다는 사실을 확인하게 되었다. 그리고 밀가루와 거제물과 과일 및 새 포도주와 기름을 제사장에게 가져가 성전 골방에 둠으로써 하나님께 바칠 예물을 미리 예비하고자 했다. 이는 전체적으로 모든 생명이 여호와 하나님께 달려 있으며 먹는 모든 식물(食物)이 그로 말미암는다는 사실을 고백하는 의미를 지니고 있다.

(6) 사람의 맏아들과 동물의 처음 난 것(느10:36)

여기서는 인간들을 비롯한 움직이는 생물에 관한 내용이 언급되어 있다. 언약의 자손들은 처음 태어난 맏아들을 하나님께 바치고자 한다는 다짐을 했다. 이는 모든 생명이 하나님으로 말미암으며 인간의 생명에 대한 주권자가 여호와 하나님이란 사실을 고백하는 의미를 지니고 있다. 즉 부부가 혼인하여 얻은 맏아들이 하나님께 바쳐짐으로써 하나님의 형상을 닮은 모든 인간이 하나님께 속해 있다는 사실을 드러내 보여준다.

그와 동시에 가축의 처음 난 것과 소와 양의 초태생을 하나님의 성전으로 가져가 성전에서 사역하는 제사장들에게 주리라고 했다. 그것은 하나님의 율법이 요구하고 있는 내용이었다. 물론 그 동물은 세상에 존재하는 모든 짐승이 아니라 하나님께 제물로 바칠 만한 정한 동물에 국한되었다.

백성들이 동물의 처음 난 것을 성전 제사장에게 가져다 주는 것은 하나님께 바치는 제물과 밀접하게 연관되어 있다. 그 동물의 초태생은 이스라엘 백성의 제사를 위해 여호와 하나님께 바치는 제물로 예비되는 성격을 지니고 있다. 날마다 하나님께 드리는 상번제와 매 주일 돌아오는 안식일, 그리고 매월 초하루인 월삭과 각 절기 때마다 그 동물들이 제물로 바쳐졌다.

우리가 여기서 주의 깊게 생각해 보아야 할 점은 하나님의 성전에 바쳐지는 동물이 처음 출생한 초태생이었다는 사실이다. 이 말은 눈에 띄는 정한 동물들 가운데 튼실해 보이는 좋은 짐승이라면 아무것이나 잡아 죽여서 제물로 바칠 수 있었던 것이 아니라 하나님께 바쳐질 제물로서 동물의 처음 난 것들이 예비되고 있었다는 사실을 말해주고 있다. 그리하여 인간의 맏아들과 동물의 초태생을 통해 모든 것들이 여호와 하나님께 속한 것이란 사실을 지속해서 확인할 수 있었다.

(7) 일반 백성들의 '십일조'와 레위인들의 '십일조' (느10:37ⓑ-39)

언약의 백성들은 또한 농산물의 십일조를 레위 사람들에게 주리라는 다짐을 했다. 그것은 밭을 경작하여 얻은 소출 가운데 십 분의 일을 나누어 성읍에 거하는 레위인들에게 주겠다는 것이다. 이러한 다짐은 레위인들에 대한 백성들의 막연한 선심이나 배려가 아니었다. 오히려 레위인들에게는 일반 백성으로부터 십일조를 받을 마땅한 권리가 존재한다는 점을 시사하고 있다.

레위인들은 다른 지파 사람들과 달리 땅을 분배받아 직접 농사를 짓거나 목축을 생업으로 삼지 않았다. 그들에게는 생명을 유지하기 위한 수단으로 직접 노동하도록 허락되지 않았다. 그들은 언약의 자손들에게 하나님의 율법을 가르치며 지도하는 사역을 감당했다. 따라서 레위인들은 매주 안식일이 되면 각 지역의 백성들을 회당으로 불러 모아 예루살렘 성읍을 향해 하나님을 경배하는 일을 주관했다.

그러므로 그들은 스스로 일한 결과 얻은 곡물을 먹고 생활하지 않았다. 그 대신 성읍의 백성들이 내는 십일조를 통해 살아가게 되었다. 그들이 백성으로부터 십일조를 받을 때는 항상 아론 자손의 제사장들 가운데 하나가 그 자리에 함께 참여해야만 했다. 이는 제사장이 그 실행 과정에서 보증이 될 뿐 아니라 그것이 하나님의 성전 제사와 밀접하게 연관된다는 사실을 선포하는 의미를 지니고 있다.

레위 사람들은 저들이 언약의 백성으로부터 받은 십일조 가운데 또 다시 십 분의 일을 구별하여 하나님의 성전으로 가져가 골방 곧 곳간에 두었다. 또한 이스라엘 자손과 레위 자손이 손을 들어 올려 흔들어 바치는 거제(擧祭)로 드린 곡식과 새 포도주와 기름을 가져다가 성소의 기명을 두는 골방 곧 성전에서 섬기는 제사장들과 및 문지기들과 노래하는 자들이 있는 골방에 갖다 두었다.

언약에 속한 백성은 항상 하나님의 성전을 마음에 둔 채 그로부터 멀어져서는 안 된다. 따라서 그들은 예루살렘 성전을 소홀히 여기거나 버리지 않으리라고 굳은 다짐을 했다. 특히 추수한 곡물이 성전 안에 보관된 것은 하나님께서 언약의 자손들에게 베푼 은총이 그 가운데 존재한다는 상징적인 의미를 지니고 있다. 그리하여 성전을 통해 하나님과 언약의 자손들 사이에 지속적인 교통이 이루어지게 되었다.

오늘날 우리가 반드시 기억해야 할 바는 신약 시대의 성도들도 구약 시대에 믿음의 조상들이 인친 그 의미 속에 존재한다는 사실이다. 그들이 하나님의 성전을 중심으로 율법과 계명에 순종하기를 다짐했듯이 우리 역시 그렇게 해야만 한다. 참 성전이신 예수 그리스도와 그의 몸된 교회를 중심으로 진리의 계명에 온전히 순종하는 삶을 살아가야 한다.

제11장

예루살렘과 유다 전역에서 이루어지는 직분사역

(느11:1-36)

1. 예루살렘 성읍의 거주자들 (느11:1,2)

언약의 자손이라 할지라도 예루살렘 성읍에 거주하는 것은 전적인 개인의 판단이나 순수한 자원에 근거하지 않았다. 그들은 적법한 절차에 따라 제비를 뽑아 백성 가운데 십 분의 일이 예루살렘에 기거해야 했으며 나머지 십 분의 구는 다른 성읍들에 흩어져 살아야 했다. 이는 특정한 성읍에 거하고자 하는 개인의 바람이나 소원이 그에 관한 일차적인 작용을 하지 못했음을 말해주고 있다.

한편 본문에는 예루살렘 성읍에 거하기를 자원하는 자가 있으면 백성들이 그를 위해 복을 빌어주었다고 했다(느11:2). 물론 아무나 마음대로 자원할 수 있었던 것이 아니라 규례에 비추어보아 결격 사유가 없어야만 했다. 그런 자 중에 예루살렘에 거하기를 원하는 자가 있다면 그렇게 하도록 적극적으로 허용했다.

우리가 여기서 볼 수 있는 점은 일반 백성들 가운데 예루살렘 성읍에

서 살기를 좋아하는 자들이 그리 많지 않다는 사실이다. 그래서 예루살
렘에 거주하기를 자원하는 자들에게는 백성들이 그들을 위해 복을 빌
어주게 되었다. 왜 그와 같은 상황이 전개되었는지는 충분히 짐작해 볼
수 있다.

평온한 일상적인 삶을 살고자 원하는 백성으로서 예루살렘 성읍에
거하는 것은 까다롭고 부담스러운 일이었을 것이 분명하다. 다른 여러
성읍과 달리 하나님의 거룩한 성전이 있는 예루살렘에서는 상당한 제
약이 따랐을 것으로 보인다. 성문 출입이 엄격했으며 자유롭게 활동할
수 없었다. 또한 매 안식일과 월삭, 그리고 각 절기 때는 외부에서 많은
사람이 몰려와 복잡하고 분주한 분위기가 되었을 것이 틀림없다.

그런 다양한 이유로 일반 백성들은 예루살렘 성읍에 거주하는 것을
부담스럽게 여겼다. 그리하여 백성들 가운데 제비를 뽑아 십 분의 일을
그곳에 살도록 했다. 그것은 개인의 선택을 벗어난 강제적인 성격을 지
니고 있었음을 말해준다. 그런 중에 자원하여 그 성읍에 살게 된 자들
이 간혹 섞여 있었다.

2. 백성들의 거주지 분배 (느11:3)

여러 성읍에 흩어져 살아가는 유다 자손들 가운데 중요한 직무를 맡
은 자들이 각 집안과 신분에 따라 적절하게 배당되었다. 그들 또한 흩
어진 각 지역에 거하게 되는 것은 개인의 선택이 아니라 절차에 따라
이루어졌다. 그것을 위해 적법한 규례에 따른 공평한 과정이 있었을 것
이 틀림없다.

백성 중 일부 제사장들과 레위 사람들과 느디님 사람들과 솔로몬 수
하(手下) 신복의 자손들 가운데는 유다 지역의 여러 성읍에 거하면서 각
기 맡겨진 직무를 수행하게 되었다. 그들은 각처에서 예루살렘 성전을
바라보면서 매주 돌아오는 안식일, 매월 초하루의 월삭, 각 절기 때 진

행되는 모든 언약에 연관된 직무를 감당했다.[15]

또한 예루살렘에 거하게 된 자들 가운데는 성전과 성벽과 성문에 관련된 직무를 수행하는 자들이 포함되어 있었다. 그들 중에는 성읍을 안전하게 지켜 사수하는 전쟁에 능한 병사들도 상당수 있었다. 나머지 평범한 백성들이라 할지라도 각기 나름대로 맡은 직무가 있었을 것이 틀림없다.

그런데 유다 자손들 가운데 자기가 거하게 된 성읍에 대하여 불평하는 자들이 있어 보이지 않는다. 개인적인 의사와 바라는 바가 있었을지라도 언약적 판단에 모든 것을 맡겼기 때문이다. 제비를 뽑아 예루살렘 성읍에 거하게 된 자들에게 가장 소중한 것은 개인의 삶이 아니라 하나님께서 거하시는 성전과 그의 율법이었다. 언약의 백성들은 그 모든 것을 통해 장차 이땅에 오실 메시아를 소망하고 있었다.

3. 각 지파 자손들과 직분에 따른 예루살렘 거주자 (느11:4-24)

예루살렘에 거주하는 자들 가운데 가장 먼저 언급된 유다 자손과 베냐민 자손은 메시아가 오시는 통로인 왕국 백성으로서 언약의 중심적인 기능을 하는 것으로 이해할 수 있다.[16] 북 이스라엘 왕국이 멸망하

---

15) 예루살렘에 거주하면서 성전과 성읍에 연관된 거룩한 직무를 감당하는 직분자들과 각 지역에 흩어져 동일한 직분 사역을 감당하는 자들 사이에는 상호 연결된 언약의 끈을 통해 항상 신령한 교통이 이루어져야 했다.

16) 본문 가운데는 예루살렘에 거주하며 거룩한 직무를 수행하는 자들의 이름이 많이 언급되고 있다. 그런데 그들을 거명하기 위해 그 조상들의 이름이 소개되었다. 위로 5대 조상이나 6대 조상뿐 아니라 7대 조상까지 언급된 경우를 보게 된다(느11:4,5,7,11,12. 참조). 이는 조상들로부터 이어진 신앙의 상속과 연관되어 있다. 특히 관심을 가져야 할 부분은 이스라엘 자손이 오랜 세월 동안 바벨론의 포로로 잡혀가 있을 때도 언약과 신앙이 상속되고 있었다는 사실이다. 이는 오늘날 우리 시대 교회가 감당해야 할 후대를 위한 교회의 상속을 다시금 생각해 보게 한다.

고 남 유다 왕국마저 패망했으나 하나님께서는 다시금 그들을 본토로 불러들여 메시아 강림을 위한 준비를 하셨다. 따라서 남은 자들로서 그 지파 자체에 소중한 의미가 담겨 있었다. 특히 유다 자손은 예수 그리스도께서 인간의 몸을 입고 이땅에 오시는 소중한 언약적 통로 역할을 하게 된다.

그리고 제사장들과 레위인들은 성전과 율법에 연관되는 모든 직무를 담당하는 자들이었다. 제사장들이 성전에서 번제를 비롯한 각종 제사를 지낸 것은 장차 영원한 희생 제물이 되어 하나님께 바쳐지게 될 예수 그리스도의 십자가 사역에 밀접하게 관련되어 있다. 따라서 그 가운데는 성전 제사를 통해 언약 백성들의 죄가 용서받게 되는 소중한 의미가 담겨 있었다. 또한 레위 사람들을 통해 언약의 자손들에게 하나님의 율법이 전해지고 가르쳐졌다. 구약 시대 메시아를 향한 구속사를 이어가는 사역의 중심에 그들이 존재했던 것이다.

또한 예루살렘에 거하게 된 문지기와 노래하는 자들의 역할은 매우 중요했다. 문지기들은 성읍에 출입하는 사람들의 신분을 일일이 확인하여 자격이 있는 자들을 그 안으로 들여보내지만 그렇지 않은 자들에 대해서는 출입을 금지해야 했다. 따라서 거룩한 성읍을 출입하는 자들의 신원을 관장하며 그에 엄격한 대응을 하는 것이 저들에게 맡겨진 매우 중요한 직무였다.

그리고 성전에서 노래하는 자들은 하나님을 찬양하는 언약의 백성들 가운데 대표성을 지니고 있었다. 온 백성은 그들의 노래에 참여하며 하나님께 영광을 돌리게 되었다. 노래하는 자들은 단순히 목청이 좋아 노래를 잘 부르는 자들이 아니라 하나님의 율법을 진정으로 경외하며 심령으로 찬송하는 자들이었다. 따라서 모든 백성은 그들이 부르는 시편의 노래에 참여하며 하나님을 경배하는 가운데 장차 오실 메시아를 소망했다.

(1) 유다 자손과 베냐민 자손(느11:4-9)

예루살렘에 거하는 자들에게는 각 가문에 따라 지도자들이 있었다. 그들 가운데 유다 자손과 베냐민 자손을 대표하는 자들이 세워졌다. 유다 자손 중에는 베레스의 자손이 그 중심이 되어 활동했다. 사백 명이 넘는 그 자손들은 외부의 침범을 경계하며 방어할 수 있는 전쟁에 능한 용사들이었다.

한편 베냐민 자손 중에 예루살렘에 거하게 된 자들은 사백여 명의 유다 자손들의 배나 되는 구백 명이 훨씬 넘는 수였다. 그들 가운데 일부는 백성들의 감독이 되었으며 예루살렘 거민을 다스리는 직책을 맡기도 했다. 이는 정치와 행정에 연관된 일을 맡게 된 자들이 모든 거민들을 통치하게 되었음을 말해주고 있다.

(2) 제사장들과 레위 사람들(느11:10-18)

성경 본문은 또한 예루살렘에 거주하게 된 제사장들과 레위 사람들에 관한 언급을 하고 있다. 물론 제사장들과 레위 자손들 모두가 예루살렘 성읍에 거하게 된 것은 아니었다. 그들 가운데 다수는 여러 성읍에 흩어진 백성들 가운데 거하면서 저들에게 하나님의 율법을 가르치고 예루살렘 성전을 향해 경배하도록 지도했다.

예루살렘 성전으로부터 멀리 떨어진 곳에 흩어져 살아가던 백성들은 각 지역에 세워진 회당을 중심으로 살아갔다. 그들은 제사장들과 레위인들이 가르치는 율법과 그들의 인도에 따르는 삶을 유지해야 했다. 모든 언약의 자손들은 예루살렘 성전에서 제사장들에 의해 날마다 드려지는 상번제와 안식일 제사, 그리고 매월 초하루의 월삭 제사에 영적인 실체로 참여했다. 뿐만 아니라 각종 절기 때마다 규례에 따라 그에 참여하게 되었다.

그러므로 예루살렘 성읍에 거주하는 제사장들과 레위인들은 성전 제사에 직접 관여했으며 흩어진 모든 언약의 자손들은 어디에 거하고 있든지 영적인 실체로서 그에 참여해야만 했다. 따라서 예루살렘의 제사장들과 레위인들은 전체 민족 가운데 매우 중요한 직책을 담당하고 있었다. 만일 그들이 직무에 소홀하거나 잘못하게 되면 전체 백성들이 저들의 오류에 참여하는 결과를 가져올 것이기 때문이다.

본문 가운데는 예루살렘에 거하게 된 제사장들의 명단이 기록되어 있다. 성전 제사를 직접 주관하는 제사장들과 성전 전체에 관한 실무를 맡은 제사장들, 그리고 그 일을 돕는 팔백 명이 넘는 제사장들이 예루살렘에 있었다. 또한 그들 가운데 제사장 가문의 각 집안을 지도하며 인도하는 족장들이 수백 명이나 되었다.

우리가 이에 연관된 성경 본문 가운데서 특별히 관심을 기울이게 되는 것은 예루살렘 성읍에 거하게 된 제사장들 가운데 전쟁에 능한 용사들이 많았다는 사실이다(느11:14). 그 제사장들은 성읍 내의 질서를 유지하는 직책을 맡았으며 외부로부터 악한 원수의 세력이 접근하는 것을 막는 중요한 직무를 감당하게 되었다. 그들의 숫자는 백 명이 훨씬 넘는 큰 무리를 이루고 있었다.

우리는 신약 시대 교회 가운데서도 그와 같은 의미가 상속되어 가야 한다는 사실을 이해해야 한다. 하나님의 말씀을 맡은 교사와 장로인 감독들은 전투에 앞장서는 군사적인 성격을 지니고 있다. 성경을 올바르게 가르치고 지도할 뿐 아니라 세상의 잘못된 풍조들이 교회 내부로 침투해 들어오지 못하도록 방어하는 전투적 직분을 동시에 가지고 있어야 한다.

또한 성경 본문에는 레위 사람들 가운데 예루살렘에 거주하게 된 수백 명의 명단이 기록되어 있다. 그들은 성전 바깥의 영적인 여러 일을 맡아 직무를 수행했다. 우리의 눈길을 끄는 점은 백성들이 하나님께 기도하며 고백하는 감사의 말씀을 인도할 때 장로가 그 가운데 있었다는 사실이다(느11:17). 우리는 레위인들에게 이 일이 맡겨진 것을 보아 당시 백성들이 기도할 때 각 개인의 주관적인 판단과 형편이 아니라 책임 있는 직책을 맡은 레위인들의 지도 아래 기도가 행해졌음을 알 수 있다.

이 말씀은 오늘날 우리 시대 교회에도 중요한 교훈을 주고 있다. 신약 시대에 살아가는 성도들은 주관적인 판단에 따라 제각각 자기의 소원을 빌며 기도해서는 안 된다. 인간의 욕망으로부터 분출되는 종교적인 기도는 참된 기도가 될 수 없다. 올바른 기도는 오직 하나님의 말씀과 더불어 성령의 도우심에 따라 행해져야 한다(잠28:9, 참조).

이는 원리적으로 보아 올바른 기도는 참된 교회의 교사와 장로의 지도 아래 이루어져야 한다는 사실을 말해주고 있다. 이렇게 하는 것이 개인의 기도를 속박하는 것으로 오해해서는 안 된다. 오히려 교회의 지도를 받는 참된 기도를 통해 더욱 자유롭고 감사한 마음으로 교회의 기도에 참여하게 되는 것이다.

(3) 성문지기와 노래하는 자들(느11:19-24)

예루살렘 성읍에 거주하게 된 자들 가운데는 성문을 지키는 담당자들이 일백칠십 명 정도 있었다. 그들은 우리가 일반적으로 생각하는 문을 지키는 수위(守衛)와 같은 신분의 사람이 아니라 예루살렘 성전과 성읍의 정체성을 유지하는 일에 관여하는 매우 중요한 직분자들이었다. 그들은 오히려 오늘날 치안을 담당하는 경찰과 같은 역할을 한 것으로 볼 수 있다.

그리고 그 나머지 백성들과 제사장, 레위 사람들은 유다 여러 지역에 흩어져 거주하면서 각자 자기에게 맡겨진 직무를 수행했다. 그 성읍들은 느헤미야 11장 25절 이하에 구체적으로 기술되어 있다. 그리고 이방인 출신으로서 언약의 무리에 속하게 된 느디님 사람들은 모리아산 남쪽 경사지인 오벨(Ophel)에 거하게 되었다. 그들은 지도자들이 관할하는 전체적인 질서 가운데 자신의 모든 직무를 감당했다.

또한 노래하는 직책을 맡은 자들이 예루살렘 성읍에 거하게 되었다. 특히 아삽 자손들이 하나님의 말씀과 더불어 노래하는 레위 사람들의 감독이 되어 모든 직무를 책임지고 수행했다(느11:17,22). 그들은 하나님의 거룩한 성전에서 기도하며 노래하는 일에 연관된 모든 일을 맡아 지도하는 역할을 했다.

예루살렘 성전에서 노래하는 일은 하나님을 향한 경배에 연관된 매우 중요한 직무였다. 성전에서는 아무나 아무것이나 아무렇게나 노래해서는 안 되었다. 그들은 하나님으로부터 계시된 시편을 규례와 질서에 따라 찬송해야 했다. 그 노래가 성전과 예루살렘 성읍에 거주하는 자들과 성전을 방문하는 모든 백성, 그리고 전 지역에 흩어져 살아가는 언약 자손들의 중심에 놓여있었다.

노래하는 자들은 자기에게 맡겨진 직무를 수행하면서 항상 그에 대한 준비를 하고 있어야만 했다. 그리하여 백성들 가운데서 하나님을 향한 찬양을 원활하게 인도할 수 있었다. 성경에서 노래하는 자들이란 단순한 음악적 기능인이 아니라 하나님의 말씀에 순종하며 감사하는 가운데 공적으로 노래부르는 찬양인도자들이었다.

그러므로 왕의 명령에 따라 날마다 먹고 생활하는 양식이 그들에게 제공되었다. 이는 저들로 하여금 노래하는 일에 전무하도록 하는 직분의 당위성을 말해주고 있다. 그것을 위해 특별히 왕족의 혈통을 지닌 유다 자손들 가운데 세라의 자손인 브다히야가 관리 책무를 맡아 그 모든 일을 감당하게 되었다.

4. 지방에 흩어져 거하게 된 백성들 (느11:25-36)

예루살렘 성읍에 거주하는 자들을 제외한 나머지 언약의 자손들은 유다 전 지역에 흩어져 살아가게 되었다. 그들은 제각각 가옥을 짓고 거주하는 자들이 있었는가 하면 장막을 치고 살아가는 자들도 상당수 있었다(느11:30). 이는 아마도 백성 중에 유목하는 자들이 상당수 있어서 이주하는 경우가 잦았기 때문이었던 것으로 보인다.

중요한 사실은 그들이 어디에 거하든지 간에 회당을 중심에 두고 살아갔다는 점이다. 예루살렘 성전은 모든 언약의 자손들에게 절대적인 성격을 지니고 있었다. 여호와 하나님이 거하시는 집이자 그곳의 제단에서 제사장들이 지속적인 제사를 지내기 때문이다. 그 제사는 제사장들을 비롯한 예루살렘 거주자들뿐 아니라 여러 곳에 흩어져 살아가는 모든 언약의 자손들에게 실제적인 영향을 미치고 있었다.

그러므로 유다 전 지역에 세워진 회당은 제사장들과 레위인들의 지도와 감독 아래 놓여있었다. 백성들은 자기가 속한 회당을 통해 안식일을 비롯한 매월 초하루의 월삭 및 모든 절기를 지키며 신앙생활을 하게 되었다. 그 가운데서 예루살렘 성전을 향해 여호와 하나님의 성호를 찬양하며 장차 오실 메시아를 소망하며 살아갔던 것이다.

우리가 여기서 분명히 깨달아야 할 점은 이스라엘 백성이 각기 거주하는 지역에 따라 차별대우를 받지 않았다는 사실이다. 모든 언약의 자손은 하나님 앞에서 동등한 지위를 누리고 있었다. 각자가 맡은 직임은 다를지라도 하나님을 진정으로 경외하는 성도들은 예루살렘 성전을 통해 천상의 나라에 연결되어 있었기 때문이다.

따라서 소중한 것은 각 지파와 직책에 따라 맡겨진 사명을 온전히 감당하는 일이었다. 제사장들과 레위인들이 자기 직무에 소홀하거나, 성문을 지키는 문지기와 노래하는 자들이 자기가 맡은 일에 성실하지 못하면 모두가 배도에 빠질 우려가 있다. 따라서 지도층에 있거나 중요한 직무를 맡은 자들일수록 훨씬 중한 책임을 져야만 했다.

모든 언약의 자손들은 그런 상황 가운데서 천상의 나라에 거하시는 동시에 예루살렘 성전에 좌정하신 여호와 하나님을 바라보며 장차 이 땅에 오실 메시아를 간절히 소망하게 되는 것이다. 언약의 자손들은 어느 지역에서 무슨 일을 하며 살아가든지 그에 대한 명확한 깨달음을 가지는 것이 중요하다. 이에 관한 근본적인 신앙 정신은 오늘날 우리에게도 동일하게 적용되어야 한다.

제12장

언약의 백성과 성벽 완공 봉헌식

(느12:1-47)

1. 첫 번째 귀환 당시 지도자였던 스룹바벨과 예수아 (느12:1ⓐ)

느헤미야 12장에는 바벨론 제국의 느부갓네살 왕에 의해 포로로 잡혀갔다가 첫 번째 귀환한 유다 지도자들로부터 느헤미야의 성벽 완공과 봉헌식에 관한 기록이 나타나 있다. 유다 자손들은 페르시아 제국의 고레스 왕의 칙령으로 인해 약속의 땅 가나안으로 돌아왔다. 귀환을 준비하고 그들을 총지휘한 인물은 스룹바벨과 예수아였다.

스룹바벨은 유다 지파의 왕통에 속한 인물로서 장차 이땅에 오시게 될 메시아의 혈통적 계보를 잇는 인물이었다. 그는 다윗 왕의 직계 명맥을 잇는 자로서 패망한 유다 왕국의 중요한 메시아 계보 가운데 있었다. 만일 유다 왕국이 정치적으로 패망하지 않고 지속되었다면 그는 왕위에 올라 있어야 했다.

당시 유다 왕국은 정치적으로 완전히 패망한 상태였으나 그 언약적 의미는 그대로 존속되고 있었다. 다윗 왕을 잇는 그의 계보 가운데 장차 메시아가 오시게 될 것이었기 때문이다. 따라서 유다 자손들이 이방 지역의 포로에서 본토로 귀환할 때 그가 최고 지도자가 되었던 것은 왕적인 지위에 놓여있었음을 말해주고 있다.

그리고 그와 함께 중요한 지도자 지위에 있던 인물은 예수아였다. 그는 레위 지파에 속한 자로서 아론의 계보를 잇는 제사장이었다. 예루살렘 성전이 파괴된 상태에서 여호와 하나님께 제물을 바치는 제사를 시행할 수 없었으나 여전히 성전 제사의 의미와 더불어 제사장이 해야 할 중요한 직무를 감당하고 있었다. 그것은 안식일을 지키는 일과 월삭 및 유월절, 칠칠절, 초막절을 비롯한 각양 절기에 연관된 문제들이었다.[17]

우리가 기억해야 할 바는 예루살렘 성전이 완전히 파괴되었으나 그 의미는 여전히 살아있었다는 사실이다. 아브라함이 독자 이삭을 바친 모리아산 곧 성전산 그 자리가 가진 언약적 의미가 존속되고 있었다. 따라서 과거 바벨론 제국의 고위 공직자로서 선지자였던 다니엘은 날마다 예루살렘을 향해 기도했다.

신실한 유다 자손들 역시 그와 같은 언약 신앙을 소유하고 있었을 것이 분명하다. 따라서 스룹바벨과 예수아의 인도로 예루살렘에 도착한 자들은 파괴된 성전을 재건해야만 했다. 느헤미야는 거의 백 년 전에 약속의 땅 가나안 본토로 귀환한 조상들을 언급하며 중요한 교훈을 남기고자 했다.

2. 스룹바벨로부터 느헤미야 귀환 시기까지의 제사장들과 레위 사람들 및 족장들 (느12:1ⓑ-26)

본문에는 바벨론 포로로 잡혀갔던 유다 백성들이 첫 번째 귀환할 당시 여러 명의 제사장 이름이 언급되어 있다(느12:1ⓑ-7). 물론 그때 함께

---

17) 아하수에로 왕과 에스더 시대 이후의 에스라와 느헤미야 시대에는 그와 더불어 언약의 자손들이 '부림절'을 온전히 지킬 수 있도록 제사장들과 레위인들이 지도했을 것이 틀림없다.

했던 모든 제사장의 명단이 기록된 것은 아니었다. 본문에 언급된 제사장들은 그 당시 책임 있는 지도자의 위치에 있던 인물들이었을 것이 분명하다.

그리고 첫 번째 귀환할 때 함께 이주했던 레위 사람들의 명단이 나열되어 있다(느12:8-11). 그들 가운데는 노래하며 찬송하는 직무를 담당한 자들에 관한 언급이 나타난다. 그와 더불어 제사장 예수아의 직무를 이어받게 된 그 자손들의 이름이 기록되어 있다. 그들은 그 후 여러 대에 걸쳐 여호와 하나님을 섬기던 레위인들이었다. 물론 그 명단은 레위인으로서 직책을 맡은 모든 사람의 이름을 기록하는 것을 목적으로 삼은 것이 아니라 그것을 통해 언약적 교훈을 남기고자 했다.

또한 본문 가운데는 요야김 시대의 여러 제사장과 족장들의 이름이 나열되어 있다. 요야김 때 제사장 직무를 수행한 인물들과 더불어 레위 사람의 족장들의 이름도 언급되었다. 그들의 이름은 다른 책에도 기록으로 남아있으며 페르시아 왕 다리오 때의 '제사장 책'(느12:22)과 '역대지략'(느12:23)에도 기록되어 있다고 했다. 그것은 하나님으로부터 계시된 성경을 직접 언급한 것이 아니라 그들의 명단과 관련된 모든 내용이 여러 사료에 남겨진 역사적 사실이란 점을 강조하는 의미를 지니고 있다.

그리고 레위 사람들 가운데는 하나님의 사람이자 언약의 조상인 다윗이 명령한 대로 절차와 질서에 따라 여호와 하나님께 찬양하며 감사하는 자들이 있었다. 그리고 예루살렘 성전과 성벽의 문지기로서 직무를 감당하는 자들도 많았다. 나아가 정해진 규정에 근거하여 식량을 보관하는 곳간을 파수하는 일을 맡은 자들도 상당수 있었다.

특히 느헤미야서 12장 12-26절에 기록된 인물들은 요사닥의 손자 예수아의 아들 요야김과 방백 느헤미야와 제사장 겸 서기관 에스라가 활동하던 동시대 인물들이었다(느12:26). 따라서 그 모든 환경은 느헤미야 시대에 일어난 일들로 이해할 수 있다. 이 모든 인물들을 통해 하나님의 섭리와 경륜을 보게 된다.

3. 성벽 봉헌식 준비 (느12:27-30)

느헤미야의 총지휘 아래 예루살렘 성벽이 완공되고 난 후 민족 지도
자들은 유다 전역에 흩어져 맡겨진 직무를 감당하던 레위인들을 예루
살렘 성읍으로 불러모았다. 특별히 레위인들이 그 대상이 된 것은 예루
살렘 성전과 성벽의 완성이 모든 언약의 자손들이 소유해야 할 하나님
의 율법에 연관되기 때문으로 이해할 수 있다.

예루살렘에 모인 레위인들은 여호와 하나님을 찬송하며 감사의 노래
를 부르고자 했다. 그들은 제금(cymbals)과 비파(harps)와 수금(lyres) 등
의 악기를 동원해 질서를 유지하며 즐거운 마음으로 하나님을 찬양하
기를 원했다. 백성들은 그와 더불어 허물어진 성벽이 완공된 것에 대하
여 기쁜 마음으로 여호와 하나님 앞에 봉헌식을 거행하고자 했다.

그리하여 하나님을 향해 노래부르는 직무를 담당하던 자들이 예루살
렘 성읍 주변의 여러 지역에서 모여들었다. 그들은 예루살렘 가까운 사
방에 저들이 거주하는 집을 짓고 동네를 세워 살아가고 있었다. 또한
그보다 조금 멀리 떨어진 지역에서도 노래하는 자들이 올라왔다. 그들
은 필요할 때 예루살렘 성전에 모여 시편으로 하나님을 노래하는 일을
감당해야 했기 때문이다.

그 모든 과정을 거치며 제사장들과 레위 사람들은 성벽에 대한 봉헌
식을 준비했다. 그들은 그 일을 위해 먼저 자신의 몸을 정결케 했다. 하
나님 앞에 봉헌식을 거행하기 위해서는 먼저 그에 참여하는 모든 사람
이 정결한 상태를 유지해야만 했다. 나아가 예루살렘 성벽과 성문을 정
결케 했다. 이리하여 그 주변의 환경을 깨끗하게 함으로써 봉헌식을 위
한 모든 준비를 하게 되었다.

4. 봉헌식 행사

(1) 느헤미야와 에스라가 인도한 두 대열의 성벽 위 행군(느12:31-42)

봉헌식을 시작하면서 유다 백성의 지도자들은 전체를 두 대열로 나누었다. 성벽 위에 모인 백성들을 두 무리로 나누어 한쪽은 에스라가 인도하고 다른 한쪽은 느헤미야가 인도했다. 그리고 동일한 곳에서 출발하여 각기 반대편 성벽 위로 돌았다. 그 출발지는 성벽 왼편 중앙에 위치한 골짜기 문이었을 것으로 보인다(느2:13, 참조). 그들은 서로 성벽의 반대편 방향을 돌아 예루살렘 성전 가까운 양문에 이르게 되었다.

학사 겸 제사장인 에스라가 한쪽 무리를 이끌게 되고, 정치인이자 행정관료인 느헤미야가 다른 한 무리를 이끌게 된 것에는 많은 의미가 담겨 있는 것으로 이해할 수 있다. 학사 겸 제사장인 종교 지도자와 페르시아 제국의 고위 공직자이자 언약의 자손들을 위한 최고 행정관인 정치 지도자가 서로 연합하여 언약의 백성을 온전하게 통솔하는 상황을 보여주고 있기 때문이다.

학사 겸 제사장 에스라와 총독 느헤미야는 각기 나누어진 다른 무리를 이끌고 골짜기 문 성벽 위에서 출발하여 정 반대 방향으로 나아갔다. 그들은 시편을 노래부르며 질서정연하게 앞을 향해 행진했다. 느헤미야가 이끄는 무리가 서쪽 성벽 위를 따라 북으로 나아간 반면, 에스라가 이끄는 무리는 골짜기 문에서 출발하여 성벽의 남쪽 끝자락에 있는 분문(糞門) 쪽으로 행진해 갔다.

그들이 각기 앞으로 나아갈 때 아론의 가문에 속한 제사장 자손들 가운데 여러 사람이 '다윗의 악기'로 알려진 나팔을 손에 잡고 불면서 앞으로 행진했다(느12:36). 그들은 분문을 거쳐 샘문에 이르러 곧바로 다윗성 계단으로 올라갔다. 그곳을 거쳐 계속 행진하여 다윗의 궁을 지나 동쪽 수문에 이르게 되었다.

한편 느헤미야는 백성들의 나머지 절반의 지도자를 이끌고 반대편 방향으로 행진해 갔다. 에스라가 이끄는 무리와 느헤미야가 이끄는 무리가 성벽 위에서 반대 방향으로 나아갔지만 결국 한 자리에서 만나게 된다. 느헤미야를 따르는 행렬은 왼편 성벽 위를 거쳐 풀무 망대를 지나 성벽의 넓은 곳에 이르렀다. 그리고 에브라임 문 위를 지나 북쪽 성벽에 나란히 위치한 옛 문과 어문과 하나넬 망대와 함메아 망대를 지나 양문에 이르러 합밉갓 문 곧 감옥 문에 도착하게 되었다(느12:39).

그리하여 느헤미야는 감사의 찬송을 노래부르는 두 그룹과 지도자들의 절반이 하나님의 성전 앞에 서게 되었다(느12:40). 이는 에스라가 인도한 무리와 느헤미야가 인도한 무리가 한 자리에 만나게 되었음을 말해주고 있다. 그리하여 노래하는 두 그룹과 각각의 지도자들을 비롯한 무리도 그렇게 하게 되었다.

그와 같은 감격스러운 시간에 제사장들 가운데 나팔을 불고 노래하는 자들이 여호와 하나님을 향해 큰소리로 노래부르며 찬양했다. 그 찬송을 전체적으로 인도하는 감독은 예스라히야(Jezrahiah)였다. 그리하여 느헤미야가 인도한 무리와 반대편 성벽 위로 올라온 에스라를 따른 무리가 하나의 공동체가 되어 함께 나팔을 불며 감사의 노래를 불렀다.

(2) 여호와 하나님을 향한 제사와 준비(느12:43-44)

봉헌식을 행하는 당일 모든 언약의 자손들이 큰소리로 외치며 기뻐했다. 온 무리가 여호와 하나님의 제단 앞에 거창한 제사를 드리고 즐겁게 하나님을 경배하며 노래 불렀다. 여성들과 어린아이들도 그 기쁨에 참여하게 되어 예루살렘 성읍의 즐거워하는 소리가 멀리 성 밖에까지 울려 퍼졌다.

또한 그날 백성의 지도자들이 적임자를 세워 성전 곳간을 관리하는 일을 맡겼다. 그 곳간에는 제사장들과 레위 사람들에게 돌리게 될 곡물

곧 율법에 정한 대로 거제물과 밭에서 거둔 처음 익은 곡식과 십일조를
그곳에 쌓아 두게 했다. 그것이 제사장들과 레위인들이 먹고 살아가게
될 양식이 되었다.

그 모든 과정을 지켜본 백성들의 마음은 기쁨으로 가득 찼다. 당시
그들에게 가장 중요했던 점은 백성들이 구별해 바치는 곡물을 통해 제
사장들과 레위인들이 안전하게 생활하게 되는 것이었다. 그들이 먹고
살아가는 양식에 대한 염려가 없어야만 성전에서 하나님을 향해 제사
지내는 일과 백성들에게 하나님의 율법을 가르치고 지도하는 일을 원
만하게 시행할 수 있을 것이었기 때문이다.

5. 직분자들의 사역과 준비 (느12:45-47)

예루살렘 성벽을 완공하고 봉헌식을 마친 유다 백성들은 이제 여호
와 하나님을 섬기는 일에 온 힘을 기울였다. 그것을 위해 모든 사람이
정결한 상태를 유지하고 있어야만 했다. 예루살렘 성전에서 노래하는
자들과 성읍을 지키는 문지기들 역시 다윗과 솔로몬의 명령에 대한 순
종을 게을리하지 않았다.

언약의 백성이 여호와 하나님께 경배하며 노래를 부를 때는 자기 마
음대로 하지 말아야 했다. 즉 개인적인 기분이나 주관적인 판단에 따라
노래해서는 안 된다. 따라서 과거 다윗왕과 아삽의 시대부터 노래를 지
도하는 경건한 책임자가 있었다. 그의 감독과 지휘 아래 직분을 맡은
자들이 하나님을 향해 시편을 노래했으며 이스라엘에 속한 모든 백성
이 그 노래에 온전히 참여하게 되었다.

또한 스룹바벨이 고레스 왕의 칙령에 따라 유다 자손을 첫 번째 본토
로 인도해 올 때와 에스라의 귀환과 그후 느헤미야 시대의 백성은 성전
에서 노래하는 자들과 문지기들의 생계를 위해 필요한 것들을 공급하
기 위해 애썼다. 일반 백성들이 거룩한 몫을 떼어 레위인들을 위해 주

게 되면, 레위인들은 거기에서 또다시 구별하여 아론의 자손 제사장들에게 돌아갈 몫을 떼어놓게 되었다.

그리하여 예루살렘 성전에서 종사하는 직분자들과 유다 전역에 흩어진 백성들 가운데서 사역하는 제사장들과 레위인들이 자기에게 맡겨진 신령한 직무를 온전히 수행하게 되었다. 또한 노래하는 자들과 문지기들 역시 그로 말미암아 생계에 대한 염려 없이 맡은 바 일을 감당할 수 있었다. 이처럼 예루살렘 성벽이 완공되고 봉헌식을 거행한 후 모든 것이 원활하게 전개되어갔다.

우리는 예루살렘 성벽 재건이 완공된 후 시행되었던 봉헌식의 의미를 올바르게 이해할 수 있어야 한다. 그것은 먼저 그날의 즐거움과 환호가 수천 년이 지난 오늘날 우리 시대 교회에도 그대로 전달되고 있다는 점이다. 오래전에 있었던 성전과 성벽에 연관된 모든 실제적 의미가 신약 시대 교회에 상속되어야 한다.

그리고 백성들을 지도하는 정치인이라 할 수 있는 느헤미야가 인도하는 무리와 제사장 겸 학사로서 종교적인 직책을 맡은 에스라가 인도하는 무리가 재건된 성벽 위를 각기 반대 방향으로 행진하면서 성읍 안과 밖을 동시에 보면서 걸었다는 점을 상기해야 한다. 이는 또한 언약의 자손들 가운데 존재하는 정치적인 질서와 종교적인 본질이 상존한다는 사실을 보여주고 있다.

당시 성벽의 안쪽과 바깥쪽은 서로 전혀 다른 의미를 지니고 있었다. 성벽 안은 거룩한 영역으로서 지켜 보호해야 할 대상으로서 하나님의 거룩한 성전이 존재했다. 그곳은 안식일을 비롯한 모든 제사와 절기를 위한 중심지 역할을 했다. 그에 반해 성벽 바깥은 언약의 백성들이 방어해야 할 영역에 해당하였다.

이에 대해서는 신약 시대 교회와 연관지어 생각할 수 있어야 한다. 지상 교회에는 예루살렘 성벽이 안과 밖을 선명하게 구별하듯이 일종의 경계선으로서 난간(欄干)이 존재한다. 성숙한 성도들은 항상 거룩해야 할 교회 안과 그렇지 않은 바깥 세상을 분별할 수 있는 영적인 안목을 가져야 한다. 교회 내부를 말씀으로 살피는 자세를 유지하는 동시에 교회 바깥을 살펴 경계해야만 하는 것이다.

그리하여 교회 밖에서 내부로 침범하는 악한 풍조를 감시해야 하는 동시에 내부의 정결을 유지하기 위해 최선의 노력을 기울여야 한다. 만일 외부의 악한 요소가 교회 내부로 들어온 것으로 판단되면 내부를 정결케 하는 분명한 조처를 해야 한다. 따라서 지상 교회는 참된 교회를 보존하기 위한 조건으로서 '권징 사역'을 필수적인 요건으로 받아들이고 있다. 이처럼 신약 시대 교회와 성도들은 예루살렘 성벽 재건이 완성된 후 있었던 봉헌식을 통해 그에 연관된 중요한 교훈을 얻을 수 있어야 한다.

제13장

슬픈 백성들의 역사: 느헤미야의 마지막 개혁

(느13:1-31)

1. 하나님의 저주 선포와 율법에 대한 순종: 이방 풍조 차단

(느13:1-3)

예루살렘에 성전이 재건되고 성벽이 완공된 후 행사가 있던 그 날 언약의 자손들 앞에서 모세의 율법책이 낭독되었다. 그것은 모든 삶의 원리와 교훈이 모세의 율법에 근거한다는 사실에 연관된 엄중한 선포였다. 즉 유다 자손들은 세상의 시대적 풍조와 그들이 처한 형편에 의존할 것이 아니라 오직 하나님의 요구에 순종해야만 했다.

그때 저주에 연관된 원리적인 교훈이 가장 먼저 선포되었다. 암몬 사람과 모압 사람은 영원히 하나님의 회중에 들어오지 못하리라는 것이었다. 이 말은 혈통적인 종족 자체를 두고 언급된 것이 아니라 하나님을 버린 저들의 부정한 삶과 그들의 습성과 연관되어 있었다.

우리는 모압 여인 룻이 믿음의 사람이었다는 사실을 기억하고 있다 (룻1:4,16). 나아가 룻은 예수 그리스도가 출생하는 언약적 혈통을 잇게 된 중요한 여성이었다(마1:5). 이를 보아 당시 선포되었던 암몬과 모압 자손에 연관된 저주는 혈통적인 면에 국한된 것이 아니란 사실이 분명하다.

따라서 성벽 공사를 완성한 후 하나님께서 언약의 자손들에게 주신 그와 같은 엄격한 교훈은 암몬과 모압 사람들의 사악한 습성과 종교 사상이 예루살렘 성벽과 성문을 넘지 못 하게 하라는 준엄한 명령이었다. 오래전 그 이방 족속들은 언약 자손들의 주변을 맴돌며 훼방하는 일을 서슴지 않았다. 그들은 이스라엘 자손을 괴롭히며 사악한 '발람'에게 부정한 뇌물을 주어 그들을 저주하도록 매수하기도 했다.

하지만 모세의 율법책에는 여호와 하나님께서 저들의 저주를 돌이켜 이스라엘 자손들에게 복이 되게 하신 사실이 기록되어 있다. 그 자리에 모인 모든 백성은 하나님의 말씀을 듣고 곧장 그에 순종하는 반응을 보였다. 저들 가운데 부정하게 섞여 있는 이방인들의 악한 것들을 철저히 분리하고자 실행에 옮겼다.

신약 시대 교회 역시 느헤미야서에 기록된 이 말씀을 귀담아들어야 한다. 하나님께 순종하고자 하는 성숙한 성도라면 항상 교회 가운데 스며들어온 부정한 것들을 찾아 분리해 낼 준비를 하고 있어야만 한다. 그렇게 하지 않으면 그 악한 것이 무서운 누룩이 되어 전체를 부정하게 만들게 될 우려가 따르기 때문이다. 이것은 지상 교회에 필수적으로 요구되는 권징 사역에 연관된 중요한 교훈을 주고 있다.

2. 타협과 금지된 악행 (느13:4-9)

하나님과 그의 율법을 멀리하고 배도에 빠진 자들은 항상 자신의 이기적 욕망을 추구하기에 급급하다. 그것은 비록 물질적인 영역뿐 아니라 정신적인 분야를 포함하고 있다. 그에 연관된 올바른 개념을 정립하고 있어야만 하나님을 진정으로 경외하는 마음을 가질 수 있게 된다.

본문 가운데는 그 전에 하나님의 성전 골방을 맡아 관리하던 대제사

장 엘리아십에 관한 기록이 나타나고 있다. 그는 겉보기에 준엄한 권위
를 가진 대제사장이었으나 속은 하나님을 떠나 더럽게 부패한 상태에
놓여있었다. 그는 암몬 사람 도비야와 가까이 지내며 자신의 욕심을 채
우던 배도자였다(느2:10,19, 참조).

엘리아십은 자기의 악한 목적을 추구하고자 예루살렘 성전 내부에
이방인 도비야를 위해 큰 방을 내주었다. 그것은 거룩한 성전을 더럽히
며 하나님을 욕되게 하는 악행에 지나지 않았다. 이방인 도비야가 차지
한 그 방은 원래 소제물과 유향과 다양한 그릇들과 또 레위 사람들과
노래하는 자들과 문지기들에게 주기 위한 십일조인 곡물과 새 포도주
와 기름과 또 제사장들에게 주는 거제물을 보관하던 곳이었다.

하나님의 성전에서 중요한 책임을 맡은 대제사장이 온갖 추한 명분
을 앞세워 그와 같은 악행을 저질렀으나 신앙이 어린 사람들에게는 그
에 대한 명확한 깨달음이 없었다. 따라서 그것을 직접 문제 삼는 사람
이 보이지 않았다. 당시에는 느헤미야가 예루살렘에 머물지 않고 페르
시아 제국의 수도인 수산 궁을 방문하고 있었다. 그는 고위 공직자로서
아닥사스다 즉위 32년에 왕을 방문한 후 예루살렘으로 되돌아왔다.[18]

---

18) 느헤미야 13:6에는 아닥사스다 왕을 '바벨론 왕' 이라 기록하고 있다. 하지만
아닥사스다 왕은 바벨론이 아니라 페르시아 제국의 왕이었다. 본문에 그렇게
기록된 것은 두 가지 측면에서 이해할 수 있다. 하나는 '바벨론 왕' 이라 언급
된 바벨론이 과거에 패망한 나라를 칭하는 것이 아니라 지역을 칭하는 것으
로 생각할 수 있다. 당시 페르시아 제국은 바벨론 지역을 통치하고 있었으므
로 그와 같은 표현이 가능한 것이다. 그리고 또 하나는 필사 과정에서 발생한
문제로 생각해 볼 수 있다. 즉 초기 단계의 필사 과정에서 '페르시아' 를 '바
벨론' 으로 잘못 표기했다면 성경 필사의 원칙에 따라 그것을 임의로 바꾸지
않고 계속해서 그와 같이 기록해야만 했다. 본문에서 '바벨론' 이라 명기된
것은 대다수 성경이 그에 따르고 있다. 한글개역, 개역개정, 공동번역, 새번
역, 그리고 KJV, NIV, NASB, 다수의 독일어, 중국어, 일본어 성경도 '바벨론
왕' 이라 번역하고 있다. 그에 반해 한글 '현대인의 성경' 에서는 그것을 '페
르시아의 아닥사스다' 로 번역하고 있다. 내용은 그것이 맞을지라도 원문을
그대로 둔 상태에서 올바른 이해를 하는 것이 바람직하다. 그렇지 않으면 각
번역자들이 개인적인 판단과 기준에 따라 성경을 임의로 번역하는 잘못된 일
들이 발생하게 될 우려가 따르기 때문이다.

느헤미야가 수산 궁에서 예루살렘에 도착하자 대제사장 엘리아십이 하나님의 성전 뜰에 이방인인 암몬 사람 도비야를 위해 방을 내어준 사실을 알게 되었다. 그것은 느헤미야를 분노케 했을 뿐 아니라 언약의 자손들이 가져야 할 근간을 흔드는 심각한 악행이었다. 그리하여 그는 도비야가 사용하던 방에서 그의 모든 물건을 바깥으로 내다 버렸다. 그리고 그 방을 다시금 정결케 하고 하나님의 성전 그릇들과 소제물과 유향을 비롯한 원래의 물품들을 그 안으로 들여놓도록 명했다.

지상 교회는 이를 보며 느헤미야의 철저한 신앙 정신을 본받아야 한다. 당시 느헤미야의 처신을 보며 심하게 비난하는 자들이 상당수 있었을지 모른다. 그동안 대제사장 엘리아십이 자기를 정당화하기 위해 거짓 주장을 펼치며 많은 사람을 자기편으로 만들었을 것이다. 하지만 하나님의 율법과 더불어 성벽의 보호를 받아야 할 거룩한 성전을 온전히 지켜내는 것이 무엇보다 중요하다. 오늘날 지상 교회에 속한 성도들 역시 이에 관한 의미를 마음속 깊이 새기지 않으면 안 된다.

3. 십일조를 소홀히 하는 백성들의 배도 행위 (느 13:10-14)

우리는 여호와 하나님 앞에서 공적인 다짐을 했던 언약의 자손들이 얼마 지나지 않아 또다시 크게 허물어진 것을 보게 된다. 언약의 백성들은 레위 사람들을 위해 따로 구별하여 십일조를 바치기로 한 약속을 등한시하며 거부했다. 그렇게 되자 이스라엘 가운데 심각한 문제가 발생하지 않을 수 없었다.

백성들이 십일조에 연관된 임무를 성실하게 감당해야만 율법으로 지도하는 레위인들도 저들에게 맡겨진 신령한 직무를 원만하게 수행할 수 있다. 그러나 그들로부터 생계를 보장받지 못하면 레위인들의 사역에 어려운 문제가 생기게 된다. 각 사람이 십일조와 연관된 자기 임무를 소홀히 하는 것은 단순한 개인적인 차원이 아니라 공적인 영역에 나쁜 영향을 미칠 수밖에 없다.

백성들이 십일조를 바치지 않아 레위인들에게 먹을 양식이 없게 되자 그들은 자구책을 마련해야만 했다. 그리하여 레위 사람들과 노래하는 자들은 곡식을 얻고자 각각 밭으로 나가 일하게 되었다. 그것은 율법을 벗어난 잘못된 행위였지만 그렇게 하지 않으면 생명을 부지할 수 없었다.

배도에 빠진 백성들의 그와 같은 상황으로 인해 결국 하나님의 성전에 관련된 모든 직무가 심각한 어려움에 빠지게 되었다. 그것은 절대로 있을 수 없는 일이었으나 결국 그와 같은 지경에 놓였다. 그러자 느헤미야는 백성의 지도자들을 불러 크게 책망하며 꾸짖었다. 어떻게 하여 하나님의 거룩한 성전이 버림받게 내버려 두었느냐는 것이다.

그리고 생존을 위해 밭으로 나가 일반적인 노동을 하던 레위인들을 불러들여 다시금 각기 저들의 처소에 들어가 거하도록 했다. 그러자 온 유다 자손들이 정신을 차려 곡식과 새 포도주와 기름의 십일조로 가지고 와 곳간에 들여놓았다. 느헤미야는 그 곳간을 지키기 위해 책임질 제사장과 서기관을 비롯하여 그 일에 보조할 만한 레위 사람들을 지명해 세웠다.

그들은 백성들로부터 신실한 인물로 인정받은 자들이었다. 그것은 일반 윤리적인 덕목을 중심에 둔 판단이 아니라 하나님과 그의 율법을 온전히 따르며 하나님을 진정으로 경외하는 신앙을 기준으로 삼았을 것이 분명하다. 그들이 감당해야 할 중요한 직무는 백성들이 십일조로 바친 곡물들을 관리하는 일과 더불어 레위인들의 각 직분에 따라 그것을 정당하게 배분하는 일이었다.

느헤미야는 그 모든 일을 다시금 정리하고 나서 하나님께 간절히 구했다. 자기가 행한 그 모든 일로 인해 자기를 기억해 달라는 것이었다. 그는 자기가 행한 선한 일들을 자신의 특별한 공로로 인정받고자 하지 않았다. 오히려 하나님의 성전에 관한 모든 일과 레위인들의 사역, 그

리고 그들의 생계를 책임지는 모든 백성의 성실한 삶이 지속해서 유지
될 수 있도록 간구했다.

4. 안식일을 어김 (느13:15-22)

유다 자손들은 여호와 하나님 앞에서 율법에 따라 안식일을 지키겠
다는 공적인 맹세를 했음에도 불구하고 또다시 하나님을 버리고 제멋
대로 행하는 자들이 생겨났다. 느헤미야의 눈에 유다 지역에 살면서
안식일 날 술틀을 밟고 곡식단을 나귀에 싣고 운반하는 사람들의 모습
이 보였다. 또한 포도주와 포도와 무화과를 비롯한 여러 물건을 등에
지고 안식일 날 예루살렘 성읍으로 들어와 물건을 파는 자들도 있었
다. 나아가 이방의 변경 지역에 속한 두로 사람이 예루살렘에 거하며
물고기와 각양 물건을 가져다가 안식일에 유다 자손에게 파는 경우도
눈에 띄었다.

그 모든 광경을 지켜본 느헤미야는 유다의 지도자들을 불러 크게 꾸
짖으며 책망했다. 백성들이 안식일을 범하는 악행을 보고도 아무런 대
책을 마련하지 않고 그냥 있느냐는 것이었다. 지도자들은 마땅히 그 악
행을 막아야 했으며 그런 일이 발생하지 않도록 노력해야만 했다. 하지
만 그들은 강 건너 불구경하듯이 그에 관여하지 않았다.

이는 또한 유다 자손의 지도자들도 그와 별반 다르지 않게 사고하
며 행동했다는 사실을 말해주고 있다. 그리하여 느헤미야는 안식일을
범하는 것이 여호와 하나님께 직접 저항하는 사악한 행위로서 얼마나
두려운 일인지 선포하게 되었다. 또한 그들의 조상이 과거 그와 같이
행함으로써 하나님으로부터 엄청난 재앙이 임하게 된 사실을 상기시
켰다.

하나님께서는 오래전에도 안식일을 범하며 율법을 어기는 배도자들
로 인해 예루살렘에 큰 재앙을 내리신 적이 있다(느13:17,18). 그런데 마

땅히 과거의 그 사실을 기억하고 있어야 할 후손들이 또다시 안식일을 범함으로써 더 심한 하나님의 진노를 불러일으키고 있다고 했다. 유다의 지도자들이 부패하여 하나님의 율법을 멸시하고 있을 때 느헤미야가 그 문제를 해결하기 위해 나서게 되었다.

느헤미야는 그 일을 원래대로 되돌리기 위해 안식일이 이르기 전날 예루살렘 성문이 어둑해져 갈 때 성문을 굳게 닫으라는 명령을 내렸다. 그리고 안식일이 지나기 전에는 절대로 문을 열지 못하도록 명했다. 그리고 성문마다 신실한 신복 몇 사람을 세워 안식일 날 아무 물건도 들여오지 못하도록 막게 했다.

그와 같은 일이 시행되는 동안 안식일 날 각종 물건을 팔며 장사하던 자들이 예루살렘 성 밖에서 잠을 자기도 했다. 그렇게 하다가 분위기가 느슨해지거나 상황이 바뀌면 그전처럼 안식일 날 예루살렘 성 안으로 들어가 장사하고자 했다. 하나님을 알지 못하는 자들은 그 율법이 왜 중요한지 전혀 알지 못하고 있었기 때문이다.

그러므로 느헤미야는 그런 자들을 향해 강한 경고의 메시지를 전했다. 왜 자기의 명령을 어기고 예루살렘 성 밑에서 잠을 자느냐는 것이었다. 만일 또다시 그렇게 하는 자들이 있다면 체포하여 엄한 징벌을 내리겠다고 했다. 그리하여 안식일에는 장사하는 사람들이 더는 몰려들지 않게 되었다.

느헤미야는 하나님의 율법에 기록된 안식일을 준수하는 일을 정상화하면서 레위 사람들에게 그에 연관된 중요한 명령을 내렸다. 몸을 정결케 하고 예루살렘의 성문을 굳건히 지키라는 것이었다. 그렇게 하여 온 백성들이 안식일을 거룩하게 지켜야만 했다. 그것은 언약의 자손들이 지켜야 할 가장 근본적인 책무에 해당하는 일이었다.

그러므로 느헤미야는 하나님 앞에서 자기가 유다 자손의 지도자들과 백성들에게 명령을 내려 안식일 준수를 회복한 사실을 언급하고 있다. 그와 더불어 하나님께서 그 중요한 사역을 기억해 주시도록 간구했다.

하나님의 크신 사랑으로 말미암아 그와 같은 일을 수행한 자기에게 자비를 베풀어 그 백성들을 지켜달라는 것이었다.

우리는 안식일을 어기고 예루살렘 성읍을 혼란케 한 일반 백성들의 잘못이 얼마나 큰가 하는 점을 보게 된다. 그와 동시에 그 악의 근원이 성문을 지키는 문지기들의 책무가 소홀히 된 것에 연관되어 있다는 사실을 기억해야 한다. 성문을 지키는 자들이 정당하게 경비하지 않음으로써 안식일을 범하는 일에 앞장서게 되었다.

이처럼 신약 시대 교회에서도 교회의 울타리와 경계를 명확히 지켜야 한다. 교회의 직분자들은 구약 시대 안식일의 의미와 그 정신을 온전히 받아들이지 않으면 안 된다. 그리고 하나님 안에서 거룩한 안식을 취해야 할 지상 교회를 온전히 지켜 보호하는 일을 위해 최선의 노력을 기울여야 한다. 물론 하나님의 말씀과 성령의 도우심이 절실히 요구되지만, 교회의 지도자들이 먼저 그에 순종해야 한다.

5. 이방 혼인 (느13:23-28)

유다 자손들은 성벽을 준공한 후 봉헌식을 행하며 이방 혼인을 하지 않겠다는 공적인 다짐을 했다. 그로 말미암아 이방인들의 종교 사상과 문화가 내부로 유입되는 것을 방지해야 했기 때문이다. 그럼에도 불구하고 세월이 흘러가면서 또다시 그에 관한 하나님의 율법을 버리게 되었다.

페르시아 제국의 수산 궁을 방문하고 예루살렘으로 돌아온 느헤미야는 유다 사람들이 아스돗과 암몬과 모압 등 이방 여인을 취하여 아내로 삼는 것을 목격하게 되었다. 그로 인해 출생한 아기들은 이방의 언어를 어느 정도 구사하면서도 유다 언어를 전혀 말할 줄 몰랐다. 그들은 어려서부터 그 어미가 사용하는 이방 언어와 더불어 저들의 문화와 습성을 배워 익혀가고 있었다. 그와 같은 일은 언약의 백성들에게 여간 심각한 문제가 아니었다.

그러므로 느헤미야는 그들을 강하게 책망하며 저주하기에 이르렀다. 이방인과 혼인한 유다 사람들 가운데 몇 사람을 잡아들여 체형(體刑)을 가했으며 그들의 머리카락을 뽑기까지 했다. 이는 매우 잔인한 형벌이었지만 그만큼 엄격하게 다루었다는 사실을 말해주고 있다. 또한 앞으로 저들의 딸을 이방인의 아내로 주지 말고, 그 아들과 집을 위하여 이방 여인을 데려오지 않겠다는 맹세를 하나님 앞에서 엄히 행하라는 명령을 내렸다.

그러면서 오래전 솔로몬 왕이 이방 여인을 아내로 데려옴으로써 범죄한 사실을 언급했다. 솔로몬은 하나님의 특별한 은총을 입은 자로서 온 이스라엘을 통치했으며 예루살렘 성전을 건립한 인물이었다. 그것은 이 세상의 어떤 나라의 왕과도 비교가 되지 않는 훌륭한 왕이었음을 말해주고 있다.

하지만 솔로몬이 이방 여인을 아내로 맞아들임으로써 그 여인이 솔로몬으로 하여금 심각한 범죄를 하게 만들었다. 그 사실은 역사 가운데 살아가는 언약의 자손들에게는 잘못을 되돌아보게 하는 중요한 본보기가 되었다. 따라서 그에 관한 형편을 마음속 깊이 새기고 자기를 돌아보는 것은 여간 중요한 일이 아니었다.

유다 자손들은 예루살렘 성벽을 완공함으로써 언약적 외형을 갖춘 후 그 모든 것에 관한 공적인 맹세를 했었다. 그럼에도 불구하고 그들 가운데는 또다시 이방 여인을 아내로 받아들이는 악행이 발생하게 되었다. 그것은 단순한 윤리적 실수가 아니라 여호와 하나님에 대한 사악한 범죄와 배도 행위였다.

그러므로 느헤미야는 여호와 하나님 앞에서 저지른 그와 같은 사악한 범죄 행위를 절대 용납할 수 없다는 사실을 강조했다. 그에 대해서는 신분적 지위고하(地位高下)나 맡은 바 직책에 상관없이 엄한 책임을 물어야 했다. 그래서 느헤미야는 대제사장 엘리아십의 자손들 가운데

하나가 이방인인 호론 사람 산발랏의 사위가 되었으므로 밖으로 쫓아
내어 자기를 떠나게 했다는 사실을 언급하고 있다.

6. 직분의 회복에 대한 간구 (느 13:29-31)

느헤미야는 이 모든 것으로 인해 고통스러운 마음으로 하나님께 간
구했다. 이스라엘 민족을 올바른 신앙의 길로 인도해야 할 지도자들이
더욱 심각한 범죄에 빠져 있었기 때문이다. 따라서 대제사장의 직책을
가지고 있으면서 그 직분을 더럽히고, 제사장과 레위인으로 여호와 하
나님 앞에서 특별한 언약을 맺었으면서도 그 언약을 어긴 자들을 기억
하여 저들에게 엄한 벌을 내려달라고 했다.

그리고 자기가 저들로부터 이방인들을 떠나보냄으로써 정결하게 하
고자 힘쓴 사실을 언급했다. 나아가 제사장과 레위 사람들 가운데 질서
와 절차를 거쳐 임명하여 세운 지도자들에게 마땅히 감당해야 할 거룩
한 일들을 맡겼다고 했다.

그리고 자기가 백성들에게 처음 익은 곡물과 열매를 정한 기한에 십
일조를 바치도록 명령한 사실을 말했다. 하나님께서 그 모든 형편을 알
고 계실 것이므로 선한 일을 위해 애쓴 자기를 기억해 달라고 간구했
다. 이는 언약의 자손들이 자기가 가르치고 명한 대로 순종할 때 하나
님의 은혜를 입게 된다는 사실을 말해주고 있다.

우리는, 타락한 본성을 가진 인간들은 조금만 세월이 흐르면 스스로
자신의 결심을 무너뜨린다는 사실을 잘 알고 있다. 하나님의 자녀로서
공적인 고백을 한 것에 대해서도 마찬가지다. 중요한 점은 하나님의 자
녀들은 계시된 말씀과 성령의 도움을 힘입어 오직 주님을 바라보는 가
운데 자기를 되돌아보는 삶을 살아야 한다는 사실이다. 그에 대해서는
각 개인 성도들도 그렇지만 언약 공동체인 교회가 공적으로 적용할 수
있어야 한다. 우리 역시 처음 하나님 앞에서 다짐하고 서약한 모든 내

용을 지키기 위해 최선의 노력을 기울여야 한다. 쉽게 배도에 빠진 이스라엘 자손과 저들을 바른 길로 인도한 느헤미야를 기억하며, 이땅의 교회와 성도들이 본받아야 할 내용을 항상 마음속 깊이 새겨두고 있어야만 하는 것이다.

에스더

서 문

아하수에로 왕이 통치하고 에스더가 왕후의 자리에 오르던 시기에 페르시아 제국은 국내와 국제적으로 매우 어수선한 시기였다. BC 494 년 이오니아 반란을 진압하기 위해 출정한 후 여러 차례 그리스를 침공한 페르시아 군대는 실패를 거듭했다(BC 492년, 490년, 480년). 앞선 두 번의 실패는 다리오 왕 시대였으나 세 번째는 새로 왕위를 계승한 아하수에로 왕이 총지휘한 전쟁이었다.

그와 같은 상황에서 아하수에로 왕은 제국의 기강을 굳건히 세우고자 많은 노력을 기울였다. 하지만 페르시아 제국 내에서 예기치 못한 사건이 일어났다. 그것은 아하수에로가 베푼 대축제 기간 중 왕후 와스디의 왕에 대한 항명 행위로 말미암은 것이었다. 그렇게 되자 어수선한 국내 정서가 이어지는 가운데 왕후 와스디가 폐위되는 일이 발생하게 되었다.

거기다가 제국 내에 살아가던 유다인들의 상황 역시 매우 복잡하게 뒤얽혀 있었다. 고레스 왕 칙령(BC 538년) 이후 다윗 왕의 혈통을 이은 스룹바벨과 아론 지파 제사장 여호수아의 인도로 상당수 유다인들이 가나안 본토로 돌아가 우여곡절(迂餘曲折) 끝에 예루살렘 성전을 재건하고 어느 정도 안정을 찾아가는 형세였다. 따라서 본토로 귀환하지 않고 페르시아 제국 여러 곳에 흩어져 살아가던 유다인들 가운데 본토 귀환을 원하는 자들이 상당수 있었다.

그와 같은 정황에서 에스더가 복잡한 절차를 거쳐 폐위된 와스디 대신 왕후의 지위에 오르게 되었다. 에스더의 조상은 유다 백성이 두 번째 바벨론 포로로 잡혀갈 때인 BC 598년 낯선 이국땅에 끌려가 노예와 같은 신분으로 정착하게 되었다. 하지만 어릴 때 부모를 여읜 에스더는 나이 차이가 많이 나는 사촌 오라비 모르드개에 의해 양육 받았다.

아하수에로 왕은 제국 내에서 국정농단을 하며 지나친 권세를 휘두르던 총리대신 하만을 극형에 처하고 대신 에스더의 사촌 오라비 모르드개를 총리대신의 자리에 앉혔다. 그는 페르시아 제국의 왕 다음으로 높은 지위에 있던 최고위 공직자였다. 이는 그의 개인적인 능력 때문이라기보다 하나님의 특별한 구속사적 경륜 가운데 진행된 일로 받아들여야 한다.

우리는 구약 시대에 세속 왕국에서 왕 다음가는 최고 권력자가 된 인물들이 더러 있음을 알고 있다. 그 가운데 대표적인 인물은 요셉과 다니엘과 모르드개이다. 요셉은 애굽의 총리대신이 되어 정치력을 발휘했으며 다니엘은 바벨론 제국에서 최고 지위에 올랐다. 그리고 모르드개는 거대한 페르시아 제국에서 총리대신이 되었다. 이들은 하나님의 경륜에 따라 세속 왕국의 최고위직에 있으면서 이스라엘 민족을 위해 쓰임 받은 자들이다.

또한 우리는 여기서 에스더서를 통해 이방 결혼에 관한 의미를 생각해 보게 된다. 에스더는 언약의 자손으로서 이방 결혼을 했다. 그녀가 비록 왕후의 자리에 올랐다고 할지라도 이스라엘 민족의 율례에 비추어볼 때 그리 간단한 문제가 아니었다. 하지만 그와 같은 특별한 예는 성경에 더러 나타난다. 애굽의 총리대신을 지낸 요셉도 이방 결혼을 했으며 이스라엘 민족을 애굽으로부터 이끌어낸 모세 역시도 이방 결혼을 했다.

이런 사실은 하나님께서 유다인들을 중심으로 한 민족주의나 혈통주의를 절대시한 것이 아니란 사실을 말해주고 있다. 그는 오히려 창세 전에 택하신 자기 백성들을 구원하시기 위해 유다인들을 특별한 도구로 사용하셨다. 그 가운데 '성자 하나님' 곧 '하나님의 아들'을 구원자 메시아로 보내시고자 했다.

에스더서 가운데는 메시아에 관한 중요한 예언적 의미가 들어있다. 당시 페르시아 제국의 수도 수산 성과 언약의 왕국인 예루살렘은 어느 정도 대립적인 관계에 놓여있었다. 모르드개 이전의 총리대신이었던 하만의 칼끝은 거룩한 성 예루살렘을 겨냥하고 있었다. 하지만 예루살렘의 궁극적인 승리는 하나님의 언약 성취와 밀접하게 연관되어 있다. 따라서 우리는 에스더서를 읽을 때 예루살렘과 거룩한 성전을 중심에 두고 있어야만 한다.

아하수에로 왕의 통치 중반기에 총리대신 하만의 주도 아래 유다인들을 진멸하려는 정치적인 음모가 일어났다. 그것은 단순히 그들을 억압하거나 착취하고자 하는 것을 넘어 언약 자손들의 씨를 말려버리려는 획책이었다. 그것은 메시아가 이땅에 오시는 통로를 파괴하려는 것에 연관되어 있었다.

하지만 하나님께서는 그것을 막으시고 유다인들에게 최종 승리를 안겨주셨다. 즉 유다인들이 피를 흘리고 죽을 처지에 놓여있었으나 도리어 그 원수들이 유다인들의 칼날에 의해 피 흘리는 역습을 당해야만 했다. 이 모든 사건의 의미상 실제적인 중심은 예루살렘과 유다 지역이었다. 이는 에스더서의 형식상의 중심 무대는 페르시아의 수산 성이었으나 본질적으로는 예루살렘이 중심이었다는 사실을 말해주고 있다.

이를 통해 유다 지역과 수산 성을 비롯한 페르시아 전역에서 언약의 자손들이 저들을 억압하는 대적자들을 대대적으로 살해한 기적의 승리를 거둔 날을 기념하는 '부림절'이 제정되었다. 이는 유다인들과 페르시아 제국 내의 대적자들 사이에 철천지원수가 되게 만들었다. 그리하여 유다인들에게는 무분별한 이방 결혼의 길이 막히게 되었으며 페르시아 지역의 '남은 자들'이 언약 공동체를 이루어 민족의 정체성을 보존할 수 있었다.

그로부터 수백 년이 지난 후 예수님께서 이땅에 오실 당시 구속사 가운데 그들의 역할은 매우 컸다. 가나안 땅 본토에 살아가던 유다인들이 배도에 빠져 세속에 물들어 있을 때 페르시아 지역의 남은 자들은 계시된 예언을 통해 오실 메시아를 간절히 기다렸다. 그리하여 예수님이 출생할 시점에 하나님께서는 '동방 박사'로 알려진 페르시아 지역의 유다인 서기관들을 베들레헴으로 보내 황금과 유향과 몰약을 바치며 왕으로 오신 메시아를 영접하도록 하셨다.

이처럼 에스더서는 전체적으로 보아 장차 이땅에 오시게 될 메시아에 대한 예언적 성격을 지니고 있다. 따라서 우리는 당시의 역사적 상황과 하나님의 계시를 통해 그에 관한 분명한 깨달음을 가져야 한다. 즉 에스더서가 단순한 역사 서술을 넘어 하나님의 구속사를 드러내는 진리의 책이라는 점을 깨닫는 가운데 그 소중한 의미를 받아들일 수 있어야 한다.

필자가 쓴 이 글은 2022년 1월 24-26일에 있었던 실로암교회 사경회를 위해 준비된 내용이다. 지금은 전 세계를 위협하는 전염병 '코로나-19'로 인해 교회가 크게 위축해 있으며, 동성애와 동성 결혼 등 상상을 초월하는 인간 파괴 현상이 일어나고 있다. 거기다가 초현실적 4차산업은 전통적인 가치관을 가진 자들로 하여금 갈피를 잡지 못하게 만들고 있다.

이와 같은 배도의 시대를 살아가는 성도들이 하나님의 말씀을 절대 진리로 받아들일 수 있는 것은 하나님으로부터 허락된 최상의 선물이 아닐 수 없다. 사악한 마귀는 온갖 방법을 동원해 하나님의 교회를 크게 흔들고 있으며 신앙이 어린 성도들에게 심한 위협을 가하고 있다.

이러한 때 교회가 진리의 말씀을 살피는 사경회를 개최할 수 있는 것은 하나님의 큰 은혜가 아닐 수 없다. 이를 통해 세상의 악한 성향을 더욱 분명히 해석하고 대비하는 가운데 주님께 더욱 가까이 나아갈 수 있게 되기를 바란다.

〈차 례〉

서문

제1장

아하수에로 왕[1]의 막강한 위세

(에1:1-9)

아하수에로 왕은 선왕 다리오의 뒤를 이어 BC 485년경 페르시아 제국의 최고 통지권자가 되어 수산 궁[2]에서 즉위했다. 당시 페르시아의 왕은 인도 북부 지역에서부터 에디오피아를 포함한 일백이십일곱 개의 도를 다스리는 막강한 권세를 가지고 있었다. 그가 큰 세력을 펼쳤으나 주로 에게해 동부 지역과 지금의 아프리카 북부 지역이었으며, 서쪽의 그리스와 관련해서는 여전히 상당한 마찰이 일어나고 있었다.

그리하여 선왕 다리오는 BC 494년 지금의 터키 서부 지역에 해당하는 이오니아 지역의 반란[3]을 진압하기 위해 군사를 동원해 출정(出征)했다. 그리고 그 지역뿐 아니라 그리스 북부 마게도니아와 남쪽 아테네를 비롯한 에게해 서부 영역에 대한 진격을 시도했다.[4] 하지만 대규모

---

[1] 다리오 왕의 아들 '아하수에로'(Ahasuerus)는 그의 그리스식 이름인 '크세르크세스'(Xerxes)와 동일 인물이다.

[2] 수산(Shushan)은 엘람 왕국의 옛 도시로 페르시아만 북쪽 약 240km 정도 떨어진 카룬(Karun)강 언덕에 자리잡고 있었다. 현재의 슈슈타르(Shushtar)가 곧 그곳이다.

[3] 이오니아 반란은 BC 499년부터 시작되어 BC 494년까지 이어졌다.

[4] 당시 그리스 지역의 여러 도시 국가들은 이오니아 반란 세력을 지원하고 있었으므로 페르시아 제국의 입장에서는 그냥 두고 볼 수 없는 형편이었다.

선박을 이용하여 에게해 북쪽 바다를 항해하여 남쪽으로 내려가던 중
예기치 못했던 세찬 태풍으로 말미암아 패배하고 말았다.

또한 BC 490년에는 다시금 전력을 정비하여 소아시아 지역에서 에
게해를 곧바로 건너 아테네를 정복하기 위한 군사작전을 펼쳤다. 하지
만 그들은 아테네로 들어가는 길목인 '마라톤 전투'에서 완패하게 되
었다.5) 결국 페르시아 제국은 막강한 군사력을 지닌 세계 최강국이었
음에도 불구하고 뒤로 물러날 수밖에 없었다. 소용돌이치는 그런 역사
적 변화가 전개되는 과정 중이라 할 수 있는 BC 485년 아하수에로가
왕위에 즉위하게 되었다.

그와 같은 상황에서 새로 즉위한 아하수에로 왕은 자신의 세력을 만
방에 과시하고 국가의 체계를 강화해야 할 필요가 있었다. 그리하여 즉
위한 지 삼 년째인 BC 482년 경 대대적인 행사를 기획했다. 그는 제국
내 각도의 책임 있는 지위에 있는 관료들과 신복들을 위해 대축제를 베
풀었다.

그리하여 페르시아와 메디아 지역의 장수들과 각 도의 귀족과 관료
들이 모두 아하수에로 왕 앞으로 모이게 되었다. 왕은 무려 6개월 동
안이나 성대한 축제 분위기를 이어갔다. 그리하여 페르시아 제국의
건재함과 영화롭고 부유한 위엄을 갖춘 나라라는 사실을 드러내고자
했다.6)

---

5) 지금 운동경기 가운데 '마라톤'은 그 전투와 연관되어 있다. 당시 페르시아 군
대를 꺾고 승리를 거둔 그리스 군대의 한 병사가 그 기쁜 소식을 아테네에 전
하기 위해 42.195km를 달려갔다. 하지만 먼 길을 숨 가쁘게 달려가 승전 소식
을 전한 후 안타깝게도 죽고 말았다.

6) 아하수에로 왕은 그후 BC 480년에는 선왕(先王) 다리오에 이어 세 번째 그리
스 원정을 시도했다. 전투가 시작된 초기에는 곳곳에서 페르시아군이 그리스
병사들을 쳐부수고 승승장구하는 듯했다. 하지만 페르시아 함대가 살라미스
전투에서 크게 격파당한 후에는 전세가 역전되었다. 결국 페르시아 제국은 그
로 말미암아 그리스 정복을 포기하기에 이르렀다.

전 국가적인 거창한 행사를 성공리에 끝낸 아하수에로 왕은 이제 페르시아의 수도인 수산에 거주하는 많은 백성을 위해 왕궁의 뒷 뜰에서 이레 동안의 거창한 잔치를 베풀었다. 그것은 왕의 측근과 가까이 있는 백성들의 결속을 다지기 위한 목적이 있었을 것이 분명하다. 그리하여 주변에 자기의 위엄을 보여주는 화려한 장식을 했다.

거기에는 흰색, 녹색, 청색 휘장을 만들어 자색의 가는 베줄로 대리석 기둥에 부착된 은고리에 매어 달았다. 그리고 금과 은으로 된 의자를 화반석, 백석, 운모석, 흑석 등 각종 보석을 깐 바닥에 배치했다. 거기서 다양한 모양을 띤 금으로 만든 잔으로 술을 마시게 했으며 왕이 베푼 잔치에는 값비싼 고급 술이 넘쳐났다.

왕은 또한 궁내의 모든 관리에게 명령을 내려, 거기 모인 백성들로 하여금 강압적이지 않고 평안한 마음으로 그 자리를 즐길 수 있게 배려하도록 했다. 즉 먹고 마시는 것을 부담을 가져 억지로 하지 않도록 했다. 그 같은 시기에 왕후 와스디도 아하수에로 왕궁에서 부녀들을 초청하여 특별한 잔치를 베풀게 되었다.

2. 왕후 와스디(Vashti)의 불복과 아하수에로 왕의 진노(에1:10-12)

페르시아 제국의 수도인 수산 성 거민들을 위하여 특별히 마련된 잔치의 마지막 날 왕은 주흥(酒興)이 일어나 크게 만족스러워하고 있었다. 그리하여 어전(御殿) 내시 일곱 명을 불러 왕후 와스디를 자기 앞으로 나아오게 하라고 했다. 또한 올 때 왕 앞으로 나아오는 만큼 머리와 의관을 정제하고 체모(體貌)를 갖추게 했다.

왕이 굳이 그렇게 하고자 했던 까닭은 사사로운 감정 때문이라기보다 그동안의 긴 행사를 마무리하는 마지막 날 의미 있는 매듭을 짓기 위해서였을 것으로 보인다. 그가 자기에게 시중드는 어전 내시 일곱 명에게 특별히 명령을 내린 것을 보아 그것이 공적인 성격을 지니고 있었음을 알 수 있다.

이처럼 아하수에로 왕은 행사의 마지막을 위해 자기 아내인 왕후의 아리따움을 모든 백성과 관료들에게 보이기를 원했다. 이는 미모를 갖춘 왕후의 모습을 통해 자신의 권위를 드러내 보이고자 하는 마음이 있었기 때문이다. 그 모든 과정을 통해 자기가 통치하고 있는 페르시아 제국이 건재하다는 사실을 선포하고 싶었던 것으로 보인다.

그런데 아무도 예기치 못했던 심각한 문제가 발생하게 되었다. 왕후 와스디가 내시들이 전하는 왕명을 받아들이지 않고 거부했기 때문이다. 왕후가 국가적인 중요한 행사를 위하여 내린 왕의 명령을 거부한다는 것은 결코 있을 수 없는 일이었다. 따라서 왕은 그것으로 인해 마음에 불이 붙는 듯 크게 진노하게 되었다.

우리가 여기서 생각해 볼 수 있는 점은 왕후 와스디가 그에 대해 생각을 하지 못했을까 하는 점이다. 왕후는 공적인 자리에 초청하는 왕명을 거부하면 자기에게 어떤 일이 발생하게 될지 알았을 것이 분명하다. 그런데도 왕후가 감히 왕의 공적인 명령을 거부하는 그런 일이 발생하게 되었다. 그것은 세계적인 대제국을 통치하는 아하수에로 왕으로 하여금 모욕감을 느끼게 하기에 충분했다.

이에 대하여 짐작 가능한 것은 어쩌면 왕후가 독자적인 세력을 키우고자 했을지 모른다는 점이다. 즉 단순히 왕명을 거부했다기보다 나라 안에서 자기의 존재를 부각하고자 하는 마음이 있었을 것이다. 만일 왕이 크게 진노하지 않고 그냥 넘어갔다면 그 상황은 전혀 다른 형태로 나타났을지도 모른다. 그리스와 맞서 싸운 페르시아 전쟁에서 여러 번 패배하여 다소간 불안정한 모습을 떨치지 못한 왕국의 형편에서 생각해 볼 수 있는 문제이다.

분명한 사실은 이 모든 일이 하나님의 섭리와 경륜 가운데 진행되어 갔다는 점이다. 어리석은 인간들의 눈에는 전혀 보이지 않고 생각이 그에 미치지 못했지만, 하나님께서는 에스더를 왕후의 자리에 들여보내기 위해 그렇게 간섭하셨다.[7] 우리는 에스더서의 처음 시작부터 인간 역사에 적극적으로 관여하시는 하나님의 놀라운 섭리를 보게 된다.

3. 왕후의 항명에 대한 신하들의 견해와 아하수에로 왕(에1:13-20)

진노한 아하수에로 왕은 감히 자기의 명령을 거부한 왕후 와스디에게 엄벌을 내리고자 작정했다. 와스디가 왕의 명령을 거부한 것은 다른 이유를 차치하고서라도 단순한 불복이 아니라 왕의 체면을 완전히 구겨버린 사건이 되었다. 왕후를 데리고 오라는 왕의 명을 받들어 내궁으로 간 신하들이 보기에도 우습게 되어 버린 것이다.

더구나 이번에 페르시아 제국 전역에 흩어져 국정 운영에 참여하는 고위 관리들을 불러 자기의 권위를 확인하고자 하던 형편이었다. 그리고 수도 수산 성에 거하는 백성들에게도 자신의 건재한 모습을 보여주기를 원했다. 불과 몇 년 전 두 차례 그리스를 공략하는 전쟁에서 크게 패한 페르시아 제국의 형편으로서는 그렇게 하는 것이 매우 중요한 일이었다.

그런데 여섯 달이 넘는 긴 기간 동안 진행된 행사를 마치고 이제 마지막 정리를 하는 시점에서 왕후가 왕의 명령을 거부하고 멸시하는 일이 발생하게 되었다. 등잔 밑이 어둡다는 말이 있듯이 바로 코앞에 있는 왕후가 자기의 명을 거부하는 행위를 자행했다.

이는 왕의 권위를 일순간에 무너뜨릴 수 있는 심각한 사건으로서 예삿일이 아니었다. 따라서 아하수에로 왕이 왕후에 대하여 크게 진노하여 그녀를 엄하게 벌하고자 했던 것은 지극히 당연한 일이었을 것이다. 하지만 당시 그 사건은 왕궁 내부에서 일어난 일로서 아직 외부의 많은

---

7) 우리는 여기서 오래전 하나님께서 모세를 애굽의 파라오 왕궁에 들여보내는 과정에서, 애굽 정부가 펼쳤던 이스라엘 족속의 남자 영아살해 정책을 떠올려 볼 수 있다.

사람이 알고 있지는 않았다. 그런 중에 왕은 그 일을 감정적으로 처리하려 하지 않고 법에 따라 적법한 과정을 밟아 왕후에게 벌을 내리려고 결심하고 있었다.

그러므로 페르시아 제국의 관례에 따라 그와 비슷한 경우에 적용되어야 할 규례와 법률에 익숙한 자들을 불러 자문하고자 했다. 그것을 위해 고위층에 있는 므무간을 위시한 일곱 명의 대신들을 불렀다. 그들은 왕 앞으로 나아와 그의 불편한 기색을 살피면서 하명(下命)을 기다렸다.

왕은 그 자리에서 왕후 와스디가 내시가 전하는 왕의 명령을 받들지 않고 거부했는데 법대로 하면 어떻게 처리할 수 있느냐고 물었다. 그 말을 들은 자들 가운데 므무간(Memucan)이 왕을 비롯한 여러 신하들 가운데서 그에 관한 답변을 했다. 우선 왕후가 잘못한 것은 단순히 왕의 명령에 불복한 행위 자체뿐 아니라 그 이상으로 더 큰 잘못된 문제를 가지고 있다는 사실을 말했다.

왕후 와스디가 왕의 명령을 거부한 것은 단지 아하수에로 왕뿐 아니라 그가 통치하는 페르시아 제국의 각 도에 속한 수많은 관리와 모든 백성에게도 악을 행한 것이 된다는 것이었다. 왕의 준엄한 명령에도 불구하고 왕후 와스디가 그 자리로 나아가지 않고 거부했다는 소문이 온 나라와 모든 부녀 사이에 퍼지게 되면 그 여인들도 자기 남편을 멸시하게 되리라고 했다.

그러므로 당장이라도 그 사실이 외부로 알려지게 되면 페르시아와 메디아의 높은 지위에 있는 남편을 둔 귀부인들이 왕후의 소문을 들으면 심각한 문제가 발생하게 될 것이라고 했다. 그 여인들이 페르시아의 관리들인 자기 남편을 향해 그 사건을 입술에 오르내릴 수밖에 없으리라는 것이었다. 그렇게 되면 남편에 대한 아내들의 멸시와 분노가 여기 저기서 일어나게 될 수밖에 없다고 했다.

따라서 왕이 만일 므무간 자신이 고하는 말을 선하게 받아들인다면 왕후 와스디를 다시는 왕 앞에 나아오지 못하도록 금하는 조서를 내려 달라고 했다. 또한 그것은 페르시아와 메디아 법률 중에 기록으로 남겨 다시는 그와 같은 일이 발생하지 않도록 해야 한다고 언급했다. 그리고 왕후의 자리를 와스디보다 나은 여인에게 주는 것이 바람직하리라는 사실을 말했다. 그처럼 그에 연관된 왕의 조서가 넓은 페르시아 제국 전역에 반포되면 빈부귀천을 막론하고 모든 부녀가 자기 남편을 존경 하리라는 것이었다.

우리는 여기서 몇 가지 중요한 내용을 보게 된다. 그것은 우선 아하 수에로 왕이 그 문제를 두고 감정적인 대응을 하지 않고 법률의 규정에 따른 절차를 중시했다는 사실이다. 또한 왕후가 왕의 명령을 거부한 것 은 왕 자신뿐 아니라 제국 안에 거하는 모든 사람에 대한 범죄행위가 된다고 한 점이다.

그리고 왕후의 잘못에 대한 벌을 조서를 통해 제국 전역에 알리고 그 것을 기록하여 강력한 법령이 되도록 해야 한다는 기조를 유지하고자 했다. 그렇게 함으로써 왕후의 남편인 왕에 대한 불복이 제국 전체에 미치는 악한 풍조가 되어서는 안 된다고 판단했다. 이와 같은 모든 사 항은 페르시아 제국뿐 아니라 누구나 소중하게 받아들여야 할 중요한 교훈이 되었다.

4. 백성들에게 내린 왕의 조서와 왕후 와스디의 폐위 (에1:21,22)

왕의 신하들 가운데 한 사람이었던 므무간이 아하수에로 왕에게 전 한 말을 들은 왕과 그 자리에 함께 있던 모든 신하는 그 말을 좋게 여겨 받아들였다. 따라서 왕을 비롯한 모두가 아무런 이의를 제기하지 않았 다. 그리하여 왕은 므무간의 말대로 시행하고자 했다.

그리하여 페르시아 제국에 속한 각 도에 거주하는 다양한 민족들을 향해 일괄적인 조서를 내렸다. 그 내용은 왕의 명령을 거부한 왕후 와

스디의 폐위에 연관된 것이었다. 거기에는 물론 앞에서 언급한 대로 그
것이 중요한 법령의 구실을 한다는 점과 페르시아 내에서 절대로 아내
가 남편을 멸시하는 일이 발생해서는 안 된다는 내용이 포함되었을 것
이다.

만일 그와 같은 일이 발생하면 왕이 자신의 명을 거부한 왕후에게 책
임을 물었듯이 동일한 책임을 묻겠다는 의미가 담겨 있었다. 그 법령을
어기게 되면 잘못된 풍조가 만연하게 되어 나라가 질서를 잃고 혼란스
러워질 수밖에 없을 것이었기 때문이다. 아하수에로 왕에게는 페르시
아 제국의 질서가 잡혀 내부가 안정되는 것이 중요했다.

또한 왕은 제국 내 온 백성을 위한 조서를 내리면서 각 종족의 문자
와 방언대로 기록하도록 명령을 내렸다. 그리고 남편이 각 가정을 주관
하도록 하는 동시에 각 민족이 자신의 방언을 자유롭게 사용하도록 허
락했다. 이는 페르시아 제국의 중요한 정책 가운데 하나였다. 다양한
민족과 언어를 말살하는 것이 아니라 도리어 다양성을 그대로 인정하
면서 통합을 이루고자 했던 것이다.[8]

---

8) 과거 앗수르 제국은 혼혈정책을 펼치면서 대통합을 이루고자 했으며, 바벨론
제국은 각 민족의 인재들을 중앙으로 불러들여 바벨론 언어를 중심으로 하는
교육제도를 통해 강력한 나라를 만들고자 했다. 그에 반해 페르시아 제국은 각
민족의 고유성을 인정하는 가운데 전체적인 통합을 추구했다. 이스라엘 백성
이 페르시아 시대 가나안 본토로 귀환하여 예루살렘 성전을 재건하고 저들의
고유한 하나님을 섬기도록 허락된 것도 그와 연관된 일이었다.

287

제2장

아하수에로의 새로운 왕후로 간택된 에스더
(에2:1-23)

1. 새로운 왕후 간택을 권하는 신하들 (에2:1-4)

왕명을 거부한 왕후 와스디를 폐위하고 그에 관한 조서를 전국에 전달한 후 시간이 점차 흘러갔다. 그와 더불어 아하수에로 왕의 진노도 조금씩 가라앉게 되었다. 그러자 조정에서는 왕이 새로운 왕후를 얻는 것이 좋을 것으로 생각하는 신하들이 많아졌다. 그리하여 왕의 신하 가운데 하나가 왕을 위하여 아리따운 처녀를 구해 왕후로 삼도록 권했다.

그렇게 하고자 하는 결심이 서게 되자 전국의 각 도에 있는 관리자들에게 명령을 내려 아리땁고 참한 처녀들을 왕궁이 있는 수산 성에 모이도록 하라고 했다. 그리고 그 처녀들을 후궁으로 불러 궁녀들을 관리하며 주관하는 내시인 헤개(Hege)의 손에 맡겨 그 일에 대한 진행을 하는 것이 좋으리라는 판단을 내렸다. 그와 같이 하면 절차에 따른 마땅한 요건을 확인하기에 쉬우리라는 것이었다.

그 직무가 맡겨지면 책임자는 왕후가 되기 위해 모여든 처녀들에게
몸을 가꿀 수 있는 화장품을 제공하게 된다. 그것을 통해 왕의 마음에
드는 처녀가 있으면 와스디를 대신할 왕후로 삼게 된다는 것이었다. 모
든 보고를 받은 아하수에로 왕은 그 말을 좋게 여겨 그대로 실행하라는
명령을 내렸다.

우리가 여기서 볼 수 있는 사실은 페르시아 제국 전역에 흩어진 각
도의 관직자들에게 명하여 아리따운 처녀들을 구하도록 한다는 점이
었다. 그것은 제국 내의 각 종족을 존중하는 페르시아 제국의 정책
노선과 밀접하게 연관되어 있다. 즉 왕후를 간택하는 중요한 일을 시
행하면서 특정 종족에 얽매이지 않는다는 점을 보여주고 있기 때문
이다.

2. 수산 성에 거주하는 유다인 모르드개와 에스더 (에2:5-7)

페르시아 제국의 수도 수산 성에 모르드개라는 인물이 살고 있었다.
그는 이스라엘 자손으로서 베냐민 지파에 속한 신실한 사람이었다. 오
래전 그의 조상들은 바벨론 제국의 느부갓네살 왕에 의해 유다 지역에
서 포로로 잡혀 왔었다.

그들이 사로잡혀 올 당시 패망의 그림자가 드리워진 유다 왕국에서
는 여고냐 곧 여호야긴이 통치하고 있었다. 그는 선왕(先王)이었던 여호
야김 왕이 죽게 되자 그 뒤를 이어 왕위에 오른 인물로서 18세의 어린
나이에 유다 왕국의 최고 통치권자가 되었다. 하지만 BC 598년 왕으로
즉위한 지 3개월이 막 지난 때 바벨론의 포로가 되어 이방 땅으로 사로
잡혀가는 신세가 되었다(왕하24:1-12).

유다 왕국 백성들이 BC 605년 첫 번째 포로가 되어 잡혀간 후, 두 번
째로 포로가 되어 바벨론 땅으로 사로잡혀갈 때 그 가운데는 모르드개
와 에스더의 친 조상이 포함되어 있었으며 당시 에스겔도 그들과 함께

포로가 되어 끌려갔다.[9] 그 사람들은 어렵고 불행한 환경에 처해 눈물
의 길을 걸어가야만 했다. 그런 중에 하나님의 특별한 간섭과 섭리 가
운데 참된 믿음을 회복한 자들도 상당수 있었다.

모르드개의 집안도 어려움 중에 참된 믿음을 소유한 사람들 중 하나
였다. 하지만 그 와중에 심각한 불행을 겪어내야만 할 일들이 많았다.
그것은 신앙적인 문제뿐 아니라 일반적인 삶과 생활에 연관된 문제이
기도 했다. 모르드개의 사촌 여동생 곧 그의 삼촌의 딸인 에스더는 어
릴 때 부모를 잃어 불행한 삶을 살아야 할 형편에 처해 있었다.

그런 중에 나이 차이가 크게 나는 사촌 오라버니 모르드개의 보호 아
래 올바르게 잘 성장할 수 있었다. 에스더는 건전한 신앙을 소유한 곱
고 아리따운 처녀로서 주변 사람들의 인정을 받는 인물로 자라나게 되
었다. 하지만 이제 그의 앞에는 아무도 상상조차 할 수 없는 특별한 상
황이 기다리고 있었다. 물론 그것은 인간들이 계획하고 진행하는 일이
아니라 전적인 하나님의 섭리와 경륜에 달린 일이었다.

3. 왕후 간택 후보로 뽑힌 에스더 (에2:8-11)

폐위된 와스디를 대신하여 새로운 왕후를 뽑는다는 왕의 조서가 페
르시아 제국 전역에 반포되었다. 그것은 개인이 스스로 자원하는 것이
아니라 공적인 추천을 받아야만 그 후보에 오를 수 있었다. 이는 왕후
가 될 만한 여성의 인품과 풍모를 사전에 검증한다는 의미를 지니고
있다.

---

9) '한글 개역 성경'을 비롯한 다수의 번역 성경에서는 모르드개도 그때 함께 사
로잡혀 간 것으로 기록되어 있으나 그것을 문자적으로 이해해서는 안 된다. 모
르드개가 등장하던 페르시아 제국의 아하수에로 왕의 통치 시기는 그보다 약
120년이 지난 때였다. 즉 그들의 조상이 포로가 되어 바벨론 땅으로 끌려간 것
은 모르드개가 출생하기 훨씬 전의 일이었다.

그 조서에 의해 페르시아 제국 전역에 흩어져 있는 각 도에서 많은 처녀가 왕궁이 있는 중심 도시인 수산 성으로 몰려들었다. 그 여성들은 궁녀에 관련된 분야를 총괄하는 내시 헤개 앞으로 나아갔다. 그때 에스더도 특별히 뽑혀 왕궁으로 이끌려 가서 헤개의 담당 아래 놓이게 되었다.

헤개는 에스더를 좋게 보고 그녀에게 호의를 베풀어 특별한 대우를 했다. 그리하여 에스더를 위해 양질의 화장품과 좋은 음식을 제공했다. 뿐만 아니라 궁궐에서 뽑은 일곱 명의 시녀들로 하여금 시중들도록 하면서 별궁의 가장 좋은 곳에서 지내도록 배려했다. 에스더는 그전에 상상도 할 수 없었던 호사스러운 경험을 하게 되었다.

그런데 에스더는 왕후가 되는 후보자 가운데 한 사람이 되었음에도 자기 민족과 종족에 관한 신상을 일절 밝히지 않았다. 이는 사실 매우 중요한 의미를 지니고 있다. 세계적인 대제국 페르시아 왕의 비가 될 여성이 자신의 소속 종족을 밝히지 않아도 된다는 것은 선뜻 이해하기 어렵다. 왕후가 될 인물의 신상에 연관된 모든 것을 철저히 조사하는 것은 지극히 자연스럽기 때문이다.

하지만 페르시아 제국의 민족주의를 초월한 세계주의적 정책은 왕후의 원래 종족에 대해서 중요한 의미를 부여하지 않았다. 따라서 에스더는 자기가 속한 종족을 밝히지 않은 채 왕후가 될 수 있는 경쟁자 가운데 한 사람이 될 수 있었다. 이는 물론 자기를 어릴 때부터 양육해준 모르드개가 에스더에게 종족을 밝히지 말라는 특별한 당부를 했기 때문이었다.

우리가 여기서 생각해 볼 수 있는 사실은 아무리 지위가 높은 왕후가 된다고 할지라도 신실한 유다인의 처지에서는 불신자인 아하수에로 왕과 혼인하는 것은 이방 결혼이 된다는 사실이다. 그것은 모세 율법이 금하고 있는 내용이다(수23:12,13; 스9:2, 참조). 그런데도 에스더는 그 특별한 자리에 있었으며 모르드개는 그것을 지원하는 모양새를 띠고 있다.

당시 모르드개는 왕의 별궁에 왕후가 될 만한 여인들이 모여있는 것을 알고 그 진행되는 일에 깊은 관심이 있었다. 그는 상황이 어떻게 돌아가는지 알고자 하여 날마다 후궁 뜰 앞을 서성이며 에스더의 안부를 듣고자 했다. 이는 모르드개가 에스더의 간택을 간절히 기대하고 있었음을 말해주고 있다. 그것은 물론 개인적인 열망 때문이 아니라 이스라엘 민족과 연관되어 있었을 것이 분명하다.

우리는 이 모든 일이 진행되는 과정에서 하나님의 놀라운 섭리를 보게 된다. 하나님께서 세상 가운데서 이루시고자 하는 구속사를 위해 특별한 관여를 하고 계시기 때문이다. 즉 하나님께서는 특별히 선택하신 에스더를 페르시아 제국의 왕궁으로 들여보내기 위해 그와 같은 놀라운 일들을 진행하셨다.

이에 대해서는 그보다 오래전 이스라엘 역사 가운데 몇 차례 유사한 사건이 있었다. 야곱을 비롯한 이스라엘 자손이 가나안 땅에 있을 때 하나님께서는 요셉을 애굽의 왕궁에 들여보내기 위해 특별한 과정을 통해 역사하셨다. 형들에 의해 노예로 팔려 간 요셉을 황제인 파라오 다음의 고위직인 총리대신의 지위에 오르게 하셨다. 그는 에스더가 이방 결혼을 한 것처럼 애굽 여인과 이방 결혼을 하게 된다.

그리고 모세를 애굽의 왕궁에 들여보내기 위해, 당시 히브리인들을 대상으로 하여 갓 태어난 남자아기를 살해하는 애굽의 잔혹한 정책 가운데 특별히 역사하셨다. 모세는 궁중 교육을 받고 유력한 권력자의 지위에 있었으나 그는 나중 애굽 관리를 살해한 뒤 홀로 시내 광야로 도망쳐 나왔다. 그는 그곳에서 이방 여인과 혼인하게 되었다. 이처럼 에스더의 왕후가 되는 과정과 그가 이방인인 아하수에로 왕과 혼인한 것도 그와 같은 맥락에서 이해하는 것이 자연스럽다.

4. 왕후가 되기 위한 엄격한 절차 (에2:12-15)

왕후로 간택받을 수 있는 대상에 오른 모든 처녀는 아하수에로 왕 앞으로 나아가기 전에 철저한 과정을 거쳐야만 한다. 즉 인상과 외모를 한두 번 보고 결정할 수 있는 가벼운 일이 아닌 국가적인 중대사였기 때문이다. 그것을 위해서는 모든 처녀에게 적합한 준비와 더불어 많은 인내를 요구했다.

왕후가 될 사람은 한 명밖에 없었으나 수십 명이 넘는 모든 처녀가 준비하여야 했다. 실상은 그것 자체가 페르시아 제국의 권위를 드러내 보여주는 성격을 지니고 있다. 나아가 전국에 흩어져 있는 관료들과 백성들도 왕궁에서 벌어지고 있는 그 이야기를 듣고 존엄하게 받아들이게 된다. 그와 같은 일이 제국 전체를 하나로 묶는 끈의 역할을 하는 것으로 이해할 수 있다.

왕후 간택을 위해 준비하는 모든 처녀는 규례에 따라 열두 달 동안의 깊이 있는 과정을 통과해야 한다. 우리가 여기서 알 수 있는 사실은 그것이 에스더가 왕후로 뽑히는 그때뿐 아니라 원래부터 페르시아 제국의 규례가 그러했다는 사실이다. 이는 세계적인 대제국의 왕후를 뽑는 일이 그만큼 신중한 것이란 점을 시사해주고 있다.

처녀들은 열두 달 가운데 앞의 여섯 달 동안은 몰약 기름(oil of myrrh)[10]을 써서 몸의 기본 상태를 건강하게 가꾸어야 하며 나머지 여섯 달 동안은 향유와 여성의 화장을 위한 다양한 물품을 사용하여 몸을 정결케 해야 한다. 여기에는 처녀의 몸을 정결케 하기 위한 구체적인 실행과 더불어 중요한 상징적인 의미가 내포된 것으로 이해해야 한다.

앞의 여섯 달 동안 몰약 기름을 바르며 몸을 가꾸는 것은 과거 여러 모양으로 묻은 때로 말미암아 더러워진 상태를 완전히 새롭게 하는 의미를 지니고 있다. 물론 그 기름을 여섯 달 동안 바른다고 해서 실제로

---

10) 몰약은 다양한 효험이 있는 것으로 알려져 있다. 그중에 문둥병과 매독 등 중대한 전염병의 치료를 위해 사용될 정도로 큰 약효를 가진다고 한다. 따라서 왕후로 간택받는 과정에서 몰약 기름을 여섯 달 동안 발랐다는 것은 신체적 정결에 연관된 의미를 지닌 것이 분명하다.

과거의 모든 때를 완전히 벗겨낼 수 있는 것이 아니다. 하지만 그 과정이 필수적이란 점에 관한 상징적인 의미는 분명하게 받아들일 수 있다.

또한 나머지 여섯 달 동안은 향유와 여성의 화장을 위한 다양한 물품을 사용하여 몸을 정결케 하는 것은 오늘날의 표현으로 하면 미용(美容)에 연관된 것으로 이해할 수 있다. 중요한 사실은 먼저 긴 기간 동안 몰약을 사용하여 몸에 존재하는 부정한 것들을 제거한 다음 그 위에 다시 몸을 아름답게 해야 한다는 점이다. 이렇게 하여 왕에게 어울리는 순결한 여성의 몸을 가지게 되는 것이다.

그런 다음에 각 처녀는 차례대로 왕 앞으로 나아가게 되었다. 그때는 당사자인 처녀가 원하는 것을 다 주어서 그것으로써 자기를 위해 단장하도록 했다. 즉 의상과 장신구 등 무엇이든지 원하는 대로 다 내어주었다. 그리하여 왕 앞으로 나아가는 처녀들은 스스로 자신의 외모를 꾸미고 왕을 대면하게 되었다.

우리는 여기서 매우 중요한 사실을 알게 된다. 몸을 정결하게 하는 모든 과정은 모든 처녀가 갖추어야 할 동일한 관점의 필수적인 사항이었다. 그에 비해 왕 앞으로 나아갈 때는 각기 자기의 취향에 따라 제각각 몸을 단장했다. 물론 각자는 왕이 가장 좋아할 만한 모습으로 자기를 꾸미고자 애썼을 것이 분명하다.

경우가 다소 다르기는 하지만 우리는 이를 통해 중요한 교훈을 얻게 된다. 예수 그리스도의 신부인 지상교회에 속한 모든 성도는 당연히 하나님의 말씀과 성령 하나님의 도우심으로 과거에 묻힌 더러운 때를 씻어내고 하나님으로부터 허락된 새로운 향유를 통해 정결한 모습을 소유할 수 있어야만 한다. 그렇지만 그 이후 각 개인에게 맡겨진 은사와 연관된 삶은 하나님 앞에서 다양한 모습을 지닐 수 있다는 사실을 생각해 보게 된다.

하여튼 왕후 간택을 위해 모인 각 처녀는 순서에 따라 저녁에 왕궁으로 나아갔다가 아침이면 후궁으로 돌아와 비빈을 주관하는 내시 사아

스가스(Shaashgaz)의 관리 아래 놓이게 되었다. 그후 왕이 그 처녀를 기
뻐하여 다시 부르지 않으면 왕 앞으로 나아갈 수 없었다. 이는 왕이 저
를 왕후로 간택하지 않았다는 사실을 말해주고 있기 때문이다.

그런 중에 어려서 부모를 잃어 모르드개가 양육한 그의 사촌 여동생
인 에스더가 순서에 따라 왕 앞으로 나아가게 되었다. 에스더는 앞서
다른 처녀들과 달리 궁녀를 관리하는 내시 헤개(Hege)가 정해주는 가장
기본적인 것 외에 아무것도 요구하지 않았다. 즉 다양한 것들로 화려하
게 꾸미지 않은 수수한 모습으로 나아갔다. 그런데 그를 보는 모든 사
람의 눈에는 아리따운 모습 자체가 드러나고 있었다.

5. 왕후로 간택된 에스더 (에2:16-18)

아하수에로 왕이 즉위한 지 칠 년, BC 478년 시월 곧 데벳월에 에스
더가 왕궁으로 불려가 왕 앞으로 나아갔다. 이는 왕이 여러 처녀들 가
운데 에스더를 가장 귀하고 사랑스러운 여성으로 받아들였기 때문이
다. 따라서 왕은 에스더를 자신을 위한 왕후의 자리에 앉히고자 하는
간택을 결심하게 되었다.

그리하여 왕은 에스더의 머리 위에 화려한 면류관을 씌우고 그 여인
이 앞서 폐위된 와스디를 대신하여 왕후로 간택되었음을 선언했다. 그
와 더불어 왕은 신하들과 논의하여 큰 잔치를 베풀었는데 그것은 왕후
에스더를 위한 행사였다. 이로 말미암아 바벨론의 포로로 잡혀 온 유다
인의 집안에서 태어나 어릴 때 부모를 잃고 고생하던 에스더가 세계적
인 대제국 페르시아 왕후의 자리에 앉게 되었다.

그렇게 하여 고관대작을 초대한 자리에서 왕후 대관식을 겸한 성대
한 잔치가 베풀어졌으며 전국 각 지방에서는 임시 공휴일을 선포하는
동시에 세금을 면제해주기도 했다. 또한 각 도에는 왕의 이름으로 다양
한 하사품들을 보내 기쁨을 함께 나누었다. 이렇게 하여 페르시아 제국

은 내적으로 새로운 국면을 맞게 되었다. 물론 이 모든 과정에는 하나
님의 특별한 섭리와 경륜이 작용하고 있었다.

6. 모르드개의 관심과 아하수에로 왕을 위한 특별한 일 (에2:19-23)

성경에는 또다시 여러 처녀를 불러 모았다는 기록이 나타나고 있다
(에2:19). 그런데 이 문장 가운데는 누가 왜 그렇게 했는지에 대한 명확
한 이유가 보이지 않는다. 학자들 가운데는 에스더가 왕후가 된 후에
신하들이 또다시 다른 왕후를 세우기 위해 그렇게 한 것처럼 주장하는
자들이 있으나 그와 같은 견해는 받아들이기 어렵다.

그것은 아마도 왕후의 간택을 위한 대열에 서기 위해 페르시아 제국
여러 지역에서 올라온 처녀들을 고향 집으로 돌려보내기 위해 한 자리
에 불러 모은 것으로 이해하는 것이 가장 자연스럽다. 먼 길을 걸어 수
산 성으로 온 어린 처녀들이 혼자서 고향으로 돌아갈 수는 없었다. 그
리고 왕후로 간택되지 않은 처녀들을 그때마다 한 명씩 돌려보낸 것이
아니라 모든 일을 마치고 한꺼번에 그렇게 했던 것으로 보인다.

그때도 모르드개는 왕이 거하는 궁궐 문 앞에 앉아 있었다. 그는 이
제 왕후가 된 사촌 여동생 에스더의 근황이 궁금하지 않을 수 없었다.
즉 그가 궁궐 부근에 있으면 왕과 가까운 신하들이나 혹은 그 주변 사
람들이 오가면서 나누는 에스더에 관한 말을 들을지 모른다는 기대를
하고 있었을 것이 분명하다.

모르드개는 에스더를 왕후로서 페르시아 제국의 궁궐에 들여보내는
일에 특별한 관심이 있었다. 그것은 단순히 혈연 문제 때문이 아니라
이스라엘 민족의 장래와 연관되어 있었다. 즉 그 모든 상황 가운데는
하나님의 특별한 섭리와 경륜이 작용한다는 사실을 깨닫고 있었다.

그러므로 모르드개는 에스더가 왕후로 간택받기 위한 자리로 나아가
기 전에 다른 사람들에게 자신의 종족과 민족에 대하여 말하지 말라는

당부를 했다. 즉 에스더 자신이 이스라엘 민족에 속한 여성이라는 사실을 밝히지 말도록 했다. 물론 에스더는 어릴 때부터 자기를 양육해온 모르드개의 말에 전적으로 순종했다.[11]

당시 유다 사람들은 매우 특별한 형편에 처해 있었다. BC 538년에 반포된 고레스왕의 칙령[12]에 따라 스룹바벨의 인도로 상당히 많은 이스라엘 자손들은 이미 귀환하여 가나안 땅에서 살고 있었다. 나아가 그들은 아하수에로 왕의 선왕인 다리오 왕 때인 BC 516년쯤 파괴된 성전을 재건한 상태에 있었다.

그와 같은 역사적 형편이 전개되는 중에 왕후 와스디가 폐위되고 에스더가 새로운 왕후로 간택되었다. 또한 그 상황에서 왕의 반대편에 선 자들에 의해 중대한 계획이 비밀리에 진행되어 가고 있었다. 그것은 아하수에로 왕을 모살하려는 반란자들의 음모였다. 그것을 모의하는 자들은 아마도 앞서 와스디를 폐위시킨 아하수에로 왕에 대한 불만이 컸을지도 모른다.

분명한 사실은 왕궁과 사람들이 출입하는 대궐 문을 지키는 내시 가운데 빅단과 데레스 두 사람이 그에 대한 구체적인 음모 계획을 세우고 있었다는 점이다. 그들은 페르시아를 통치하는 왕의 생명과 그가 거하는 왕궁을 지키는 중요한 직책을 부여받은 자들이었다. 그들이 내부에서 기회를 틈타 왕을 모살하고자 하면 쉽게 그렇게 할 수 있었다. 왕의 측근에 있는 공직자들에 대해 추호의 의심도 하지 않았을 것이기 때문이다.

---

11) 참 신앙인인 에스더는 페르시아 제국의 최고 통치자인 남편 아하수에로 왕보다 언약의 사람이자 자기의 사촌 오라비인 모르드개를 궁극적으로 신뢰하고 있었다.

12) 1879년 발견된 길쭉한 원통 모양의 점토판인 '고레스 실린더'(Cyrus Cylinder)에는 고레스 왕의 바벨론 정복에 연관된 내용과 흔히 인간의 존엄성과 신분적 자유와 평등사상을 내포한 것으로 평가받는 '고레스 칙령'이 기록되어 있다. 고레스 실린더는 현재 대영박물관에 소장되어 있다.

왕궁의 문 앞에 앉아 있던 모르드개는 우연히 그 심각한 문제에 관한 비밀 정보를 입수하게 되었다. 그것은 물론 하나님의 특별한 경륜에 따라 허락된 것이었다. 그 내용은 아하수에로 왕을 아무도 모르게 살해하고자 하는 자들의 검은 계획이다. 그들은 왕을 살해하고 왕권을 찬탈하고자 하는 마음을 가지고 있었을 것이 분명하다.

그에 관한 사실을 알게 된 모르드개는 즉시 왕후 에스더를 통해 왕에게 고하도록 했다. 중요한 점은 에스더가 그 비밀을 입수하게 된 경위를 왕에게 말할 때 모르드개 자신의 이름으로 보고하도록 요구했다는 사실이다. 그렇게 함으로써 그것이 떠도는 낭설이 아니라 구체적인 상황임을 밝히려 했다.

왕을 시해하려는 그 끔찍한 비밀 정보를 알게 된 아하수에로 왕은 결코 가만히 있을 수 없었다. 바깥 사람들이 아니라 궁궐 내부에서 비밀리에 자기를 죽이려는 그와 같은 음모가 진행된다는 것 자체가 있을 수 없는 일이었다. 그리하여 그는 사실 확인을 한 후 그 두 사람을 많은 사람이 볼 수 있도록 나무에 매달아 공개적으로 처형했다.

또한 그에 관한 모든 내용은 페르시아 궁중 일기에 그대로 기록되었다. 왕은 자기가 보는 앞에서 그 모든 사실을 기록하라는 명령을 내렸다. 사악한 반란자들을 나무에 매달아 공개적으로 처형한 것은 그 광경을 지켜보는 모든 사람이 다시는 그와 같은 음모를 계획하지 못하도록 경각심을 주는 의미가 내포되어 있다. 또한 그 모든 내용을 궁중 일기에 기록하게 한 것은 그 사건이 역사적인 사료로 남아 후대에도 그와 같은 일이 발생하지 못하도록 하는 메시지를 남기려는 의도를 담고 있다.

제3장

총리대신 하만의 유다인 학살 계획과 실행

(에3:1-15)

1. 왕 다음의 최고 지위에 오른 하만과 유다인 모르드개 (에3:1-4)

에스더가 새로운 왕후로 간택된 후 페르시아 제국에는 전반적인 변화가 일어났다. 아하수에로 왕을 암살하려는 음모가 왕궁에서 일어났다는 사실은 그 심각성을 보여주고 있다. 또한 그리스 정복을 위해 나선 페르시아 군대가 몇 번의 전투에서 그리스 군대에 의해 패배한 것은 나라의 전반적인 상태를 짐작할 수 있게 해준다.

아하수에로 왕으로서는 제국의 정치 기반을 굳건히 구축하고 강력한 정책을 지향함으로써 나라를 안정시켜야만 했다. 그것을 위해 중요한 지위에 있는 공직자들을 대거 교체하는 개각을 시도할 필요가 있었다. 그래야만 제국 내의 미래 지향적 변화와 더불어 전반적인 쇄신이 가능했기 때문이다.

왕은 당시의 다소 어수선한 상태에서 효과적인 국정을 수행하기 위

해 우선 '아각 사람 함므다다의 아들 하만'[13]을 최고위직인 총리대신
에 임명했다. 그는 아말렉 족속의 왕족 가문에 속한 인물이었다. 이제
그가 세계적인 대제국인 페르시아 총리대신의 자리에 앉아 국정 전반
을 돌보게 되었다. 이처럼 아하수에로 왕은 그에게 최고의 권세를 부여
함으로써 제국을 안정시키고자 하는 계획을 하고 있었다. 그리하여 왕
궁에 있는 왕의 모든 신하들을 향해 하만 앞에서 무릎을 꿇고 절하도록
명령을 내렸다. 이는 페르시아 제국의 권력 서열 두 번째인 그의 권위
앞에서 아무도 저항할 수 없다는 사실을 말해주고 있다. 따라서 아무도
왕명을 거부하여 그 명령에 저항하는 행위를 할 수 없었다.

그런데 그 규례를 어기는 심각한 문제가 발생했다. 그것은 유다 사람
모르드개가 왕명을 거스려 그에 복종하지 않았기 때문이다.[14] 이제 사
촌 여동생인 에스더가 새로운 왕후가 되었으므로 그렇게 했을 것이 분
명하다. 즉 에스더가 왕후가 아니라면 그런 무모한 행동을 취하지 않았
을 것이다. 하지만 내면적으로는 훨씬 중요한 이유가 거기 들어있었다.
즉 유다 출신 모르드개는 아말렉 족속의 권력자 앞에 무릎을 꿇는 행위
를 스스로 용납하지 못했다.[15] 그것은 언약의 자손으로서 여간 자존심

---

13) '아각 사람 함므다다의 아들 하만'이란 표현은 그가 아각의 자손으로서 아말
렉 족속의 혈통을 이은 자임을 나타내주는 것으로 이해된다. 또한 아각은 사
무엘상 15:8,9에 나타나는 아말렉 왕과 동일한 인물로 보인다. 요세푸스는 하
만을 '아말렉 사람의 혈통'을 가진 자로 언급하고 있다(「유대 고대사」 Jewish
Antiquities, XI, 209[vi,5]).
14) 당시 대궐 문 앞에 앉은 왕의 모든 신복이 하만에게 무릎을 꿇은 것을 보아 모
르드개도 공직자였을 것으로 짐작하는 자들이 있다. 하지만 모르드개는 국가
공직자가 아니라 유다인들을 대표하는 민족 지도자였을 것으로 이해하는 편
이 자연스럽다.
15) 아말렉 족속과 이스라엘 백성 사이에는 특별한 문제가 있었다(삼상15:1-9, 참
조). 사울이 왕위에 오른 후 사무엘은 그에게 아말렉을 공격해 아무것도 남기
지 말고 완전히 진멸하라는 하나님의 뜻을 전했다. 사울은 그의 말을 듣고 아
말렉을 공격하여 승리를 거두게 되었다. 그러나 그는 하나님의 뜻을 거슬러
완전히 진멸하지 않고 아말렉 왕 아각을 살려주었으며 자기가 좋아하는 것들
을 취했다. 그로 말미암아 하나님의 무서운 진노를 사게 되었다.

상하는 일이 아닐 수 없었다. 그 일로 말미암아 장차 이스라엘 민족의 앞날에 벌어질 끔찍한 일이 진척되어 가고 있었다. 당시는 이미 유다 백성들이 고레스 칙령에 따라 바벨론 지역에서 약속의 땅 가나안으로 돌아가 예루살렘 성전을 다시 건축하여 그곳에서 율법에 따라 여호와 하나님을 섬기는 중이었다.

그 모든 것들은 하나님의 섭리와 경륜 가운데 진행되는 일이었으므로 사람들이 그 진정한 실제적 의미를 알지 못했다. 페르시아 제국에 속한 여러 종족뿐 아니라 이스라엘 자손들조차 그에 대한 아무런 깨달음이 없었다. 하지만 하나님께서 특별히 들어 쓰시는 모르드개는 그에 관한 의미를 어느 정도 간파하고 있었던 것으로 보인다.

따라서 모르드개는 외적인 정치 상황을 개의치 않은 채 왕의 명령을 어기고 하만에게 무릎을 꿇어 절하는 행위를 거부했다. 그것은 숨어서 취한 행동이 아니라 공개적인 태도로 드러났다. 대궐의 문 앞에서 그처럼 하는 것은 왕명에 정면으로 도전하는 것이었다. 감히 왕명을 거스르는 모르드개의 태도를 지켜본 관리들이 그에게 다그쳤다. 왜 왕명을 거역하고 왕이 특별히 세운 권위자에게 규례에 따라 공손히 절하지 않느냐는 것이었다.

그와 같은 모르드개의 항명은 한두 번이 아니라 여러 차례 되풀이되었다. 그때마다 궁중 관리들은 그에게 동일한 질책을 하며 문제 삼았다. 관료들의 추궁을 들은 모르드개는 저들을 향해 말했다. 자기는 유다 민족에 속한 자로서 절대로 하만에게 무릎을 꿇고 머리를 조아릴 수 없다는 것이었다.

그와 같은 대응은 더욱 심각한 문제로 발전했다. 결국 관리들이 모든 상황을 하만에게 보고했기 때문이다. 유다 사람 하나가 왕명을 어기고 총리대신 하만에게 무릎을 꿇고 절하기를 거부한다는 사실을 알렸다. 그때까지도 하만은 뒤에서 그런 오만한 태도를 보이는 자에 대하여 모르고 있었을 것으로 보인다. 따라서 왕명을 어기는 모르드개를 고발한 관리들은 그의 무모한 행동이 장차 어떤 결과를 몰고 올지 관심을 가지고 지켜보고자 했다.

2. 하만의 유다 민족 학살 계획 (에3:5-7)

하만은 아하수에로 왕 다음가는 최고직인 총리대신의 지위에 오르게 되자 기고만장하게 되었다. 거대한 페르시아 제국 내에 자기의 명령에 따르지 않아도 좋을 사람은 왕 한 사람밖에 없었기 때문이다. 따라서 그가 행차하는 길목에서는 모든 사람이 무릎을 꿇고 머리를 조아렸다.

그런데 수산 성에 거하는 유다 출신 모르드개는 하만 앞에서 무릎을 꿇지 않았으며 머리를 숙이지도 않았다. 그것은 왕명에 저항하는 무서운 범법 행위였다. 그와 같은 모든 광경을 지켜본 하만은 크게 분노하지 않을 수 없었다. 그런 행동은 절대로 있을 수 없는 일이었으며 왕이 명한 법령을 어기고 총리대신인 자신의 권위를 송두리째 무시하는 태도이기도 했기 때문이다.

그러므로 하만은 그에게 강력한 응징을 가하려고 결심했다. 그것을 알게 된 하만의 신하들이 모르드개가 속한 민족에 대해 알려주었다. 그가 유다 출신 이스라엘 백성으로서 오만방자한 인물이라는 사실을 보고했다. 당시 이스라엘 백성은 고레스 칙령과 다리오 왕의 조서로 인해 본향인 가나안 땅으로 귀환하여 예루살렘 성전을 완공한 상태였다.

모르드개와 에스더의 조상처럼 페르시아에 남은 자들이 상당수 있었으나 많은 이스라엘 자손들은 약속의 땅 가나안에 정착하여 재건된 예루살렘 성전을 중심으로 하여 살아가고 있었다. 귀환하지 않은 유다 출신 사람들 역시 그로 말미암아 민족적 자긍심을 크게 회복했을 것이 틀림없다. 그와 같은 형편에서 그들은 상당히 교만하게 보일 수 있었다.

그런 상황 가운데서 모르드개는 왕 다음으로 높은 지위에 있는 하만에게 무릎을 꿇지도 않고 고개도 조아리지 않았다. 하만은 모르드개가 유다 출신이라는 사실을 알게 되었을 때 더욱 심하게 진노했다. 어쩌면 아말렉 족속 출신인 그는 이전부터 오만한 모습을 보이는 유다인들에 대하여 매우 부정적인 판단을 하고 있었을지 모른다.

그러므로 하만은 모르드개의 저항행위를 보고 그뿐 아니라 페르시아 제국 내에서 그가 속한 유다 민족 전체를 말살시키고자 했다. 그의 판단에는 모르드개가 자기에게 정면으로 대항하는 것은 이스라엘 민족의 전체적인 반란을 이끄는 실마리가 된다고 판단하고 있었을지도 모른다. 모르드개에게 그런 의도가 없었다면 엄청난 권위를 상징하는 의관과 화려한 의상을 갖춘 채 행차하는 자기 앞에서 저항하는 행동을 취하지 않았을 것이기 때문이다.

따라서 모르드개가 공개적인 장소에서 그런 행동을 한다는 것은 일종의 시위(示威)와 마찬가지였다. 하만은 그 모든 상황을 나름대로 파악하고 엄격한 대응을 하고자 했다. 즉 모르드개가 그와 같은 행동을 한 것은 유다 출신 사람들에게 그 모습을 보여주기 위한 목적이 있었던 것으로 판단했다. 하만이 모르드개가 속한 유다 족속을 다 멸망시키고자 한 것은 단순한 개인적인 감정을 넘어 국가적인 문제로 파악하고 있었다.

하만이 유다 족속들 전체를 몰살하려고 작정한 후 그에 대한 구체적인 실행계획을 세웠다. 그는 아하수에로 왕의 즉위 십이년인 BC 473년 정월 곧 니산월에 관리들을 불러 모았다. 그리고는 유다 족속을 말살시키는 거사(巨事)를 하게 될 날을 정했다. 그들은 어느 달 어느 날에 그 일을 시행할지에 대하여 '부르'(Pur) 곧 제비를 뽑아 그해 십이월 곧 아달월에 그 거사를 치르기로 확정했다.

3. 아하수에로 왕으로부터 전권을 위임받은 하만 (에3:8-11)

하만은 아하수에로 왕에게 모르드개에 관련된 모든 일에 대한 사실을 보고했다. 그는 단순히 한 개인의 항명과 불복종에 국한하지 않고 그가 속한 민족 전체에 연관지어 언급했다. 페르시아 제국 내 여러 지역에 흩어져 살아가는 자들 가운데 왕의 법령을 지키지 않고 멸시하는 민족이 있다는 것이었다.

그들은 페르시아 제국의 법령 이외에 저들 민족의 독특한 율법을 가지고 있음을 고했다. 그것은 절대로 있을 수 없는 일이라고 강조했다. 페르시아 제국의 법령과 그 민족의 율법이 서로 상충할 때 페르시아의 법을 어기고 저들의 율법을 따르는 것은 심각한 문제가 아닐 수 없다는 것이었다. 따라서 감히 제국의 왕이 선포한 법령을 어기는 그와 같은 자들을 용납하는 것은 왕에게 무익하다고 보고했다. 그것은 매우 심각한 일이었기 때문이다. 하지만 당시 하만은 아하수에로 왕에게 실상을 보고하면서 그 대상을 '한 민족'(a certain people)이라고 했을 뿐 그들이 유다 족속이란 사실을 언급하지 않았다(에3:8, 참조).

하만은 페르시아 제국에서 유다인들의 특별한 위상을 잘 알고 있었다. 개국 왕인 고레스는 제국이 설립된 초기부터 유다인들의 귀환을 허락했으며 그후의 대다수 왕의 입장도 같았다. 따라서 그가 정책적으로 제거하고자 하는 민족이 유다인들이란 사실을 밝히지 않고 숨겼다.

하만은 주관적인 의도를 가지고 모든 내용을 보고하면서 왕에게 특별한 요청을 했다. 그것은 왕이 자신의 말을 옳게 여긴다면 조서를 내려 그 종족을 진멸하도록 허락해 달라는 청원이었다. 만일 왕이 그 일에 대하여 조서를 내려 주신다면 자기가 전체적인 지휘를 하며 일을 진행하겠다고 말했다.

그 일을 위해 자기가 은화 일만 달란트[16]를 왕의 내탕고(內帑庫)에 넣어 그 업무를 수행하는 자들에게 전달하겠다고 했다. 이는 그것이 일반적인 행정업무나 군사적인 용도를 위한 자금이 아니라는 사실을 말해

---

16) 한글 『현대인의 성경』에서는 은화 일만 달란트를 은 340톤으로 환산하고 있다. 이는 유다 출신 사람들을 죽이는 일을 수행하기 위해 페르시아 제국 전역으로 전달할 엄청난 양이었다.

주고 있다. 그것은 왕이 직접 내리는 명령을 위해 사용되는 특수한 성격을 지니는 자금이라는 것이었다.

아하수에로 왕은 하만의 보고를 듣고 그 자리에서 흔쾌히 재가했다. 그리고 자기가 손가락에 끼고 있던 반지를 빼 하만에게 주었다. 그가 보고한 내용대로 실행할 것과 은화를 그런 용도로 사용할 것을 허락하니 소견에 따라 그렇게 하도록 했다. 이리하여 하만은 왕으로부터 페르시아 제국 내의 유다 민족을 말살하는 일을 위한 전권을 위임받게 되었다. 이제 하만은 자기의 생각과 판단대로 조서를 작성한 후 거기에다 왕의 인장 반지 도장을 찍으면 그것이 곧 왕의 조서로서 페르시아 전역에서 효력을 발생하게 된다.

4. 하만의 유다인 학살 작전 착수 (에3:12-15)

아하수에로 왕의 재가를 받은 하만은 정월 십삼일에 왕궁에서 근무하는 서기관들을 소집했다. 그들은 하만의 명령에 따라 왕의 신하들과 각 도의 책임을 맡은 자들과 각 민족을 관리하는 공직자들에게 아하수에로 왕의 이름으로 조서를 작성하도록 했다. 그 조서는 각 도에서 사용되는 문자들과 각 민족의 방언대로 기록하여 모든 백성이 그 내용을 보고 알 수 있게 했다. 그리고는 왕이 직접 내린 조서라는 사실을 확인하기 위해 그 조서마다 왕의 반지로 인을 쳤다.

조서가 작성되고 왕의 인장 반지 도장이 찍히게 되자 역졸들을 통해 페르시아 전역의 각 도로 그 문서를 발송했다. 그 가운데는 그해 십이월 곧 아달월 십삼일 하루 동안에 모든 유다인들을 말살하라는 명령이 담겨 있었다.[17] 그 날은 남녀노소를 가리지 말고 어린아기나 부녀들까

---

17) 하만이 자기가 주도하는 유다인 말살 정책의 실제적인 의미를 인식하지 못했다고 할지라도 그에 관한 결의와 실행은 메시아 강림을 차단하는 것에 연관되어 있었다.

지 모두 진멸하라고 했다. 또한 그 날에는 유다인들의 재산을 탈취하는 것을 허락하는 내용이 담겨 있었다.

조서의 사본(a copy of the edict)[18]을 통해 각 도의 모든 민족에게 그 사실을 법령으로 선포했다. 그리고 그 내용을 모든 민족에게 알려 그 거사를 준비하라는 명령을 내렸다. 흩어진 유다인들이 정해진 날인 십이월 곧 아달월 십삼일이 이르면 당하게 될 끔찍한 재난을 알게 되었을 때 받은 충격은 엄청났을 것이다.

왕의 비상한 명령이 담긴 조서를 전달해야 하는 역졸들은 그 특별한 문서를 가지고 급히 수산 성을 떠나 각지를 향해 달려갔다. 그리고 그 조서는 수산 성 안에도 반포되었다. 그런 비상시국을 앞둔 상태에서 아하수에로 왕과 하만은 함께 앉아 먹고 마시면서 그에 대한 심도 있는 논의를 했다. 하지만 그 사실을 가장 먼저 알게 된 수산 성에 살던 유다인들은 물론 다른 모든 백성들 역시 어수선한 분위기에 휩싸일 수밖에 없었다.

우리가 여기서 기억해야 할 점은 당연히 예루살렘과 유다 지역에도 그 조서가 전달되었으리라는 사실이다. 당시 유다인들은 페르시아 제국 전역에 흩어져 살고 있었지만, 그 가운데 상당수는 예루살렘을 중심으로 하는 유다 땅에 모여 살고 있었다. 그동안 유다인들은 페르시아

---

18) 당시에 이미 간단한 인쇄술이 발달하였을 것으로 짐작해 볼 수 있다. 물론 수백 장이 넘는 파피루스나 양피지에 다양한 언어로 된 문서들을 손으로 하나씩 글을 기록하고 그 아래 인을 칠 수도 있으나 그점을 완전히 배제할 필요가 없다. 일반적으로는 1440년대 구텐베르크가 활판 인쇄술을 발명한 것으로 이해한다. 한편 우리나라에서는 서양의 구텐베르크보다 200년 정도 앞선 고려시대인 1230년대 이래 인쇄술을 통해 동국이상국집(東國李相國集) 등이 간행된 것으로 알려져 있다. 구텐베르크보다 무려 이 천년 정도 앞선 BC 5세기에 페르시아 왕의 조서 사본이 있었다는 것은 당시 초보적인 인쇄술이 어느 정도 발달한 것으로 생각해 보게 한다. 나중 공직자가 아닌 일반 시민인 모르드개가 그 사본을 입수할 수 있었던 것은 그것이 중요한 문서이기는 하나 폐쇄적 비밀문서가 아닌 사본에 대한 증거가 되기도 한다(에4:8).

제국의 호의에 의해 본토로 돌아와 예루살렘 성전을 건립하고 여호와 하나님을 섬기고 살아가고 있던 터에 수산 성으로부터 전달된 조서로 인해 청천벽력(靑天霹靂)과 같은 상황에 부닥치게 되었다. 그들 주변에는 엄청나게 많은 대적자가 있었기 때문이다.

제4장

위기에 처한 유다인들 및 모르드개와 에스더

(에4:1-17)

1. 모르드개와 유다인들의 통곡과 왕후 에스더 (에4:1-5)

유다인들이 극한 위기에 처하게 된 그 모든 일은 모르드개로 인해 발생한 문제라 할 수 있다. 만일 그가 총리대신 하만 앞에 무릎을 꿇고 머리를 조아렸다면 그런 일이 발생하지 않았을 것이 분명하다. 모르드개는 자기의 행동이 그런 끔찍한 결과를 가져오게 될지 전혀 생각하지 못했을까? 적어도 그는 자신의 행동으로 인해 심각한 문제가 발생하게 될 것이란 사실에 대해 어느 정도 짐작할 수 있었을 것이다.

우리가 여기서 기억해야 할 바는 그 모든 일이 하나님의 섭리와 경륜에 따라 진행되어 가고 있었다는 사실이다. 아말렉 족속 하만이 아하수에로 왕 다음의 최고위직에 오른 것도 그랬으며 모르드개의 사촌 여동생 에스더가 왕후의 자리에 앉게 된 일, 그리고 모르드개가 하만을 인정하지 않고 그에게 저항한 일 등은 하나님의 섭리 가운데 이루어져 갔다.

아하수에로 왕이 페르시아 제국 전역에 흩어져 살아가는 모든 유다인들을 몰살하라는 조서를 내린 사실을 알게 된 모르드개는 충격을 받지 않을 수 없었다. 인간적인 측면에서 생각한다면 하만에 대한 자신의 불손한 행동으로 인해 이스라엘 민족 전체가 큰 궁지에 빠지게 되었다고 생각했을 것이다. 나아가 그들은 단순히 궁지에 몰릴 뿐 아니라 민족 전체가 말살당할 위기에 처해 있었다.

이는 사실 이스라엘 백성이 과거 바벨론의 포로가 되어 잡혀가던 때보다 훨씬 더 참혹한 일이 될 수 있었다. 악랄한 바벨론의 느부갓네살 왕도 유다 백성들을 말살시키려고 하지 않았다. 당시 느부갓네살은 사형에 처해야 할 자들은 죽이고 신체적으로 징벌을 내릴 자들에 관해서는 법령에 따라 선별적으로 그렇게 했다. 그리고 나머지 많은 백성은 포로로 잡아 바벨론 지역으로 끌고 갔었다.

그런데 총리대신 하만에 의해 작성된 아하수에로 왕의 조서에는, 때가 이르러 정한 날이 이르면 유다 백성들을 무차별 살해하라는 내용이 담겨 있었다. 그리고 저들의 재산을 탈취해도 좋다고 했다. 이는 이스라엘 백성이 애굽에 있으면서 노예 생활을 할 때보다 훨씬 심각한 것이었다. 또한 과거 앗수르 제국의 행태와 바벨론 제국의 행태보다 훨씬 잔혹한 정책이었다.

그와 같은 상황에서 모르드개는 하나님 앞에서 대성통곡하지 않을 수 없었다. 아하수에로 왕의 재가를 받은 하만이 유다 출신 족속들을 말살시키려고 제국 내 전 지역에 왕의 조서를 보낸 사실 때문이었다. 우리가 여기서 특별히 기억해야 할 바는 앞서 귀환한 유다인들이 살고 있던 가나안 땅과 예루살렘 성읍이 그 재난의 실제적 중심에 놓여있었다는 사실이다.

그 상황은 메시아를 배태한 언약의 민족 자체가 완전히 소멸할 수 있는 심각한 위기에 처했음을 말해준다. 그런데도 모르드개는 물리적으로 하만과 그가 기획한 유다인 말살 정책에 대응할 만한 방법이 아무것도 없었다. 따라서 그는 입고 있던 옷을 찢고 굵은 베를 걸치고 재를 뒤집어쓴 채 성으로 나가 대성통곡하게 되었다.

모르드개의 공개적인 통곡은 오가는 많은 사람에게 자신이 처한 비참한 사정을 알리는 수단 이상의 의미를 지니고 있었다. 그는 여러 사람이 보는 가운데 이스라엘 자손이 처한 형편을 하나님 앞에 고하며 회개와 도움을 간구했다. 하지만 그는 수산 성 내부에서 슬픈 모습을 드러냈을 뿐 궁궐 안으로 들어가지 못했다. 슬픔에 빠져 굵은 베옷을 입고 통곡하는 사람이 대궐 문을 통과하는 것이 허락되지 않았기 때문이다.

슬픔에 빠져 통곡하는 모르드개의 모습은 제국 내의 모든 유다인들에게 소문을 통해 전달되었다. 물론 예루살렘과 유다 지역에도 전해졌을 것이 분명하다. 아하수에로 왕이 내린 조서를 가진 자들이 공식절차에 따라 전국으로 달려갔듯이 모르드개의 행동에 관한 얘기도 페르시아 전역에 흩어진 유다인들에게 급속히 퍼져나갔다. 전혀 다른 상반된 성격을 지니고 있었으나 왕으로부터 내려진 공권력을 동반한 조서와 슬픔에 빠진 무력(無力)한 모르드개의 처신이 엇비슷한 시기에 전 지역으로 전달되어 갔던 것이다.

그러므로 앞으로 정해진 날이 이르면 유다인들을 말살하라는 왕의 조서가 각 도에 도착했을 때 유다인들은 크게 탄식하는 가운데 곡물을 끊고 금식하면서 통곡하며 부르짖었다. 굵은 베옷을 입고 재를 뒤집어쓴 채 누워있는 무수한 유다인들을 어디서든 볼 수 있었다. 이는 왕궁이 있는 수산 성을 비롯하여 유다 지역의 예루살렘 성읍과 페르시아 제국 전역에서 유다인들이 깊은 슬픔에 빠져 있었던 사실을 보여주고 있다.

왕후 에스더에게 시중드는 시녀들과 내시들이 대궐 문 입구에서 모르드개가 취하고 있는 행동을 보고 왕후에게 그 사실을 전했다. 당시 에스더에게 시중을 들고 있던 사람들 가운데 다수가 왕후와 모르드개의 가까운 인척 관계를 알고 있었다. 시중드는 자들의 말을 들은 왕후는 새 의복을 준비하여 모르드개에게 보냈다. 굵은 베옷을 벗고 새 옷으로 갈아입으라는 것이었다.

당시 왕후는 모르드개가 무엇 때문에 그와 같은 과도한 행동을 하는지 그 이유를 정확하게 모르고 있었다. 아마도 개인적인 어떤 문제로 인한 것이라 짐작했을 뿐 그것이 이스라엘 민족에 대한 말살 정책 때문이라는 사실은 상상도 할 수 없었다. 왕궁 바깥의 모든 사람이 알고 있는 사실을 궁궐 내의 가장 중요한 인물들 가운데 한 사람인 왕후가 그에 대하여 모르고 있었다.

모르드개는 왕후 에스더가 보낸 새 의복을 단호히 거절했다. 에스더는 자기의 배려를 거부하는 모르드개를 보며 무슨 연고로 그렇게 하는지 구체적으로 알아보고자 했다. 그리하여 자기 옆에서 시중을 들며 보살피는 궁중 내시들 가운데 한 사람인 하닥(Hatach)을 불렀다. 그에게 대궐 문 앞에서 굵은 베옷을 입고 통곡하는 모르드개가 무슨 이유로 그렇게 괴로워하고 있는지 알아보도록 명령을 내렸다.

2. 에스더를 향한 모르드개의 특별한 요구 (에4:6-8)

모르드개가 궁궐 앞에서 굵은 베옷을 입고 통곡하며 공개적으로 그와 같은 슬픈 모습을 보였던 중요한 이유 가운데 하나는 자기의 형편을 왕후 에스더에게 전달하기 위해서였다. 그의 생각대로 왕후 에스더는 그 사실을 보고 받게 되었으며 구체적인 영문을 모르는 왕후는 새 옷을 주어 굵은 베옷을 벗고 갈아입도록 했을 따름이었다. 그것이 그에게 상당한 위로가 될 것으로 여겼다.

궁중 내시 하닥은 특별한 임무를 부여받아 왕후가 보낸 새 옷을 갈아입기를 거부한 모르드개에게 가서 그 실상을 알아보고자 했다. 모르드개는 하닥에게 자기가 굵은 베옷을 입고 통곡할 수밖에 없는 이유를 설명했다. 총리대신 하만이 자기 민족인 유다 종족을 말살하기 위해 왕의 조서를 작성해 페르시아 전 지역으로 보냈다는 것이다.

그리고 유다 사람들을 말살하는 거사를 실행하는데 필요한 경비를 왕의 내탕고에서 지급하기로 한 정확한 액수까지 언급했다. 모르드개는 자기가 가진 모든 정보를 제시함으로써 자기의 주장이 막연한 짐작이나 의심스러운 분위기에 의한 것이 아니라 매우 구체적인 현실이라는 사실을 말해주고 있다. 이는 그가 처한 절박한 심정을 그대로 드러내 보여주는 성격을 지니고 있다.

모르드개는 그와 더불어 궁중 내시 하닥에게 조서 사본(a copy of the edict)을 증거로 제시하며 왕후 에스더에게 전달해 달라고 했다. 그것은 수산왕궁에서 페르시아 제국 전역에 내린 조서로서 유다인들을 진멸하라는 왕의 명령을 담고 있었다. 그리고 왕후에게 부탁하여 아하수에로 왕 앞으로 나아가 그에게 자기 민족이 엄청난 위기에 봉착해 있다는 사실을 왕에게 고하여 그의 뜻을 돌이켜 주시도록 간청해 보라는 것이었다.

3. 에스더의 현실적 형편 설명 (에4:9-11)

모르드개를 만나 모든 설명을 소상히 듣고 그에 관한 증거물인 조서의 사본까지 전달받은 하닥은 왕후에게 돌아와 모든 실상을 보고했다. 그 모든 내용을 들은 에스더는 총리대신 하만에 대한 괘씸한 마음과 더불어 자기 동족에 대한 안타까운 마음이 들었을 것이 분명하다. 그와 더불어 무언가 자기가 감당해야 할 역할이 있다는 점을 생각했을 것이 틀림없다.

하지만 현실적으로는 그렇게 하는 것이 그리 생각만큼 간단하지 않았다. 아무리 왕후라 할지라도 마음대로 왕 앞으로 나아갈 수 없었기 때문이다. 왕이 자기를 불러야만 비로소 그의 앞으로 나아갈 수 있었다. 따라서 에스더는 그에 대한 실상을 모르드개에게 전달해주도록 당부했다.

이는 어느 사람이든 예외 없이 왕의 부르심을 받지 않은 상태에서 안뜰로 나아가 왕 앞으로 나아갈 수 없다는 사실을 말해주고 있다. 그에 대해서는 왕의 모든 신복들과 각 도의 관료들도 그와 같이 알고 있다는 점을 강조하여 언급했다. 반드시 왕의 부르심을 받아야만 그의 앞으로 나아갈 수 있다는 말은 단순한 관행을 넘어 법적인 규례라는 사실과 연관되어 있다.

그러므로 궁중의 규례를 어기고 임의로 왕 앞으로 나아가는 자가 있다면 그는 반드시 죽임을 당하게 되어 있었다. 그것은 모든 백성이 지켜야 할 엄격한 규례였으므로 예외가 없었던 것으로 보인다. 따라서 비록 왕후라 할지라도 그 규례를 마음대로 어길 수 없었다. 만일 그런 무모한 행동을 취하는 자가 있다면 사형에 처할 것이었기 때문이다.

그러므로 왕이 특정인에게 권위의 상징인 '금홀'(the golden scepter)을 앞으로 내밀어야 비로소 그에게 나아갈 수 있다. 그에 대해서는 왕후 에스더도 잘 알고 있는 바였다. 에스더는 자기도 왕의 부르심을 입지 못해 한 달 동안이나 그에게 나아가지 못한 상태에서 어떻게 해야 할지 막막하다는 사실을 말했다. 에스더는 궁중 내시 하닥에게 그 모든 실상을 모르드개에게 전달해주도록 요구했다.

4. 모르드개의 왕후를 향한 반응 (에4:12-14)

궁중 내시 하닥으로부터 왕후 에스더의 말을 전해 들은 모르드개는 그에 대하여 매우 단호한 태도를 보였다. 어떤 난관이 있을지라도 반드시 왕에게 그 모든 형편을 고해야 한다는 것이었다. 그 일은 모르드개 개인의 일이 아니라 이스라엘 민족 전체에 연관된 심각한 문제였기 때문이다.

그러므로 무슨 한이 있어도 페르시아 제국의 유다인 말살 정책을 막아내야만 했다. 그렇게 할 수 있는 유일한 사람은 아하수에로 왕밖에 없었다. 자기 이름으로 작성된 조서에 인장 반지로 도장을 찍은 왕이 그 명령을 취소하면 된다. 하지만 이미 조서가 전국에 하달된 상태에서 자신의 명령을 취소하는 것은 그리 쉬운 일이 아니었다. 그렇게 하는 것은 왕의 위신 문제와 직접 관련되어 있기도 했다.

그리고 아하수에로 왕에게 모든 실상을 전달하여 이미 내려진 조서를 무효화시키고 취소하도록 요구할 수 있는 사람은 왕후 에스더밖에 없었다. 그것은 행정당국의 일반적인 절차에 따른 것이 아니라 왕후가 사사로이 왕 앞으로 나아가 당부해야 할 사항이다. 그로 말미암아 앞선 왕후 와스디를 폐위시킬 만큼 단호한 성품을 지닌 왕의 심기를 건드려 어떤 위태로운 반응이 되돌아오게 될지는 아무도 모른다. 왕에게 그와 같은 요구를 하는 것이 큰 모험이 될 수 있다는 사실을 모르드개와 왕후 에스더 역시 잘 알고 있었다.

여러 형편으로 말미암아 난감해하고 있던 에스더를 향해 모르드개는 단호하게 말했다. 모든 유다 사람들이 죽임을 당할 극한 위기 가운데서 왕을 모시는 왕후로서 궁중에 머물러 있다고 해서 혼자 그 죽음을 면할 수 있으리라는 생각을 하지 말라는 것이었다. 그와 같은 끔찍한 민족적 위기 상황을 목격하면서 개인적인 안위를 위해 몸을 사리며 잠잠히 있으면 유다인들은 다른 방편을 통해 위기에서 벗어나 구출되겠지만 에스더와 그 아비 집은 영원히 멸망하게 되리라고 했다.

여기서 모르드개가 에스더를 향해, '너는 왕궁에 있으니 모든 유다인 중에 홀로 면하리라 생각지 말라 이 때에 네가 만일 잠잠하여 말이 없으면 유다인은 다른 데로 말미암아 놓임과 구원을 얻으려니와 너와 네 아비 집은 멸망하리라'(에4:13,14)고 했는데, 이를 통해 에스더에게 다른 남자 형제들이 살아있었을 것이라는 사실을 어느 정도 짐작할 수 있다.

에스더의 부모님은 일찍이 돌아가셨으므로 나이 차이가 크게 나는 사촌 오라버니인 모르드개가 그를 거두고 양육했었다. 모르드개는 그와 같은 상황을 에스더에게 상기시키면서 그 사안의 중대성을 드러내 보였다. 아마도 에스더의 다른 친 형제자매들은 일찍 따로 독립했거나, 또 다른 방법으로 누군가에 의해 양육되었을 수도 있다. 즉 모르드개가 사촌 동생들 모두를 한 집에서 거두기 어려웠을 것이다. 그런 상태에서 모르드개는 에스더를 향해 당시 일어나고 있던 모든 실상을 왕에게 고하지 않으면 그 집안이 패가망신하게 되리라고 했다.

이는 당시 유다 백성이 처한 상황이 그만큼 절박했다는 사실을 말해 주고 있다. 따라서 모르드개는 에스더가 아하수에로 왕의 비가 되어 궁중에 들어간 것이 바로 이때를 위해서가 아닌지 누가 아느냐고 말했다. 여기서 우리는 모르드개가 인간 역사의 모든 형편 가운데 작용하는 하나님의 섭리를 고백하고 있음을 보게 된다. 아직 유다인들에 대한 말살 정책이 기획되기 전에 하나님은 과거에 벌써 그 사실을 알고 계셨음을 언급하고 있기 때문이다.

5. 에스더의 결심과 당부 (에4:15-17)

궁중 내시 하닥을 통해 모르드개의 요구사항을 전달받은 에스더는 당연히 그 요청에 따라야 한다고 판단했다. 에스더 역시 메시아를 배태한 언약의 자손인 유다 민족이 말살당하는 일은 결코 있어서는 안 된다는 사실을 알고 있었다. 또한 페르시아 제국에서 왕 다음으로 최고의 지위를 얻은 왕후의 자리에 앉은 자기 개인의 영달보다 이스라엘 민족이 훨씬 소중하다는 사실을 알고 있었다.

우리가 여기서 반드시 기억해야 할 바는 모르드개와 에스더가 자기 민족을 구하고자 했던 것은 일반적인 민족주의 입장 이상의 의미가 있었다는 사실이다. 저들에게 민족정신이 있었지만 보다 중요한 점은 장차 그 민족을 통해 메시아가 오실 것을 바라보았기 때문이다. 이는 그들이 단순한 민족주의적 애착을 넘어 메시아를 잉태하는 언약의 민족이 지닌 본질적인 의미에 더 큰 관심을 가지고 있던 사실에 연관되어 있다.

그러므로 왕후 에스더는 사촌 오라버니 모르드개에게 특별한 당부를 했다. 그것은 수산 성에 거주하는 모든 유다 백성들을 모으고 자신을 위해 기도해 달라는 것이었다. 죽음의 위험을 무릅쓰고 왕 앞으로 나아가게 될 자신을 위해 밤낮 사흘 동안 먹지도 마시지도 말고 금식하며 하나님께 간구해 주기를 요청했던 것이다.

그러면 에스더 자신도 자기에게 수종드는 시녀와 함께 사흘 동안 금식한 후에 규례를 어기고 왕 앞으로 나아가겠다고 했다. 여기서 우리가 볼 수 있는 특이한 점은 에스더뿐 아니라 그의 시녀 역시 언약의 자손이었다는 사실이다. 어떤 과정을 거쳐 시녀가 되었는지 알 수 없으나 왕후 에스더가 자기 시녀에게 모든 정황을 설명했을 때 그것을 기꺼이 받아들여 함께 믿음의 행동을 한 것을 보아 그녀의 신앙을 엿볼 수 있다. 이처럼 페르시아 제국의 왕궁에 복음의 씨앗이 심겨 있었다.

그리고 그와 같은 절박한 위기의 상황에서 수산 성에 거주하는 유다인들을 한 자리에 모으기는 절대 쉽지 않은 일이었다. 이미 정해진 날이 다가오면 살해의 대상으로 규정된 유다 백성이 한 자리에 모인다는 것은 그것 자체가 용납되기 어려운 일이 아닐 수 없다. 따라서 그들은 아마도 인적이 드문 사막이나 강가 혹은 계곡에 비밀리에 모였을 가능성이 크다.

왕후 에스더는 자기가 감당해야 할 일이 무엇인지 깨달아 알고서 모르드개에게 말했다. 궁중의 규례에 반하여 왕 앞으로 나아가 어떤 심각한 대가를 치를지라도 모르드개가 시킨 그대로 하겠다는 것이었다. 그리하여 에스더는 '죽으면 죽으리라'(에4:16)는 결연한 자세를 보였다. 이는 자기의 생명을 바쳐서라도 언약의 민족을 구하는 일을 위해 최선

을 다하겠다는 다짐이었다. 에스더의 말을 들은 모르드게도 에스더가
요구한 대로 수산 성에 거하는 유다인들을 따로 한 자리에 모으고 사흘
동안을 금식하며 하나님께 간절히 구하는 집회를 열게 되었다.

제5장

왕후 에스더와 총리대신 하만
(에5:1-14)

1. 아하수에로 왕의 '금홀' (the golden scepter)과 왕후 에스더
(에5:1,2)

왕후 에스더는 모르드개의 말을 듣고 큰 충격을 받았을 것이 분명하다. 그러므로 어떤 위험이라도 감수하고 왕을 만나기로 작정했다. 그로부터 사흘째 되던 날 그 일을 구체적으로 시도했다. 왕을 만나는 일은 자발적으로 청원할 수 있었던 것이 아니라 왕이 먼저 손을 내밀어야만 가능했다. 그래서 에스더는 왕후의 예복을 갖추어 입고 왕의 눈에 띌 만한 장소에서 조용히 움직이며 기회를 기다릴 수밖에 없었다.

권위를 갖추고 아름다운 예복을 차려입은 왕후는 왕궁 안뜰 곧 어전 맞은편을 오가면서 왕의 눈에 띄기를 간절히 원했다. 때마침 왕이 그 시간에 어전 안의 왕좌에 앉아 문 쪽을 바라보고 있었다. 그때 아름다운 자태를 갖춘 왕후 에스더가 홀로 안뜰에 서 있는 것을 목격하게 되었다.

그 모든 것은 인간의 판단과 더불어 자연스럽게 발생한 일로 보일지

라도 실상은 하나님의 놀라운 경륜 가운데 이루어진 일이었다. 왕후 에
스더로 하여금 적절한 때 왕을 만날 수 있게 해주신 분은 여호와 하나
님이었다. 그것은 왕후 개인을 위한 것이 아니었을 뿐더러 모르드개 개
인을 위한 것도 아니었다. 그 모든 일은 하나님의 구속사와 연관하여
언약의 백성과 장차 이땅에 메시아가 오실 것을 준비하는 과정이었다.

하지만 그에 대한 모든 의미를 속속들이 구체적으로 알고 있는 사람
은 아무도 없었다. 아하수에로 왕을 비롯한 페르시아 제국의 관료들은
그에 대하여 상상조차 하지 못했다. 단지 모르드개는 당시 하나님의 특
별한 도구로 사용된 인물로서 그에 관하여 어느 정도 이해를 하고 있었
을 것으로 보인다. 즉 하나님께서 자신의 구원 사역을 진행하기 위해
구체적인 관여를 하신다는 사실을 깨닫고 있었으리란 것이다.

그리하여 그 광경을 지켜본 아하수에로 왕이 사랑스러운 왕후 에스
더 앞으로 나아가 손에 잡고 있던 금홀을 내밀었다. 최고의 권위를 상
징하는 금홀이 내밀어지자 에스더는 그 금홀의 끝을 만지며 왕을 향해
나아갔다. 잠시 전까지만 해도 그와 같은 상황이 죽음을 불러올지 모르
는 모험이라 여겼으나 왕의 용납으로 인해 생명이 보장되었을 뿐 아니
라 최고의 기회가 허락되었다.

2. 왕후 에스더가 왕을 위해 베푼 잔치와 요청 (에5:3-8)

아하수에로 왕은 사랑스러운 왕후 에스더의 아름다움을 보고 그의
모든 소원을 들어주고자 하는 마음이 생겼다. 왕후의 사랑스럽고 어여
쁜 자태에 매료되었기 때문이다. 그리하여 왕은 만일 왕후가 원한다면
자기가 다스리는 '나라의 절반'이라도 나누어 주겠다고 말했다.[19] 이

---

19) 왕후 에스더를 향한 아하수에로 왕의 이 약속은 세 번이나 되풀이되었다(에
5:3,6;7:2).

말 자체의 의미는 왕과 왕후가 제국을 나누어 따로 분리된 두 나라를 각기 통치한다고 해도 좋을 만큼 전적으로 신뢰한다는 의미가 내포되어 있다.

하지만 거기에는 보다 구체적인 의미가 담겨 있는 것으로 이해할 수 있다. 즉 당시 총리대신 하만이 단독으로 페르시아 제국 전체를 총괄하여 다스리고 있는 터에 왕후 에스더에게도 나라의 절반을 나누어 줌으로써 저에게 정치적 권세를 주리라는 의미가 내포되어 있다. 만일 에스더가 원하면 페르시아 제국을 양분하여 한쪽은 하만이 총괄하고 다른 한쪽은 에스더가 총괄하게 해주겠다는 것이다.

물론 그 가운데는 사람들의 눈에 전혀 보이지 않는 하나님의 놀라운 섭리가 담겨 있음이 분명하다. 하지만 왕과 왕후, 곧 남편과 아내 사이에 오가는 이와 같은 대화가 일상적이지는 않다. 그럼에도 불구하고 그런 대화는 아무도 접근할 수 없는 궁중 내실에서 내밀하게 진행되었다.

왕의 말을 들은 왕후는 지체하지 않고 그 자리에서 자기의 소원을 말했다. 자기가 왕을 위하여 잔치를 베풀고자 하니 왕이 그것을 선하게 여기시거든 총리대신 하만과 함께 참가해주시기를 원한다고 했다. 아마 에스더는 이와 같은 일을 염두에 두고 미리 잔치 자리를 준비했던 것이 분명하다.

에스더가 여기서 왕에게 한 말은 일반적으로 해석하기에 다소 복잡한 중의적 내용이 담긴 것으로 이해할 수 있다. 그중 하나는 왕과 함께 총리대신인 하만에게도 잔칫상에 참여케 하여 그를 극진히 대접하겠다는 의미이다. 또 다른 하나는 왕이 홀로 잔칫상에 앉아 먹고 마시는 것보다는 그를 측근에서 보좌하는 고위 공직자가 그 자리에 동참하면 왕의 권위가 더욱 돋보일 것이란 의미로 해석될 수도 있다. 또한 왕과 총리대신이 함께 있는 그 잔칫상 앞에서 자기의 소원을 왕에게 아뢰겠다는 의미로 해석될 수도 있었다. 물론 에스더는 맨 마지막 의미를 염두에 두고 있었을 것이 틀림없다.

아하수에로 왕은 왕후 에스더의 말을 듣고 급히 신하를 시켜 총리대신 하만을 잔치 자리로 불러오도록 했다. 그리하여 왕후가 베푼 잔칫상 앞에 하만도 함께 앉게 되었다. 왕은 하만을 부른 에스더의 깊은 속내를 알 수 없었으며, 하만도 그 속내를 알지 못했다. 페르시아 제국의 최고 권력자인 왕과 총리대신은 왕후가 초대한 잔칫상에 앉아 그 현상만 보고 즐거워했을 뿐 그 이상의 것에 대해서는 짐작조차 할 수 없었다.

그 자리에 앉은 왕과 왕비와 총리대신은 페르시아 제국의 최고로 존엄한 인물들이었다. 그런데 그들의 속마음으로는 제각각 다른 생각을 하고 있었다. 왕은 왕후의 아름다움에 취해 있었으며 왕후 에스더는 총리대신 하만을 꺾고 유다 민족을 구출하고자 하는 마음을 먹고 있었다. 한편 하만은 자기가 왕과 왕후의 초대를 받은 영광의 자리에서 최상의 만족을 누리며 장래를 기대하고 있었을 것이 틀림없다.

물론 거기에는 하나님의 놀라운 섭리와 더불어 중요한 역사가 이루어져 가고 있었으며 그 가운데는 하나님의 백성을 위한 구속사가 진행되고 있었다. 페르시아 제국에 연관된 일반 역사는 바로 눈앞에서 전개되어 가고 있었으나 하나님의 구속사는 가까이는 물론 훨씬 멀리 바라보고 있었다. 하지만 그 자리에 앉아 있던 왕과 총리대신은 그에 대한 실제적인 문제에 관한 아무런 인식조차 없었다.

그런 상황에서 기분이 좋아진 왕은 술을 마시면서 또다시 왕후 에스더에게 소원이 무엇인지 물어보았다. 앞서 이미 에스더에게 말했듯이 나라의 절반이라도 떼 내어 주겠다고 말했다. 현실적으로는 어려운 일이었으나 그것은 에스더가 총리대신 하만의 지위보다 훨씬 능가하는 정치적인 권력을 소유할 수 있음에 대한 시사이기도 했다. 따라서 하만은 그와 같은 대화를 들으면서 뭔가 찜찜했을 수도 있었을 것이다.

왕으로부터 그 말을 들은 왕후 에스더는 자기의 소원을 아뢰고자 했다. 자기가 만일 왕의 목전에서 은혜를 입어 자기의 소원을 들어주시고자 하신다면 말씀드리기를 원한다고 했다. 그것을 선하게 여기신다면 내일 또다시 잔칫상을 베풀고자 하니 왕과 하만이 함께 참여하면 그 자리에서 자기의 소원을 말씀드리겠다는 것이었다. 물론 왕은 왕후의 말을 기꺼이 받아들이면서 그다음 날을 약속하게 되었다.

3. 흡족해하는 하만의 눈에 거슬린 모르드개 (에5:9-13)

첫날 왕후 에스더가 베푼 잔칫상에 참여한 왕과 총리대신 하만은 매우 흡족해하였다. 하만의 기쁨은 잔치 뒤에 이르게 될 끔찍한 화를 전혀 예측하지 못한 채 허망한 기대에 들떠 있었다.[20] 그날 하만은 기쁘고 즐거운 마음으로 집으로 돌아가는 길에 대궐 문 앞에 앉아 있는 모르드개를 보게 되었다. 그런데 그는 자기가 지나가는 것을 뻔히 보면서도 자리에서 일어나지 않고 몸을 움직이지도 않았다.

모르드개의 그와 같은 행동을 보며 하만은 화가 나지 않을 수 없었다. 그것은 왕의 명령에 저항하는 것일 뿐 아니라 감히 총리대신인 자기를 무시하는 행동이었기 때문이다. 하지만 그 기쁜 날 어떤 조처를 하게 되면 즐거운 기분을 망칠지 몰라 마음을 다스려 참고 집으로 돌아왔다. 이미 모르드개로 인해 페르시아 제국 전역에 모든 유다 족속을 말살하고자 하는 왕의 조서가 내려진 상태로 장차 정해진 날이 이르게 되면 유다 백성들에 대한 대대적인 학살이 행해질 것이었으므로 그나마 참아낼 수 있었다.

공관(公館)으로 돌아온 하만은 사람을 보내 자기 친구들과 자기 아내 세레스를 오라고 했다. 그는 그 자리에서 자기의 성공한 삶에 관하여 자부심을 품고 말하기 시작했다. 왕이 수많은 고위 관료들과 신복들 가운데서 자기를 뽑아 페르시아 제국의 총리대신에 임명함으로써 얻은 영예와 더불어 자녀들이 많은 것은 큰 자랑거리였다.

---

20) 지혜로운 자는 일시적인 기쁨의 감정에 취하지 않는다. 그 뒤에 발생하게 될 모든 일을 염두에 두고 신실하고 냉철한 판단을 하게 되는 것이다.

거기다가 그날은 왕후 에스더가 특별히 베푼 잔칫상에서 왕과 함께 먹고 마신 사실을 언급했다. 그리고 내일도 왕과 함께 왕후의 잔칫상에 초청받은 사실을 자랑삼아 말했다. 그 자리에 초청받은 자는 왕과 자기 밖에 없다는 것이었다. 이는 자기가 최고의 지위에 앉은 것과 가장 큰 영예를 소유하게 되었음을 말해주고 있다.

그런데 자기를 불편하게 만드는 자가 한 사람 있다는 사실을 언급했다. 페르시아 제국 내에서 그렇게 할 사람은 아무도 없으나 유독 유다 출신 모르드개가 대궐 문 앞에 앉아 감히 자기를 분노케 한다는 것이었다. 그는 많은 사람이 지켜보는 가운데 자기를 능멸하기 때문에 대궐에 드나들면서 그 광경을 보는 순간 분노가 끓어오른다는 것이었다. 물론 그 자리에 모인 사람들은 이미 왕의 조서가 내려진 사실과 장차 때가 이르면 유다 사람들이 어떻게 된다는 점을 잘 알고 있었을 것이 틀림없다.

4. 모르드개를 공개 처형할 나무 기둥을 세우는 하만 (에5:14)

페르시아 제국 내 최고위 공직인 총리대신의 직함을 가진 하만으로부터 견디기 어려운 고충을 듣게 된 그의 아내 세레스와 친구들은 그에 대한 대책을 내어놓았다. 사실 하만이 그들을 한 자리에 불러 모은 것은 그들의 견해를 듣기 위해서였다. 가장 믿을 만한 사람들인 그들이 자기를 위해 가장 훌륭한 의견을 내어놓을 것이라 믿었다.

우리는 여기서 하만이 그 문제를 주변의 정치인들이나 관료들 혹은 궁중에서 일하는 자들과 상의하지 않고 자기 가족을 비롯한 친구들과 상의했다는 사실을 눈여겨볼 필요가 있다. 그가 다양한 정치적 입장을 가진 관료들이나 행정을 담당하는 자들과 상의하지 않은 것은 그들에 대한 신뢰가 크지 않았다는 사실에 연관되어 있다. 이는 당시 관료사회의 분위기를 어느 정도 짐작할 수 있게 해준다.

거기 모인 하만의 가족과 친구들은 먼저 그가 이튿날 왕후가 베푸는 특별한 잔칫상에 나아가게 되면 그에 관한 생각을 왕에게 직고(直告)하도록 권했다. 그리고 왕 앞으로 나아가기 전에 미리 오십 규빗 정도[21]의 높은 나무 기둥을 많은 사람이 오가는 자기 집 앞에 세워두라고 했다. 이는 일반적인 상상을 초월하는 엄청나게 크고 높은 나무였다. 왕의 허락이 나면 그 나무 기둥 위에 모르드개를 달아 공개 처형하라는 것이었다.

그러므로 그 일을 성사시키기 위해 이튿날 왕후가 베푼 잔칫상에 나아가서 왕이 즐겁게 먹고 마실 때 오만한 모르드개를 그 나무에 매달아서 처형하는 것이 좋으리라는 사실을 아뢰라고 했다. 그러면 술로 인해 마음이 흡족해진 흥겨운 자리에서 그 요청을 허락하리라는 것이었다. 그리하여 모르드개를 엄청나게 큰 나무 기둥에 매달아 처형하면 오가는 많은 사람들이 그것을 보고 왕의 명령에 전적으로 복종할 것이며 아무도 하만에게 함부로 대하는 자들이 없게 될 것이라고 했다.

그 모든 말을 들은 하만은 저들의 견해를 긍정적으로 받아들였다. 그리하여 명령을 내려 자기 집 앞에 큰 나무 기둥을 세우도록 했다. 왕의 허락에 따라 그 나무에서 모르드개가 공개적으로 매달리게 되면 이미 내려진 유다인들에 대한 대학살이 있기 전에 그것을 주도한 모르드개를 미리 처형할 수 있게 된다. 그것은 왕명(王命)의 엄중함을 알리는 동시에 유다인들로 하여금 더욱 위축되게 하는 효과를 가져오게 될 것이 분명하다.

---

21) 한글 『현대인의성경』은 이를 '23m'라 번역하고 있으며, 영어성경 『New International Version』에서는 'seventy-five feet'로 번역하고 있다. (일 규빗을 45cm로 보면 오십 규빗은 22.5m가 된다.)

제6장

모르드개에게 특별한 포상을 한 아하수에로 왕

(에6:1-14)

1. 위기에서 구해준 모르드개를 떠올린 왕 (에6:1-5)

왕후 에스더가 정성스러운 잔칫상을 베풀었던 그날 밤 아하수에로
왕은 밤에 잠이 오지 않았다. 아마도 당시의 혼란한 국내외적 형편과
왕후 에스더로 말미암아 얻게 된 위안의 기쁨 때문이었을 것이다. 그런
형편에서 왕은 신하를 시켜 지나간 궁중 일지를 가지고 와서 읽어주도
록 요구했다.

아하수에로 왕이 그 시점에서 궁중 일지를 읽고 확인하고자 하는 마
음을 가졌던 것은 하나님의 특별한 섭리와 경륜에 의한 것이었다. 비록
인간들이 판단하여 무엇을 행할지라도 그 가운데는 하나님의 간섭이
존재했기 때문이다. 특히 구속사와 연관된 문제에 관해서는 더욱 그러
했다.

왕이 지나간 여러 일에 관한 관심으로 말미암아 궁중 일기를 읽어보
고자 할 때 총리대신 하만의 집에서는 전혀 다른 일이 진행되고 있었
다. 하만은 그 이튿날 유다인 모르드개를 공개 처형하기 위하여 높은

나무 기둥을 세우고 있었다. 하만은 그 기둥을 세우도록 명하면서 왕의 허락만 받으면 그 이튿날 바로 그를 공개 처형할 수 있으리라는 판단을 하고 있었다.

한편 모르드개는 다음날이 밝아오면 그 나무 기둥 위에서 처형될 심각한 위기에 처해 있었다. 아마도 밤중에 하만의 집 앞에 세워지는 높은 나무 기둥을 보면서도 그 이유를 분명히 아는 사람은 없었을 것으로 보인다. 만일 모르드개가 그 광경을 목격했다고 할지라도 그것이 자기를 처형하기 위한 작업이란 사실을 눈치채지 못했을 것이 틀림없다.

나아가 그 큰 나무 기둥을 세우는 사람들조차 무엇 때문에 그렇게 하는지 알지 못했을 것이다. 하만이 그 작업을 하는 인부들에게 그에 관한 구체적인 이유를 설명하지 않았을 것이기 때문이다. 만일 그 정보가 밖으로 새어 나가게 되면 많은 문제가 발생할 우려가 따른다. 아직 그에 대한 왕의 재가가 있기 전에 그것이 확정적인 사실로 외부에 알려지게 되면 하만이 그에 대한 책임을 져야 할 일이 생길지도 모른다.

또한 그에 연관된 비밀이 바깥으로 새어 나감으로써 모르드개가 알게 된다면 그 이튿날 그곳에 나타나지 않고 멀리 도망칠 수도 있었다. 뿐만 아니라 그 정보를 입수한 자들이 그 사실을 그에게 알려준다면 그의 주도로 유다인들이 집단적 저항을 함으로써 모든 일이 수포가 될지도 모를 일이었다. 하지만 총리대신 하만의 명령에 따라 나무 기둥을 세우는 작업은 차질없이 진행되어 가고 있었다.

바로 그날 밤 아하수에로 왕은 잠이 오지 않아 지나간 궁중 일지를 읽으며 과거를 회상하면서 여러 생각을 정리하고자 했을 것이다. 그때 그 일지에 기록된 여러 내용 가운데서 매우 중요한 사건을 다시금 확인하게 되었다. 그것은 일전에 궁중 내시들 가운데 빅다나와 데레스가 왕인 자기를 모살하고자 계획했던 사건이었다.

만일 음모가 발각되지 않아 순탄하게 진행되어 시해(弑害) 사건으로 이어졌다면 아하수에로 왕 자신에게는 끔찍한 일이 아닐 수 없었다. 그런데 왕을 모살하기 위해 계획된 그 사건을 사전에 막을 수 있었던 것은 모르드개라는 인물이 정보를 얻어 사전에 고발했기 때문이다. 따라서 모르드개는 아하수에로 왕과 페르시아 제국을 위한 일등 공신과도 같은 인물이었다.

궁중 일지에 기록된 그 모든 내용을 들은 왕은 그 자리에서 모르드개가 자신의 생명을 구한 은인으로 생각했을 것이다. 그는 궁중 일지를 통해 지나간 과거의 사건을 되돌아보며 많은 일을 떠올렸을 것이 틀림없다. 어쩌면 그와 같은 끔찍한 일이 왕궁 어디선가 또다시 획책되고 있을지 모른다는 의구심을 가졌을지도 모른다.

아하수에로 왕은 신하가 읽어주는 그 사건에 관한 내용을 들으며 그에게 물어보았다. 자기를 모살의 위기로부터 구출해 준 모르드개에게 당시 어떤 포상을 했으며, 어떤 관직을 내렸는지 궁금했다. 만일 당시 그에게 그와 같이 행했다면 궁중일지에 그대로 기록되어 있었을 것이 분명하다. 하지만 일지에는 모르드개에 대한 포상이나 관직을 준 일에 대한 기록이 전혀 남아 있지 않았다.

그러므로 그 자리에서 궁중일지를 읽어주며 시중을 들던 신하는 당시 모르드개에게 아무것도 베풀지 않았다는 사실을 말했다. 왕은 잠을 한숨도 자지 못한 채 그날 밤을 뜬눈으로 지새웠던 것으로 보인다. 그이유 가운데 하나는 자기의 측근에서 보좌하던 신하 중에 자기를 살해하려는 음모를 꾸몄다가 실패하여 처형된 적이 있다는 것은 그와 같은 자들이 지금도 더 있을지 모른다는 생각 때문이었을 것이다.

그래서 아하수에로 왕은 다시는 그와 같은 음모가 발생하지 않도록 대비해야 한다고 생각했을 것으로 보인다. 그 일을 위해서는 자기의 생명을 구해준 은인에게 큰 포상을 내리는 것이 중요하다고 판단했다. 물론 그것은 진심어린 보답을 염두에 둔 것이었다. 그런 사람에게 후하게 포상하면 그 이유와 함께 그것을 목격하는 자들에게 모범이 되어 그와 같은 분위기를 독려할 뿐 아니라 왕을 모살하려던 자들이 당한 징벌을 기억하여 두려워하게 하는 효과를 기대할 수 있었기 때문이다.

그에 관한 결심을 한 아하수에로 왕은 모르드개에게 큰 포상을 내리기 위해 곧장 실행에 착수했다. 따라서 이른 아침이 되었을 때 궁중 뜰에 그 일을 실행할 만한 신하가 있는지 알아보고자 했다. 그때 마침 총리대신 하만이 자기 집 앞에 큰 나무 기둥을 세워둔 상태에서 모르드개를 공개 처형하기 위한 왕의 허락을 받기 위해 왕궁 뜰에 도착했다. 그 광경을 지켜본 신하는 밖에 총리대신 하만이 서 있다는 사실을 아뢰었다.

그리하여 왕은 하만으로 하여금 자기 앞으로 나아오도록 했다. 당시 동일한 인물인 모르드개를 두고 하만과 왕은 서로간 전혀 다른 생각을 하고 있었다. 왕은 모르드개에게 큰 포상을 하여 높은 지위를 부여하고자 했고, 하만은 그를 처형하여 죽이고자 했기 때문이다. 또한 하만은 지금 그 자리가 모르드개를 처형하는 것을 허락받는 자리가 되기를 원했다. 하지만 그는 그 자리가 자기의 생명을 위태롭게 하는 끔찍한 자리가 되리라는 사실을 까맣게 모르고 있었다.

2. 왕의 특별한 포상 계획과 하만의 착각 (에6:6-9)

총리대신 하만이 앞으로 나아오자 아하수에로 왕은 먼저 그에게 물었다. 왕이 존귀케 하기를 기뻐하는 자가 있으면 그에게 어떤 예우를 하는 것이 좋겠느냐는 것이었다. 이는 아직 구체적인 사안이나 인물을 지칭하지 않은 상태에서 물어본 것으로 특별하기도 하지만 일반적인 질문이기도 하다. 물론 이 말은 왕이 총리대신 하만을 시험해보고자 한 것이라기보다 흔히 있는 자문이었던 것으로 보인다.

권력을 탐하는 인물이었던 하만은 왕이 존귀케 하기를 기뻐하는 자가 곧 자기일 것이라는 착각을 했다. 자기 외에는 왕으로부터 그처럼 총애를 받는 자가 없다고 판단하고 있었기 때문이다. 그러니 앞으로 자기가 얻게 될 큰 영화를 떠올리며 그에 관한 생각을 왕 앞에서 아뢰게 되었다. 그는 왕에게 만일 그런 자가 있다면 그를 위해 최상의 예우를 하는 것이 바람직하다고 말했다.

그러므로 총리대신 하만은 왕이 기뻐하는 그 사람에게 왕과 같은 예우를 하는 것이 좋다고 말했다. 따라서 그에게 왕이 입는 권위 있는 왕복을 입히고 왕의 머리에 쓰는 화려한 왕관을 씌워 왕이 타는 말(馬)을 그에게 제공해 주라는 것이었다. 따라서 왕의 의상과 왕관과 말을 준비하여 높은 관직을 가진 사람의 손에 붙여 왕이 기뻐하는 그 사람으로 하여금 존귀한 자로 보이도록 단장하라고 했다.

그렇게 하여 그에게 왕복과 왕관을 갖추고 왕이 타는 준수한 말을 태워 수산 성안의 거리를 행진하게 하는 것이 좋을 것이라고 권했다. 그와 더불어 모든 백성 앞에 왕이 존귀케 하기를 기뻐하는 사람에게는 그처럼 예우할 것이라고 반포하도록 당부했다. 하만의 그 요구는 사실 지나친 것이 아닐 수 없었다. 그처럼 하게 되면 그가 왕과 동등한 지위에 앉게 되는 것처럼 비쳐질 수밖에 없다.

하만으로부터 그와 같은 견해를 듣게 된 아하수에로 왕은 내심 크게 불쾌했을지도 모른다. 그는 이미 왕처럼 되고자 하는 하만의 속내를 다 읽고 있던 것이 분명하다. 그것은 백성들이 볼 때 마치 반란행위를 하는 것처럼 비쳐질 수도 있다. 왕 이외에 왕과 같은 모습을 하고 성안을 행진한다는 것은 있을 수 없는 일이다. 더군다나 당시 하만은 페르시아 제국 내에 상당한 지지세력을 두고 있었음이 분명하다.

그보다 수십여 년 전에는 실제로 페르시아 제국 내에 반란이 일어나서 고레스 왕 혈통의 정통 왕가(王家)가 약 칠 개월 동안 정권을 빼앗긴 적이 있었다. BC 522년 아하수에로 왕의 할아버지 캄비세스 왕이 이집트 원정을 간 사이 조로아스터교 승려로 알려진 가우마타(Gaumata)가 자신을 전에 처형된 캄비세스의 동생 바르디야(Bardiya)라 속이고 반란을 일으켜 불법으로 왕위를 가로챘다.[22] 캄비세스는 반란군을 진압하기 위해 급히 돌아오던 중 죽었으며, 나중 다리오 왕이 찬탈당한 그 왕권을 되찾기는 했으나 페르시아 제국에 큰 위기가 있었다.

어쩌면 왕위를 찬탈당한 경험이 있는 다리오 왕은 자기 아들 아하수에로에게 왕위를 승계해주면서 그와 같은 교육을 철저히 했을지도 모른다. 왕의 측근 인사들 가운데 세력을 규합하는 일을 방지하는 것은 매우 중요한 일이었다. 그와 같은 역사적 정황을 알고 있는 아하수에로 왕이 총리대신으로 세운 하만의 오만방자한 모습을 보며 괘씸한 마음을 가졌으리라고 짐작하는 것은 그다지 어렵지 않은 일이다.

3. 모르드개에게 내린 엄청난 포상 (에6:10,11)

우리는 당시 하만이 어떤 정치적 저의를 가졌는지는 확실히 알기 어렵다. 그렇지만 그에게 최고의 영예를 얻고자 하는 욕망이 있었던 것은 틀림없다. 그가 왕의 질문에 대하여 자기 생각을 말할 때까지는 그 존귀한 인물이 바로 자기일 것이란 착각을 하고 있었다. 즉 왕이 그에 대한 구체적인 후속 명령을 내리기 전에는 자기가 이제 곧 왕복과 왕관을 갖추고 왕의 말을 타고 성 중을 행진하게 될 것이란 기대에 부풀어 있었다.

하지만 그의 예측은 완전히 빗나가게 되었다. 왕은 그 자리에서 하만을 향해 그가 말한 대로 조금도 빠짐없이 유다 사람 모르드개에게 다 시행하라는 명령을 내렸다. 이제 왕은 하만이 죽이고자 했던 인물과 말

22) 고레스 왕의 뒤를 이은 캄비세스(BC 530-522)는 '아닥사스다'란 이름을 가지기도 했다. 이는 '대왕'이라는 의미를 지니고 있다. 따라서 나중 가우마타가 자신을 캄비세스의 동생 바르디야(=Smerdis, 스메르디스)라 주장하며 왕위를 찬탈했을 때 왕권을 적법하게 계승한 것처럼 내세우기 위해 아닥사스다란 이름을 사용했을 수도 있다.

살하고자 정책을 세웠던 민족이 모르드개와 유다인들이란 사실을 알게 되었음을 내비쳤다(에6:10).

이처럼 하만은 왕이 최고로 높이고자 한 인물이 자신이 아니라 철천지원수인 유다인 모르드개라는 사실을 알고 엄청난 충격에 휩싸였다. 그 뒤에는 자기에게 무서운 보복이 뒤따를 것이란 사실을 분명히 느끼게 되었다. 그러나 왕이 현장에서 직접 내리는 명령을 거역할 수는 없었다.

그러므로 하만은 왕명에 따라 모르드개를 불러 자기가 말한 대로 그에게 왕의 의상을 입히고 왕관을 씌웠다. 그리고는 왕이 타는 준수한 말 위에 그를 태워 수산 성 거리를 행진했다. 그는 또한 많은 백성을 향해 왕이 존귀케 하시기를 기뻐하는 자에게는 그와 같이 행할 것이라는 사실을 반포했다.

진행되는 모든 광경을 지켜보는 백성들 가운데는 모르드개가 무슨 대단한 일을 했길래 왕이 그토록 기뻐하는지 궁금했을 것이 분명하다. 아마도 많은 사람은 그가 왕을 모살하려는 궁중 반란자들을 신고하여 왕이 그 위태로운 상황을 모면할 수 있었음을 점차 알게 되었을 것이다. 그 사실을 알고 지켜보는 자들은 자기도 만일 그와 같은 음모를 미리 알게 된다면 왕에게 알려야겠다고 생각했을 것이다. 물론 장차 실제로 그런 일이 발생할 가능성은 거의 없지만 백성들의 심리적 상태는 그럴 수밖에 없었다.

4. 하만의 번뇌 (에6:12-14)

총리대신 하만이 추진했던 모든 계획은 일순간에 수포가 되어 버렸다. 원래는 자기에게 불경한 태도를 보이는 모르드개를 큰 나무 기둥에 달아 공개 처형할 생각이었다. 그렇지 않아도 왕명에 저항하고 자기를 멸시하는 행동으로 인해 페르시아 제국 전역에 있는 모든 유다 족속들을 살해하기 위한 왕의 조서가 내려간 상태였다. 그날이 이르기 전에 주모자 역할을 한 그를 공개 처형하려던 하만의 계획은 완전히 뒤틀려 버리게 되었다.

오히려 아하수에로 왕은 모르드개에게 최고의 명예를 허락했지만, 총리대신 하만은 극단적인 위기에 처하게 되었다. 수산 성읍에서 왕복과 왕관으로 단장하고 왕의 말을 탄 모르드개는 거리 행진을 마친 후 대궐 문으로 돌아왔다. 하지만 하만은 번뇌하며 머리를 감싸고 급히 집으로 돌아갔다. 그는 자기 아내 세레스와 모든 친구에게 그 실상을 전했다. 하만은 이제 어떻게 처신해야 할지 모르겠다며 실의에 빠지게 되었다.

하만으로부터 모든 말을 전해 들은 친구들 가운데 지혜로운 자들과 그의 아내 세레스가 그에게 말했다. 모르드개가 유다 족속에 속한 인물이라면 하만이 그 앞에서 굴욕을 당하기 시작했다는 것이다. 그 상황에서는 하만이 모르드개를 절대로 이길 수 없으며 그 앞에서 엎드러질 수밖에 없다고 말했다.

하만이 실의에 빠져 자기 집에서 그와 같은 대화를 나누고 있을 때 궁중 내시들이 총리대신 하만을 모시러 왔다. 그것은 왕후 에스더가 베푼 잔칫상에 참여할 시간이 되었기 때문이다. 그 일은 그 전날 이미 약속되어 있는 상태였다. 아무도 예측하지 못했던 그와 같은 모든 일이 삽시간에 진행된 배경에는 하나님의 놀라운 섭리가 작용하고 있었음이 분명하다.

제7장

왕후 에스더의 잔칫상과 하만의 처형

(에7:1-10)

1. 두 번째 잔칫상과 왕후를 위한 아하수에로 왕의 약속 (에7:1,2)

왕후 에스더가 두 번째 마련한 잔칫상을 받기 위해 아하수에로 왕과 총리대신 하만이 함께 나아갔다. 모르드개에게 큰 포상을 내리고자 하는 왕의 입장을 확인한 하만의 마음은 그 자리가 매우 불편하고 불안했을 것이 분명하다. 그렇지만 왕후의 초대를 받고 왕과 함께 앉아 먹고 마시는 잔칫상을 감히 물리칠 수는 없었다.

그날 잔칫상 앞에서 술잔을 기울이던 아하수에로 왕은 또다시 왕후의 소원이 무엇인지 물어보았다. 그가 원하는 것이라면 무엇이든지 다 허락하리라는 것이었다. 만일 왕후가 원한다면 자기가 통치하는 자기 나라의 절반이라도 떼어 주겠다고 했다. 그 말은 앞에서 이미 두 차례나 한 말이었다(에5:3,6).

왕이 왕후에게 그렇게 말했던 것은 저의 아름다움에 매료된 마음을 드러내 보여주고 있다. 그리고 왕후를 절대적으로 신뢰한다는 사실을 말해주고 있다. 당시 최고 권력자에게 빌붙어 아부하는 자들과 개인적인 야망을 채우기 위해 자기 앞에서 굽신거리는 자들이 많은 형편에서 진정으로 신뢰할 수 있는 사람이 있다는 것은 여간 다행한 일이 아니었다.

당시 잔칫상과 함께 아하수에로 왕 앞에 앉아 있던 두 사람 곧 왕후와 총리대신은 페르시아 제국에서 왕 다음으로 중요한 사람들이었다. 그런데 둘 중 왕후 에스더는 왕으로부터 절대적인 신뢰를 받고 있었다. 그에 반해 총리대신 하만은 정치적인 인물로서 가장 불신하는 대상이 되고 만다. 따라서 그 자리에는 묘한 정치적 기류가 흐르고 있었을 것이 틀림없다.

2. 에스더의 답변 (에7:3,4)

왕으로부터 무슨 소원이든지 다 들어주겠노라는 약속을 들은 왕후 에스더는 그에 대한 자기의 생각을 왕에게 아뢰었다. 왕은 나라의 절반이라도 나누어줄 만큼 아무리 크고 대단한 것이라 할지라도 숨기지 말고 요구해도 좋다고 언급한 상태였다. 그 정도로 말한 데는 무슨 요구든지 다 들어주리라는 왕의 마음이 드러나고 있다.

그러므로 왕후는 만일 자기가 왕 앞에서 은혜를 입어 선하게 인정받고 있다면 그 소원을 말하겠다고 했다. 그리고는 자기의 생명을 구해달라는 간곡한 요청을 했다. 이는 지금 자기가 죽음의 위기에 처해있으며 왕의 도움이 없다면 그 위기를 피할 수 없다는 의미를 지니고 있었다. 이는 누군가 자기를 죽이려 한다는 의미를 담고 있다.

왕후의 입술에서 나오는 그와 같은 말이 아하수에로 왕으로서는 전혀 예상하지 못한 내용이었다. 누가 감히 왕이 총애하는 왕후를 죽이려 한단 말인가! 그런데 왕후는 말을 이어가면서 자기뿐 아니라 자기 민족이 몰살당할 형편에 처해있음을 언급했다. 그러니 그 민족을 자기에게 속하게 하여 살려달라고 간청했다.

이는 왕후인 에스더 자신과 자기가 속한 민족 전체가 악한 자의 손에
넘어가 말살당할 처지에 놓여있다는 사실을 고하는 것이었다. 만일 그
백성이 살해를 당하는 것이 아니라 노예로 팔려 육체적으로 심한 고생
을 하게 되는 정도라면 침묵했을 것이며, 그런 말씀을 드림으로써 왕의
심려를 끼치지는 않았으리라고 했다. 이제 자기와 자기 민족이 생명을
잃고 말살당하게 된 상태에서 부득이 왕에게 소원을 말하게 되었다는
것이다.

그리고 왕후 에스더는 왕에게 그 소원을 고하는 것은 자기와 자기 민
족뿐 아니라 왕을 위해서라는 사실을 언급하고 있다. 만일 악한 자들이
제국 내의 한 민족을 말살시킨다면 그것은 결국 왕에게 큰 손해를 입히
는 것과 마찬가지라고 했다. 즉 왕에게 속한 한 민족을 말살시키는 것
은 왕에게 큰 손실을 입히는 것과 다름이 없으며 그런 일을 주도하여
시행하는 인물은 결국 왕에게 엄청난 손해를 끼치는 자라는 것이었다.

3. 아하수에로 왕의 분노 (에7:5)

왕후 에스더의 소청(訴請)과 더불어 모든 형편을 들은 아하수에로 왕
은 놀라지 않을 수 없었다. 왕후가 자기에게 그런 소원을 말하리라고는
상상도 하지 못했기 때문이다. 물론 왕은 자기가 약속한 대로 신뢰하는
왕후의 모든 소원을 들어주기로 작정했다.

그런데 왕은 왕후가 속한 유다 민족을 말살하려는 정책에 관하여 알
고는 크게 분노했다.[23] 왕은 그 전에 총리대신 하만의 보고를 받은 후

---

23) 구체적인 집단 반란행위나 죄명이 없는 상태에서 특정 민족을 말살하려는 획
   책은 범민족주의(汎民族主義)를 지향하는 페르시아 제국의 정책 기조가 아
   니었다. 처음 아하수에로 왕이 총리대신 하만의 보고를 듣고 그것을 수용했
   던 까닭은 일종의 종족 반란행위가 있었던 것으로 이해했기 때문이다(에3:8-
   11). 하지만 이제 아하수에로 왕은 하만으로부터 기만당했다고 판단하게 되
   었다.

자기 손가락에 끼고 있던 인장 반지를 빼주면서도 그에 대한 구체적인
상황을 이해하지 못하고 있었던 것일까? 분명한 점은 충분한 설명 없이
일정 부분 숨긴 상태에서 하만이 그에 연관된 내용을 왕에게 보고했다
는 사실이다.

아하수에로 왕이 그토록 크게 분노한 이유 가운데 하나는 자기가 기
만당한 상태에서 그와 같은 중대한 일이 진행되고 있었기 때문이다. 하
만이 처음 유다인들에 대한 민족 말살 정책을 펼치고자 했을 때 자기가
스스로 모든 것을 기획하고 결정한 상태에서 왕에게 보고했다. 즉 왕의
재가에 의해 그렇게 한 것이 아니라 자기가 먼저 결정한 후에 왕에게
보고했던 것이다(에3:6-8).

그리고 맨 처음 총리대신 하만으로부터 그에 관한 보고를 받았을 때
아하수에로 왕은 그가 언급한 민족이 페르시아 제국에 저항하는 소수
반란 세력이라 생각했다. 그렇지 않았다면 왕이 자기의 인장 반지를
빼주면서 전권을 위임하지는 않았을 것이다. 페르시아 제국 내에서 감
정적인 이유만으로 한 민족을 말살하는 것은 결코 용인될 수 없는 일이
었다.

그와 같은 행태는 오히려 폐쇄적 민족주의를 거부하고 경계하는 페
르시아 제국의 통합정책에 크게 반하는 것이었다. 당시 페르시아에서
는 다양한 민족들을 국가 안에서 하나로 통합하려고 노력하고 있었다.
그런 상황에서 왕이 충분히 인지하지 못하는 사이 한 민족을 말살하려
는 것은 절대로 있을 수 없는 일이었다.

왕후 에스더가 왕에게 바라는 소원과 왕후가 처한 현실적인 상황에
대한 설명을 듣게 된 왕은 아직도 그 모든 것이 총리대신 하만이 획책
한 정책이란 사실을 감지하지 못하고 있었다. 따라서 누가 과연 그와
같은 엄청난 일을 마음에 품고 계획을 세워 실행하려 하는지 반문했다.
그가 누구며 어디 살고 있는지 찾아내라는 호령을 내렸다. 이렇게 하여
하만이 주도하던 유다인들에 대한 학살 정책은 새로운 국면을 맞게 되

었다.

4. 하만을 지목한 왕후 에스더와 왕의 사형판결 (에7:6-8)

분노한 왕이 그와 같은 일을 획책한 자가 과연 누구인지 묻자 왕후 에스더는 바로 옆에 앉아 있는 총리대신 하만을 가리키며 그가 곧 주동 자라고 말했다. 왕후는 그 자리에서 하만을 왕의 뜻이나 명령을 준수하지 않는 악한 자로 칭했다. 그러자 상황을 간파한 하만은 왕과 왕후 앞에서 두려움에 떨지 않을 수 없었다.

왕후로부터 모든 말을 듣게 된 왕은 크게 격노하여 그 자리를 박차고 일어나 궁중 뒤뜰로 나갔다. 분을 삭이고자 하는 마음과 더불어 혼자서 생각을 정리해야 할 필요가 있었을 것이기 때문이다. 이미 왕인 자기의 이름으로 나라 전역에 흩어져 살아가는 유다인들을 학살하라는 조서가 내려진 사실을 알게 된 왕으로서는 어떻게든 그것을 번복하는 후속 조처를 해야 했다.

왕은 국정농단을 저지른 하만의 행동이 여간 괘씸한 일이 아니라고 판단했음이 분명하다. 총리대신이 자기에게는 실상을 감춘 채 형식적인 보고를 한 후 실제로는 자기의 인장 반지를 마음대로 남용하여 엄청난 음모를 꾸미고 있었다는 사실을 알게 되었기 때문이다. 그와 같은 상황이 벌어지는 사이 잔칫상 앞에 앉아 있으면서 안절부절못하던 하만은 자기에게 닥칠 일을 생각하며 당황스럽고 불안하지 않을 수 없었다.

아하수에로 왕이 그토록 크게 분노한 까닭은 하만이 말살하려는 그 대상이 유다 민족이었다는 점이다. 하만이 획책한 행위는 페르시아 제국의 정책 기조를 완전히 뒤엎는 것과 마찬가지였다. 특히 유다 민족을 말살하려는 것은 초대 고레스 대왕과 선왕(先王) 다리오 왕의 정책을 정면으로 거부하는 태도였다.

하만은 자기가 획책한 그 모든 일을 알게 된 왕이 격노하여 바깥으로 나가는 것을 보자 자기에게 곧 무서운 형벌이 내려지게 되리라는 사실을 알아차릴 수 있었다. 그가 자기를 살려두지 않을 것이란 느낌을 받을 수 있을 정도로 분위기가 험악했다. 그리하여 하만은 왕후 에스더를 향해 목숨만은 살려 달라고 애걸했다. 그것을 위해 왕에게 요청할 수 있는 사람은 왕후밖에 없었다. 왕이 왕후 에스더의 모든 소원을 들어준다고 했으니 그에게 요청하는 것만이 유일한 살길이 될 수 있었다.

그러므로 총리대신 하만은 자기의 생명을 부지하기 위해 왕후가 앉은 의자 위에 엎드려 살려달라고 애걸복걸했다. 이제는 최고 관직자인 총리대신의 지위나 체면 같은 것은 그에게 아무런 의미가 없었다. 바로 그때 궁중 뒤뜰로 나갔던 왕이 방 안으로 돌아오게 되었다.

맨 처음 그의 눈에 띈 것은 생명을 살려달라고 애걸하던 하만이 왕후의 의자에 엎드려 있는 광경이었다. 그것을 보고 더욱 심하게 분노한 왕은 하만을 향해 이제 궁중 안에서 자기가 가까이 있는데도 왕후를 겁탈하기까지 하려느냐며 크게 소리질렀다. 하만에게 강한 배신감을 느끼게 된 왕은 그의 모든 행동이 거슬리게 되었다.

그 주변에 대기하고 있던 신하들이 왕의 호통 소리를 듣고 즉시 방 안으로 들어와 하만의 얼굴을 수건으로 감쌌다. 격노한 아하수에로 왕은 바깥으로 나가 있을 때 이미 군졸들을 불러 그를 체포하도록 명령해 두고 있었을 것이 틀림없다. 따라서 왕의 호령이 떨어지자 곧장 몰려와 총리대신 하만을 체포하게 되었다. 그때 수건으로 그의 얼굴을 가린 것은 자기를 체포하는 자들이 누구인지 알아보지 못 하게 하려는 의도와 연관되어 있었다. 만일 그들을 알게 된다면 후일 저들에게 어떤 보복이 가해질지 모를 일이었기 때문이다.

5. 하만을 처형함 (에7:9,10)

아하수에로 왕은 자기를 배신하고 제멋대로 한 민족을 말살하려는

계책을 세우고 시도한 총리대신 하만을 사형에 처하기로 했다. 그는 왕
을 기만하는 배신행위를 저질렀을 뿐 아니라 오만한 감정으로 페르시
아 제국의 폐쇄적 민족주의를 경계하는 국가적 통합정책을 거스르는
범죄를 저질렀다. 더군다나 왕후가 속한 유다 민족을 말살하려고 했던
것은 왕후 역시 그에 포함되었다는 사실을 말해주고 있다.

총리대신 하만이 적대시했던 유다인들은 바벨론 제국을 정복한 페르
시아 제국 초기부터 특별한 관심의 대상이 되어 있었다. 그리하여 대제
국을 건립한 고레스 왕은 BC 538년 칙령을 내려 상당한 재정적 지원과
함께 유다인들에게는 본토로 돌아가도록 허용했다.[24] 그리고 다리오
왕 때인 BC 516년에는 페르시아 제국의 적극적인 지원을 받아 예루살
렘 성전을 건립하게 되었다. 따라서 페르시아 제국 내에서 유다 민족은
통치자들과 비교적 원만한 관계를 유지하고 있었다.

그런데도 총리대신 하만은 개인적인 감정으로 인해 그와 같은 독특
한 관계를 유지하고 있던 유다인들 전체를 말살하려고 했다. 즉 왕의
분명한 의사를 물어보거나 구체적인 보고조차 하지 않은 채 왕을 기만
하여 그 민족에 대한 말살 정책을 획책한 것은 결코 용납될 수 없는 일
이었다. 따라서 아하수에로 왕은 총리대신 하만의 모든 죄를 물어 사형
에 처하도록 했다.

당시 페르시아 제국에서는 정치적인 범죄를 저지른 자나 모든 백성
에게 강한 경고의 메시지를 주어야 할 필요성이 있을 때는 공개처형을
하는 것이 원칙이었다. 하만 역시 정치적인 범죄자로서 공개적인 처형
을 당해야 할 대상이 되었다. 그와 같은 상황에서 왕에게 시중을 드는
내시들 가운데 하르보나(Harbonah)라는 사람이 왕에게 그에 관련된 사

---

24) 당시 고레스 왕은 유다인들뿐 아니라 다른 여러 종족에게도 자기 땅으로 돌
아가도록 허락했다. 그 가운데서 결집력이 매우 강한 유다인들에 대해서는
특별한 대우를 했던 것이 분명하다. 물론 거기에는 하나님의 놀라운 섭리와
경륜이 작용하고 있었다.

실을 아뢰며 그 의중을 알아보고자 했다.

그 전에 아하수에로 왕을 살해하려고 한 자들의 음모가 드러난 적이 있었던 사실을 언급하며, 충성스러운 자세로 그들을 왕에게 고발했던 모르드개를 나무에 달아 죽이기 위해 하만이 세운 나무 기둥이 준비된 사실을 언급했다. 높이가 오십 규빗 즉 약 23m 정도 되는 높은 나무 기둥이 하만의 집 앞에 세워져 있다는 것이다. 이미 준비된 그 나무 기둥에 하만을 달아 죽이면 오가는 많은 백성이 그것을 보고 경각심을 가지게 되리라는 것이었다.

신하의 말을 들은 왕은 그렇게 하는 것이 좋으리라는 판단을 내리게 되었다. 그리하여 그 나무 기둥에 하만을 달아 사형에 처하라는 명령을 내렸다. 그리하여 모르드개를 달아 죽이기 위해 하만이 세운 그 나무 기둥 위에 하만 자신이 달려 죽었다. 그 모든 일을 처리하고 나서야 왕의 분노가 그치게 되었다.

이 모든 것은 외견상 일반적인 정치적 상황에 의해 진행된 것처럼 보일지라도 실상은 하나님의 놀라운 섭리로 말미암아 이루어진 일이었다. 사악한 인간들은 사악한 태도로 이스라엘 민족에 대한 말살 정책을 펼쳤을지라도 하나님께서는 그들을 죽음의 위기로부터 구출해내셨다. 우리는 이와 같은 일이 역사적 배경은 다를지라도 인간 역사 가운데 끊임없이 진행되고 있다는 사실을 기억해야만 한다.

제8장

아하수에로 왕과 총리대신 모르드개

(에8:1-17)

1. 총리대신에 오른 모르드개 (에8:1,2)

하만은 유다 백성들을 선동하고 자기에게 불손한 행동을 한 모르드
개를 응징하고자 했다. 이미 유다인들에 대한 말살 계략을 진행한 상태
에서 모르드개를 왕명을 거스린 자로 몰아 공개 처형하고자 자기 집 앞
에 큰 나무 기둥을 세워두고 있었다. 그것을 통해 자기의 서슬 퍼런 권
세를 만방에 선포하고자 했다.

하지만 당시의 상황은 하만이 원하는 대로 흘러간 것이 아니라 정반
대로 전개되어 갔다. 그는 결국 왕후 에스더가 초대한 두 번째 잔칫상
에서 큰 낭패를 보게 되었다. 그로 말미암아 모르드개를 공개적으로 처
형하기 위해 세운 그 나무 기둥에 자기가 공개 처형되는 수모를 겪어야
만 했기 때문이다.

그리하여 하만이 공개 처형된 후 아하수에로 왕은 그가 살던 공관(公
館)을 왕후 에스더에게 주었다. 이는 이제부터 에스더가 그 집에 살도록
한 것이 아니라 그에게 선물로 주어 자유롭게 활용할 수 있도록 한 것
으로 이해할 수 있다. 왕은 에스더가 사랑스러운 아내였을 뿐 아니라
불손한 하만의 실상을 드러내는 공훈을 세운 것으로 여기게 되었다. 그

로 말미암아 그 집을 에스더에게 포상 형식으로 주었다.

그리고 에스더는 그전에 하만이 죽이려 모함했던 모르드개와 자신의 인척 관계에 대하여 왕에게 고했다. 모르드개가 자신의 사촌 오라버니 이면서 어릴 적부터 후견인 역할을 한 사실을 밝혔다. 당시 모르드개는 이미 왕에게 생명의 은인으로서 특별한 신임을 받고 있었다. 따라서 왕이 모르드개를 자기 앞으로 불러들였다. 그에게 하만이 차지하고 있던 총리대신의 자리를 주어 제국의 제2인자로 임명하기 위해서였다.

그 자리에서 아하수에로 왕은 하만에게 주었다가 빼앗아 자기 손가락에 끼고 있던 인장 반지를 다시금 뺐다. 그리고는 그 반지를 모르드개에게 주었다. 이제 그가 페르시아 제국의 총리대신이 되어 왕을 보좌하며 전국을 다스리는 중요한 직책을 맡게 되었다.

이렇게 하여 하만과 모르드개의 입장은 완전히 뒤바뀌게 되었다. 또한 그로 인해 하만이 속한 아말렉 족속과 모르드개가 속한 유다 족속은 전혀 다른 형편에 처하게 되었다. 물론 페르시아 제국의 민족 통합정책으로 말미암아 겉으로는 드러나지 않았으나 유다 백성들에게는 매우 중요한 의미로 쓰이게 된 것이 분명하다.

모르드개가 제국의 총리대신으로 임명되자 왕후 에스더는 자기가 포상으로 받은 하만의 집을 모르드개가 주관하도록 맡겼다. 그 집은 여전히 공관으로 사용되었으며 그의 생활을 위한 거처가 되었을 뿐 아니라 개인적인 집무실 역할도 했을 것이다. 이렇게 하여 아하수에로 왕이 통치하던 페르시아 제국에는 정치적인 큰 변화가 일어나게 되었다.

2. 에스더의 간청과 아하수에로 왕의 응답

(1) 왕후 에스더의 간청(에8:3-6)

하만이 공개 처형되고 모르드개가 총리대신이 되었으나 여전히 처리해야 할 중요한 사항이 남아 있었다. 그것은 앞서 하만이 획책한 유다인 말살 정책을 새로운 총리대신인 모르드개를 통해 뒤집는 일이었다. 그것은 기본적으로 오직 최종 결재권자인 왕이 시행할 수 있는 일이었다. 이미 전국에 하달된 조서에는 왕의 인장이 찍혀 있었으므로 다른 어느 누구도 그것을 뒤바꿀 수 없었다.

그러므로 에스더는 아하수에로 왕 앞으로 나아가 그의 발아래 엎드려 울며 간청했다. 앞서 사악한 하만이 유다인들을 말살하려고 획책한 그 조서를 거두어 달라는 것이었다. 왕후 에스더는 하만의 그와 같이 무모한 행동이 왕과 페르시아 제국을 위한 것이 아니라 개인적인 야망을 드러낸 것에 지나지 않는다는 사실을 전달하고자 했다.

왕후의 간청을 들은 아하수에로 왕은 그 자리에서 금홀을 내밀어 정식으로 그에 대하여 호소할 수 있는 기회를 줬다. 그러자 에스더는 자리에서 일어나 왕의 앞에 섰다. 금홀을 내민 상태에서 에스더가 고하는 모든 말은 공적인 표현이 되어 옆에 있던 서기관은 그것을 궁중 일지에 기록하게 되어 있었다.

그리하여 에스더는 왕이 만일 자기의 말을 기꺼이 받아들이고 자기가 왕의 목전에서 은혜를 입었으면 거짓 없이 충성스럽게 하는 말을 들어 달라는 간청을 했다. 또한 자기가 하는 요청을 선하게 여겨 자기를 어여삐 보신다면 앞서 하만이 페르시아 제국의 모든 도에 전한 조서를 취소하는 조서를 내려달라고 했다. 에스더는 하만이 작성하여 아하수에로 왕의 직인이 찍혀 있는 조서가 예루살렘과 유다 지역에 하달된 사실을 잘 알고 있었다.

왕의 인장 반지로 인을 찍어 하만이 전국으로 내려보낸 그 조서에는 유다인을 말살하라는 내용이 담겨 있음을 말씀드렸다. 왕이 그것을 취소하는 조서를 다시 내려보내지 않으면 앞선 조서가 효력이 있어 모든 유다인들은 죽음을 피할 수 없다고 했다. 왕후 에스더는 자기가 속한 민족이 끔찍한 화를 당하는 것을 차마 볼 수 없으며 자기 친척이 멸망하는 것을 보기 힘들다고 했다. 그러니 왕이 전후 사실을 확인하여 앞선 조서를 취소하는 새로운 조서를 내려주시도록 간곡히 당부했다.

(2) 아하수에로 왕의 응답(에8:7,8)

왕후 에스더로부터 간곡한 요청을 들은 아하수에로 왕은 그 모든 말을 받아들여 그에 대한 긍정적인 판단을 했다. 이미 전국 각지에 내려보낸 조서를 번복하여 취소한다는 것은 왕의 권위와 체면에 연관된 문제로서 그리 간단한 일이 아니었다. 그로 말미암아 신하들 가운데는 일관성 없는 왕의 처신에 대하여 비판적 시각을 가질 수도 있었다.

그럼에도 불구하고 아하수에로 왕은 그 요청을 흔쾌히 수락하기에 이르렀다. 따라서 그에 관련된 모든 일을 신임 총리대신이 된 모르드개에게 전권을 위임했다. 그 자리에 함께 있던 에스더와 모르드개에게 모든 것을 원하는 대로 시행하라고 허락했다.

왕은 또한 유다 종족을 말살하고 모르드개를 공개 처형하려던 하만이 나무 기둥에 달려 죽은 사실을 다시 언급했다. 그리고 그가 살던 집을 에스더에게 준 사실을 말했다. 물론 그는 왕후 에스더가 그 집을 모르드개가 관저(官邸)로 사용하도록 내어준 사실을 알고 있었다. 왕이 다시금 그 점을 언급한 근저에는 신임 총리대신 모르드개에 대한 신뢰와 그에게 모든 권한이 주어진 것에 관한 확인의 의미가 깔려 있었다.

그러므로 모르드개에게 원하는 모든 일을 즉각 시행해도 된다고 말했다. 왕의 이름으로 유다인들을 위해 조서를 쓰고 왕의 인장 반지로 인을 치라는 것이었다. 그리고 그것을 곧바로 페르시아 제국 전역으로 보내라고 했다. 그 조서를 받게 될 대상에는 당연히 예루살렘과 유다 지역이 포함되어 있었다. 왕의 이름으로 인친 조서는 어느 누구도 마음대로 취소할 수 없었다.

앞서 하만이 왕을 기만한 채 작성하여 전국에 보낸 조서도 아무나 함부로 무효화시킬 수 없었다. 오직 왕이 전반적인 상황을 파악하여 다시금 왕의 인장이 찍힌 조서를 통해 그렇게 할 수 있었다. 따라서 이제 다시 작성하여 보내는 조서에 왕의 인장이 찍혀 있으므로 앞선 것은 폐기되고 새로 보낸 조서가 효력을 발생하게 되는 것이다.

3. 모르드개가 주관한 새로운 왕의 조서

(1) 페르시아 제국 전역에 전달된 새로운 조서(에8:9,10)

전임 총리대신 하만이 정월 십삼일에 왕의 서기관들을 모아 아하수에로 왕의 이름으로 작성한 조서를 페르시아 전역으로 보낸 후(에3:12) 그리 오래지 않아 그는 공개 처형당했다. 앞서 유다인들에 대한 말살을 결의한 후 두 달 열흘이 지난 시완월 곧 삼월 이십삼일에는 신임 총리대신이 된 모르드개가 정반대의 의도를 관철하기 위해 왕의 서기관들을 소집했다.

앞서 하만이 유다인들을 말살하라는 왕의 조서를 내려보낸 것에 대하여 총리대신 모르드개는 다시금 그것을 취소하라는 조서를 작성하도록 했다. 하만이 보낸 왕의 조서에 대한 무효를 선포한 그 조서에는 왕의 인장이 찍혔다. 그리고 총리대신은 인도에서부터 에디오피아까지 일백이십칠도에 흩어져 있는 유다인들과 대신들과 방백들과 관원들에게 전달하라는 명령을 내렸다. 당연히 예루살렘과 유다 지역에도 그 문서가 발송되어야 했다.

그 조서는 모든 민족이 각기 자기 언어로 읽을 수 있도록 다양한 문자로 기록되었다. 그 가운데는 이스라엘 자손이 사용하는 히브리어 문자로 작성된 문서가 있었을 것이 분명하다. 아하수에로 왕 명의로 기록한 조서에 왕의 인장 반지로 인이 쳐진 것은 제국 내에서는 절대적인 권위를 가지고 있는 명령문서였다. 그 조서가 왕궁에서 특별히 사육된

준마를 탄 역졸들에 의해 제국 내 전 지역에 전달되도록 했다.

(2) 조서의 내용(에8:11-14)

모르드개의 지시로 작성된 왕의 조서의 주된 내용은 장차 정해진 날이 이르면 유다인을 말살하라는 앞선 조서를 취소하고 새로운 명령을 내린다는 것이었다. 또한 유다인들로 하여금 함께 모여 스스로 생명을 보호하도록 하라고 했다. 그리고 유다인들은 각 도에서 세력을 가지고 저희를 치려고 한 자들과 자기의 처자식을 죽여 진멸하려고 한 그 대적자들의 재산을 탈취하도록 허락하라고 했다. 그 거사를 그전에 하만이 지정했던 아달월 곧 십이월 십삼일 하루 동안에 실행하라는 명을 내렸다.

이 조서에 포함된 내용은 앞에서 왕후 에스더가 아하수에로 왕에게 간청한 정도를 훨씬 넘어서고 있었다. 에스더가 간절히 원했던 것은 자기 동족인 유다인들의 목숨을 구하는 일이었다. 이는 그가 제국 내 다른 대적자들에게 대항하여 그들을 응징하여 칼의 승리를 거두는 것까지 원하지는 않았음을 말해주고 있다.

그럼에도 불구하고 아하수에로 왕은 왕후가 원하는 이상으로 허락했다. 즉 단순히 앞서 보낸 조서를 취소하는 정도가 아니라 도리어 유다인들로 하여금 그 대적들에게 적극적으로 원수를 갚도록 했기 때문이다. 원래는 하만이 유다인들을 말살하기 위해 정해진 바로 그날 유다인들로 하여금 대적자들에게 그렇게 하도록 허락했다. 이에 대해서는 특히 예루살렘과 유다 지역에서 일어나게 될 대대적인 문제가 크게 두드러질 수밖에 없었다.

총리대신 모르드개는 왕의 반지 인장이 찍힌 그 새 조서를 급히 각 지역으로 전달하라는 명령을 내렸다. 그리하여 왕궁에서 사육한 재빠른 준마를 타고 각 지역으로 출발했다. 그리고 그 조서는 수도인 수산 성에도 그대로 반포되었다. 그처럼 뒤바뀐 정책으로 말미암아 유다인들은 기뻐 감격하는 마음을 가졌으며 그들을 원수로 여기던 사람들은 불안에 떨게 되었다.

물론 왕의 조서는 유다 지역과 예루살렘에도 전달되었을 것이 틀림없다. 새로운 조서를 받아든 언약의 백성들은 안도의 숨을 내쉬었을 것이다. 그로 말미암아 예루살렘과 유다 지역에서 하나님을 섬기며 살아가던 유다인들은 페르시아 제국 내에서 가장 강력한 승리의 노래를 불렀을 것이다.

4. 페르시아 제국의 총리대신 모르드개의 권위 (에8:15-17)

비천한 자로 여겨졌던 유다인 모르드개는 아하수에로 왕 다음가는 최고 공직인 총리대신의 자리에 올라 중요한 국정을 담당하게 되었다. 원래 그 자리는 그의 원수인 하만이 차지하고 있었으나 이제 모르드개가 그 자리를 차지하게 된 것이다. 그것은 모르드개 개인에게 큰 영예가 되었을 뿐 아니라 당시 심각한 궁지에 빠져 있던 유다인들에게는 감격스러운 일이 아닐 수 없었다.

페르시아 제국의 총리대신이 된 모르드개는 아무나 착용할 수 없는 푸르고 흰 조복(朝服)을 입고 머리에는 아무나 쓸 수 없는 큰 권위를 상징하는 금 면류관을 썼다. 그리고 자색으로 된 고운 베로 지어진 겉옷을 몸에 두르고 궁궐을 출입하며 왕 앞으로 나아갔다. 그는 전임 총리대신 하만과는 달리 백성들을 위하여 좋은 정치를 행하는 자로 알려져 모든 사람이 그로 말미암아 기뻐하고 즐거워했다.

특히 유다인들에게는 더욱 그러했다. 그것은 단지 외적인 형편뿐 아니라 언약의 자손인 이스라엘 민족의 존속에 본질적으로 연관되어 있었기 때문이다. 따라서 예루살렘뿐 아니라 페르시아 제국 전역에 흩어져 살아가던 유다인들도 그 사실을 하나님으로부터 허락된 은혜로 알고 영광으로 여기며 벅찬 마음을 가지게 되었다.

페르시아 제국의 각 도와 각 성읍에서 왕의 조서를 통해 새로운 명령을 받게 된 유다인들은 즐거움과 감격스러운 마음을 가지지 않을 수 없었다. 그로 말미암아 큰 잔치를 베풀고 그날을 축제의 날로 삼았다. 이역시 예루살렘과 유다 지역을 중심으로 일어났을 것이 분명하다. 그 조서를 확인하는 순간 모든 유다인들은 학살과 죽음의 불안에서 해방되어 민족 보존과 함께 생명을 보장받을 수 있게 되었기 때문이다.

한편 페르시아에 살고 있던 본토의 이방인들은 상황이 완전히 달라졌다. 반유다주의를 지향한 적대자들은 유다인들을 학살하고 저들의 재산까지 취할 기회를 잃었을 뿐 아니라 도리어 그들로부터 심한 위협을 당할 지경에 놓이게 되었다. 그리하여 그들 가운데는 유다인들을 두려워하여 도리어 유다인으로 신분 전환을 하는 자들이 많이 있었다(에8:17).

이와 같은 상황은 구속사 가운데 매우 중요한 의미가 있다. 즉 그들이 단순히 유다인으로 귀화한 것에 그친 것이 아니라 하나님을 경외하는 언약의 백성이 되었기 때문이다. 그들이 그렇게 되었던 것은 그 가운데 유다인들이 믿는 여호와 하나님의 기적적인 역사를 깨달았던 것에 연관되어 있다.

그러므로 그들이 유다인이 된 것은 단순한 상황적 언어 표현만으로 그렇게 된 것은 아니었다. 그들은 유다인들이 소유한 하나님의 율법에 따라 할례를 받았을 것이 분명하다. 그래야만 그들이 진정한 유다인이 될 수 있었기 때문이다. 이를 통해 우리가 알 수 있는 사실은 복잡한 역사 가운데 하나님의 구체적인 구속 사역이 진행되어 가고 있다는 사실이다.

제9장

페르시아의 피바다 사건과 유다인들의 축제

(에9:1-32)

1. '아달월 곧 십이월 십삼일'의 사건 (에9:1-5)

그해 아달월 곧 십이월 십삼일은 끔찍한 피를 몰고 오는 사건이 계획된 날이었다. 원래는 전임 총리대신 하만이 페르시아 제국 전역에 조서를 내려 정해진 그날 하루 동안 전 유다인들을 말살하고자 했다. 주변의 백성들에게 그날은 유다인들을 살해하고 저들의 재산을 몰수해도 좋다는 '피의 날'을 허락했던 것이다.

그런데 아하수에로 왕을 기만했던 하만이 큰 나무 기둥에 매달려 공개처형을 당한 후 유다 민족에 속한 모르드개가 총리대신에 오르게 되었다. 그로 말미암아 그에 연관된 모든 상황은 급반전되었다. 그날이 이르게 되면 오히려 유다인들로 하여금 저들을 대적하는 원수들을 살해하도록 허락했기 때문이다. 처음 살해하도록 허락된 자들과 살해당하게 될 사람들이 완전히 뒤바뀌어 버렸다.

하지만 그 정해진 날은 여전히 유효했다. 그날이 가까워지자 도리어 유다인들이 페르시아 제국 전역의 각 도, 각 읍에 모여 저들을 해치고자 하는 원수들을 대적할 준비를 하였다. 우리가 기억해야 할 바는 당시 예루살렘과 유다 인근 지역이 대규모로 발생한 피바다의 중심이 되었다는 사실이다. 그로 말미암아 예루살렘 인근 지역에서 유다인들을 대적하던 이방 종족들이 도리어 그들을 크게 두려워하지 않을 수 없게 되었다.

그와 같은 형편에서 감히 분노한 유다인들의 행동을 멈추게 할 자는 아무도 없었다. 그것은 조서에 기록된 왕명에 따른 것으로서 적법한 행위였기 때문이다. 따라서 각 도에 근무하는 모든 관원과 대신들과 방백들은 총리대신 모르드개의 권위를 두려워하여 유다인들을 적극적으로 지원하게 되었다.

유다 사람들이 저들을 말살하고자 한 대적자들에 대한 원수를 갚을 수 있었던 것은 저들에게 그럴 만한 힘이 존재했기 때문이 아니었다. 그들의 뒤에는 막강한 세력을 가진 국가 공권력이 버티고 있었다. 그리고 강력한 힘을 가진 페르시아 군대가 그 뒤에서 지원하고 있었다.[25] 따라서 아무도 그들을 막아설 수 없었다.

그로 말미암아 유다인들은 세력을 규합하여 날카로운 칼로 저들의 모든 원수를 쳐죽이며 진멸했다. 그전부터 유다인들을 미워하고 괴롭히던 대적자들에 대하여 무자비한 학살을 자행했다. 그날 페르시아 전 지역은 붉은 피로 얼룩지게 되었다고 해도 과언이 아니다.[26] 살해를 당

---

25) 당시 페르시아 제국 전역의 군대와 관료들은 하만이 총리대신으로 있을 때 왕의 이름으로 내린 명령에 복종하려 했듯이, 이제 하만이 처형당한 후 새로운 총리대신이 된 모르드개가 왕의 조서를 통해 정반대의 명령을 내리자 그에 복종할 수밖에 없었다.

26) 이와 같은 일은 우리가 보기에도 잔인한 일이 아닐 수 없다. 하지만 그것은 장차 일어나게 될 일에 대한 그림자의 성격을 지니고 있다. 나중 예수 그리스도가 이땅에 오셔서 선포하는 심판과, 죽음을 이기고 부활 승천하신 예수님이 재림하시면 이루어지게 될 최종 심판에 대한 그림자의 성격을 지니게 되는 것이다.

하는 자들은 큰 고통에 빠진 데 반해 유다인들은 승리와 더불어 기고만 장하게 행동했다.

이로 말미암아 하나님의 언약의 백성들과 이방인들 사이에 더욱 큰 원수가 되게 했다. 그런 상황 가운데 유다인 모르드개의 권세는 점점 강력해져 갔다. 아하수에로 왕 다음의 높은 지위에 있는 총리대신을 무시할 자는 제국 내에 아무도 없었다. 유다인 모르드개에 관한 소문은 페르시아 제국 전 지역으로 퍼져나갔으며 그의 위엄은 하늘을 찌를 듯했다.

2. 그날, 제국의 수도 수산 성에서 일어난 사건 (에9:6-15)

유다인들이 원수들을 학살하는 사건은 수도인 수산 성읍에서도 자행되었다. 그들은 오백여 명의 대적자들을 죽였으며 전임 총리대신 하만의 아들 열 명을 살해했다. 하만의 자식들은 불과 얼마 전까지만 해도 최고위 공직자인 아버지로 인해 최상의 부와 명예를 누리며 살아갔었다. 하지만 상상도 못 했던 일이 저들의 아버지 하만뿐 아니라 저들 자신에게 발생하게 되었다.

나중 왕의 신하들은 그날 수산 성읍에서 살해된 사람들의 총수를 아하수에로 왕에게 보고했다. 왕은 그 사실을 보고받은 다음 왕후 에스더에게 알려주었다. 수산 성읍에서 하만의 자식들을 포함하여 오백여 명의 사람을 죽였으니 지방에 흩어진 다른 도에서는 얼마나 더 많은 사람을 죽였겠느냐는 것이었다. 그 말을 한 왕은 왕후를 향해 그 정도로 만족하겠느냐면서 또 다른 요구가 있다면 그대로 들어주겠노라고 했다.

왕의 말을 들은 에스더는 그 자리에서 왕에게 답변했다. 일반적으로 생각하면 그 정도로 되었으니 감사하다고 말해야 할 것 같은데 그렇지 않았다. 왕후는 오히려 만일 왕이 자신을 선하게 여기시거든 수산 성읍에서 그 남은 대적자들을 살해하기 위한 날을 하루 더 달라고 청원했다. 유다인들이 저들의 원수를 철저히 갚을 수 있도록 하루 더 연장해 달라는 것이었다.

그리고 하만의 열 아들의 시체를 나무 기둥에 높이 매달아 오가는 많은 사람이 그것을 보게 해달라고 했다. 이는 그렇게 함으로써 왕의 권위를 더욱 크게 높여 아무도 왕을 기만하거나 불손하게 행하지 못 하게 해야 한다는 의미가 내포되어 있었다. 또한 거기에는 유다인들을 멸시하고 살해하고자 했던 자들의 말로가 어떻게 되는지 만방에 알리고자 하는 에스더의 의도가 담겨 있었음이 분명하다.

우리는 여기서 원수들을 철저하게 보응하고자 하는 에스더의 강인한 모습을 보게 된다. 하나님의 백성을 멸시하는 사악한 자들을 완전히 뿌리 뽑고자 하는 왕후의 단호한 태도를 보여주고 있기 때문이다. 이는 단순히 오가는 사람들에게 정치적인 경고의 메시지를 줄 뿐 아니라 언약의 백성들에게 저항하는 자들을 끝까지 제거하고자 하는 의도가 그대로 드러나고 있다.

왕후의 요청을 들은 아하수에로 왕은 그가 원하는 대로 행하도록 다시금 수산 성읍에 특별한 조서를 내렸다. 그리하여 하만의 열 아들의 시체는 저들의 아버지 하만이 그랬던 것처럼 큰 나무 기둥에 매달리게 되었다. 또한 그다음 날인 아달월 십사일에도 수산 성에 거주하는 유다인들은 또다시 삼백 명의 원수들을 살해했다.

하지만 유다인들은 원수들의 재산에는 별 관심을 두지 않았다. 이는 그들의 목적이 원수들을 철저히 제거하는 일이었다는 사실을 말해주고 있다. 이렇게 하여 페르시아 제국의 수도인 수산 성에서도 유다인들의 보복 살해가 이루어짐으로써 페르시아 제국은 새로운 정치적 국면에 처하게 되었다. 즉 이방인들이 통치하는 세계적인 제국에서 유다인들의 위상이 특별한 지위를 차지하게 되었다.

3. 그날, 페르시아 전역에서 일어난 사건과 '십 사일'에 거행된 축제 (에9:16-19)

페르시아 제국 전역에는 유다인들이 원수들을 살해하는 사건으로 인해 여기저기 피바다를 이루었다. 당시에는 사람들이 울부짖는 슬픈 곡성과 또 다른 사람들이 외치는 승리의 소리가 뒤범벅되어 들렸을 것이 분명하다. 그야말로 아수라장(阿修羅場) 같은 형편이 전개되었다.

결국 하만으로 말미암아 궁지에 몰렸던 유다인들은 함께 모여 스스로 자신의 생명을 지키며 대적자들의 공격에서 벗어났다. 그 대신 저들을 미워하는 자들에게 원수를 갚아 칠만 오천 명을 도륙하게 되었다. 그들 가운데 대다수는 예루살렘 주변을 비롯한 유다와 주변 지역에 살던 이들이었을 것이 틀림없다.

하지만 유다인들은 저들의 재산을 강탈하지 않았다. 그들이 원했던 것은 오직 언약의 백성을 멸시하는 대적자들에게 원수를 갚는 일이었을 뿐 재물을 취하는 것을 목적으로 삼지 않았기 때문이다. 그들은 그렇게 함으로써 유다인들의 민족 정체성을 유지하는 발판을 마련하게 되었다.

그 모든 일은 아달월 십삼일에 일어났으며 수산 성을 제외한 페르시아 전역에서는 그 이튿날인 십사일이 되기 전에 살해 사건이 종료되었다. 유다인들은 십사일 바로 그날 승리의 큰 축제를 베풀어 즐거움을 누렸다. 또한 수산 성읍에 거하는 유다인들은 십삼일과 십사일 이틀 동안 대적자들을 살해하며 원수를 갚았다. 그리고 십오일에는 큰 축제를 벌여 하나님 앞에서 즐거워하며 기뻐했다.

그러므로 수산 성읍을 제외한 페르시아 제국의 여러 성읍과 고을고을에 거하는 자들은 아달월 십사일을 경축일로 정해 잔치를 베풀어 즐거워했다. 그리고 그날은 서로 예물을 주고받으며 기념하기도 했다. 이로 말미암아 유다인들은 기쁨의 축제를 벌였으나 살해를 당하여 많은 사람이 죽게 된 이방 종족들에게는 그날이 크게 애곡하는 슬픔의 날이 되었다. 그로 인해 유다인들과 그들로부터 응징을 당한 백성들 사이에는 되돌릴 수 없는 철천지원수가 되어버렸다.

4. 유다 족속에게 보낸 모르드개의 공문 (에9:20-28)

유다인들이 페르시아 제국 전역에서 원수를 갚은 일에 대해서는 총리대신 모르드개의 지시 아래 문헌에 기록으로 남겨지게 되었다. 그리고 모르드개는 제국 내에 거하는 모든 유다인들을 향해 특별한 서신을 보냈다. 그것은 그들이 행하고 겪은 사건을 교훈으로 삼아 언약의 백성들이 대대로 기억해야 한다는 사실을 말하기 위해서였다.

그러므로 서신 가운데는 유다인들이 그 사건을 기념하는 규례를 제정해야 한다는 요구가 포함되어 있었다. 우리가 여기서 각별히 눈여겨보아야 할 점은 그 규례가 언약의 백성 스스로 정한 규례가 아니었다는 점이다. 즉 그 규례는 페르시아 제국의 총리대신이자 유다 민족의 중요한 지도자 가운데 한 사람이었던 모르드개가 언약 가운데 이스라엘 민족을 향해 요구한 내용이었다.

그 규례에 담긴 주된 내용은 앞으로 해마다 아달월 곧 십이월 십사일과 십오일 양일을 특별한 절기로 지키라는 것이었다. 그날은 유다인들이 대적하는 자들에게서 벗어나 평화를 얻은 날로써 슬픔이 변하여 기쁨이 되고 애통함이 변하여 감사가 넘치는 날이 되었기 때문이다. 그 이틀 동안을 특별한 기념일로 삼아 축제를 즐기면서 서로간 예물을 주고받으라고 했다. 또한 그때 가난한 자들을 외면하지 말고 구제의 손길을 내밀도록 했다.

한편 승리의 행동을 완수한 유다인들은 스스로 기쁨의 축제를 벌였으며 총리대신 모르드개가 보낸 서신을 받은 후에도 그대로 행하게 되었다. 하지만 모르드개의 특별 서신을 받기 전의 축제는 일반적인 기쁨의 표현이었다면 그후부터는 점차 언약의 축일로 자리매김해 갔다. 그날은 원래 하만이 유다인들을 학살하기 위해 '부르' 곧 제비뽑아 선택한 날 뒤에 따라온 날들이었다. 하만은 그날 모든 유다인들을 말살하고자 했으나 왕후 에스더와 모르드개로 인해 그 상황이 완전히 뒤바뀌게 되었다.

아하수에로 왕이 왕후 에스더와 모르드개를 통해 자신을 기만한 하만이 획책한 악행을 알고 그를 나무 기둥에 매달아 공개 처형함으로써 큰 반전이 일어나게 된 것이다. 대대적인 살해가 일어난 그 날은 '부르' 곧 제비뽑아 정해진 날에 직접 연관되어 있었으므로 유다인들의 축일이 된 십사일과 십오일 양일을 '부림절'이라 부르게 되었다. 또한 당시 행해졌던 모든 일은 모르드개가 남긴 기록에 남아 있으며, 그의 특별한 서신을 통해 유다인들은 해마다 그 절기를 지키기로 작정했다.

유다인들은 그에 대한 뜻을 분명히 정하고 저들의 자손 및 그들과 함께하는 자들이 해마다 그 양일 동안을 기쁨과 감사의 기념일로 지키고 폐하지 않으리라는 작정을 했다. 즉 페르시아 전역에 흩어진 각 도의 성읍과 집집이 대대로 그 이틀을 부림절로 기념하여 지키되 앞으로도 유다인들 가운데서 폐하지 못하도록 했다. 그날을 언약의 자손들 가운데서 지속해서 기념하도록 했다.

5. 자손 대대로 부림절을 지키도록 요구한 에스더와 모르드개
(에9:29-32)

왕후 에스더와 총리대신 모르드개는 아하수에로 왕으로부터 유다인들에 연관된 모든 문제에 대하여 전권을 위임받았다. 따라서 그들은 유다인들을 향해 두 번째 편지를 쓰면서 부림절에 연관된 내용과 더불어 그날을 구속사와 연관지어 기념하여 지키도록 했다. 물론 유다인들을 위해 기록된 그 편지는 위로와 격려의 말이 담긴 진실하고 딱딱하지 않은 수수한 어조로 표현되었다.

그리하여 왕이 내리는 조서와는 다른 성격을 지닌 그 편지가 페르시아 제국의 일백이십칠도 전역에 흩어져 살아가는 유다인들에게 보내졌다. 그 가운데는 정해진 기간 곧 십이월 십사일과 십오일에 부림절을 기념하여 지키라는 요구가 들어 있었다. 그것은 총리대신 모르드개와 왕후 에스더가 명령한 사실과 더불어 유다인들이 금식하며 하나님께 간절히 부르짖은 것으로 인해 당시 유다인들과 그 자손들을 위하여 그렇게 지키도록 규정했다.

그 편지에 담긴 글은 단순한 권면이 아니라 분명한 명령의 성격을 지니고 있었다. 왕후 에스더의 명령은 부림절에 연관된 모든 일을 더욱 견고하게 했다. 그 모든 내용은 문서에 기록하여 다음 세대에까지 전달되도록 했다. 여기서 그 모든 내용을 기록한 책은 페르시아 제국의 공문서 기록과는 그 성격이 달랐으며 하나님으로부터 계시된 말씀도 아니었다. 그것은 이스라엘 자손들의 신앙을 돕기 위해 특별히 기술된 문서로 이해하는 것이 자연스럽다.

이렇게 하여 하나님의 섭리 가운데 제정된 부림절은 모든 이스라엘 민족이 지켜야 할 중요한 공식 절기가 되었다. 그 절기를 지키는 유다인들에게는 그날이 기쁨과 감사의 절기였으나 다른 이방 종족들에게는 슬픔의 날이었다. 페르시아 제국의 수도인 수산 성에서 시작된 그 사건은 나중 예루살렘을 중심으로 한 언약적 절기로 자리매김해 갔다. 따라서 모든 이스라엘 자손이 그날을 기념하여 지킴으로써 하나님께 속한 언약의 자손과 그렇지 않은 백성 사이의 골은 더욱 깊어져 가게 되었다.

제10장

페르시아 제국에서 이스라엘 백성의 지위

(에10:1-3)

1. 아하수에로 왕의 막강한 권력 (에10:1)

BC 486년 다리오 왕의 사망으로 인해 페르시아 제국의 왕권을 이어 받은 아하수에로 왕의 초기는 다소 어수선한 시기였다. 그리스를 상대로 한 앞선 몇 차례 전쟁에서와 마찬가지로 그는 BC 480년 살라미 (Salamis) 해전에서 크게 패배했다. 하지만 아하수에로는 곧바로 나라를 안정시키고 국력을 회복할 수 있었다.

그것은 BC 478년 무렵 에스더가 새로운 왕후가 되고 아하수에로 왕을 기만한 총리대신 하만이 처형당한 후 BC 473년쯤 모르드개가 총리 대신이 되었다. 그들이 중요한 자리에 앉은 후 왕은 더욱 강력한 세력을 펼칠 수 있었다. 이는 나라를 어지럽히는 국내의 불순한 세력을 정리한 그들의 역할이 컸다는 사실을 말해주고 있다.

그렇게 되어 아하수에로 왕은 페르시아 제국의 본토뿐 아니라 바다의 여러 섬으로부터 조공을 받게 되었다. 여기서 언급된 제국의 영토에는 지금의 인도 북부에서 아프리카 북부 지역과 더불어 본토 대륙과 지중해와 에게해에 흩어져 있는 여러 섬이 포함되어 있었다. 그 광대한 영역이 아하수에로 왕의 통치 아래 놓여있었다.

2. 유다 출신의 총리대신 모르드개 (에10:2)

아하수에로 왕이 통치하던 후기에 해당하는 시기에 총리대신으로 등용된 모르드개의 정치적 역량은 탁월했던 것으로 보인다. 그는 왕후 에스더의 사촌 오라비로서 정직하고 신실한 인물이었다. 그가 제국의 제2인자로서 왕의 뜻에 따라 정치력을 행사하는 동안 위대한 업적들을 많이 남기게 되었다.

모르드개가 총리대신이 된 후 맨 처음 펼친 정책이 민족 말살의 궁지에 몰린 유다 족속을 해방하는 일이었다. 당시 하만은 왕을 기만하고 자기가 속한 아말렉 족속이 중심이 되어 부당한 방법으로 유다인들을 말살하려고 시도했으나 곧 중단되었다. 하만이 공개처형을 당한 후에는 오히려 유다인들이 왕명을 등에 업고 자기 원수들에 대한 무차별적인 살해를 가하게 되었다.

아하수에로 왕이 재가하고 총리대신 모르드개와 왕후 에스더가 합세한 그 정책이 중요했던 이유는 폐쇄적 민족주의 문제를 해결한 것에 밀접하게 연관되어 있었다. 세력이 약한 유다 족속을 말살시키려고 했던 하만의 계책은 페르시아 제국의 민족 초월적 세계주의 정책에 정면으로 반하는 것이었다. 모르드개가 페르시아 제국 내에서 폐쇄적 민족주의와 연관된 그 잘못된 문제를 해결한 것은 전체적으로 보아 다양한 민족들의 화합을 도모하는 성격을 지니고 있었기 때문이다.

그후에도 모르드개는 왕을 보좌하는 총리대신으로서 맡은 바 모든 직무를 충실히 감당했다. 이는 아하수에로 왕이 왕후 에스더의 사촌 오라비인 그를 전적으로 신뢰했기 때문에 가능한 일이었다. 그가 페르시아 제국을 위해 이룩한 훌륭한 사적들은 메대와 페르시아의 왕조 실록에 그대로 기록되어 있다고 했다.

3. 유다인들을 위한 모르드개의 선정(善政)(에10:3)

모르드개는 유다인 출신으로서 하나님의 섭리 가운데 페르시아 제국의 총리대신으로 나라를 다스리는 일에 참여했다. 성경에는 언약의 자손으로서 세계적인 강력한 나라에서 그와 같이 높은 지위에 올랐던 사람들이 여러 명 있다. 그것은 전적인 하나님의 섭리와 경륜에 따라 진행된 일로서 궁극적으로는 이스라엘 민족을 위한 것이었다.

오래전 야곱의 자손들이 애굽 땅으로 내려가기 전 하나님께서는 요셉을 애굽 총리대신의 자리에 앉히셨다. 노예 출신인 그가 바로 왕 다음가는 최고 권력자가 되어 거대한 애굽을 다스렸다. 그로 말미암아 야곱과 그의 자손들 곧 요셉의 형제들이 가나안 땅에서 애굽으로 이주하게 되었다.

물론 거기에는 한 가족을 거대한 민족으로 키우고자 하는 하나님의 놀라운 뜻이 담겨 있었다. 즉 요셉이 애굽의 총리대신이 된 것은 궁극적으로 애굽 정부를 위한 것이 아니었다. 나아가 요셉이 세상 왕국에서 출세한 것을 보여주고자 한 것도 아니었다. 그것은 이스라엘 민족의 조상이 되는 야곱과 후대에 태어날 언약의 백성들을 위해서였다.

따라서 사백삼십년 동안 애굽 땅에서 나그네 생활을 하던 이스라엘 자손은 당시 최고위 관료였던 요셉으로 인해 이스라엘 민족의 혈통이 보존될 수 있었다. 당시 애굽의 일반 백성이 총리대신의 집안과 혼사를 맺는다는 것은 결코 쉬운 일이 아니었다. 또한 당시 야곱의 집안이 유목을 주업으로 하고 있었으므로 애굽사람들이 꺼린 점이 이방 혼인을 막는 역할을 하기도 했다.

그리고 다니엘은 페르시아 제국에 앞서 막강한 세력을 펼쳤던 바벨론 제국의 총리대신이 되었다. 그는 노예로 사로잡혀간 자였으나 느부갓네살 왕 다음가는 최고 지위에 올랐다. 그는 여호와 하나님을 진정으로 경외한 인물로서 이방 지역에 거주하면서 이스라엘 민족 가운데 중요한 신앙의 지표를 세운 믿음의 선지자였다.

이처럼 애굽 제국의 요셉과 바벨론 제국의 다니엘, 그리고 페르시아 제국의 모르드개는 각 시대를 대표하는 세계적인 제국의 총리를 지낸 인물들이다. 언약의 자손인 그들의 공통점은 노예 출신으로서 총리대신에 올랐다는 점이다. 그들은 또한 이스라엘 민족이 고통스러운 형편에 처했을 때 최고위직에 있으면서 신앙의 표상이 되었다.

우리는 그 사람들이 제각기 자기가 속한 나라에서 총리대신이 된 것은 궁극적으로 하나님께서 택하신 언약의 백성을 위한 것이란 사실을 결코 간과해서는 안 된다. 이방의 나그네로 살아가던 언약의 백성들이 자기의 동족인 인물이 총리대신의 자리에 앉음으로써 하나님의 섭리와 경륜을 바라볼 수 있었다. 그것을 통해 민족의 재건을 꿈꾸며 장차 오실 메시아를 소망하게 되었다.

페르시아의 아하수에로 왕이 제국을 통치하던 시기에 총리대신이 되었던 모르드개는 성실한 자세로 선정을 펼쳤다. 따라서 페르시아 제국의 모든 백성은 그에 대한 신뢰의 마음을 가졌다. 뿐만 아니라 보다 중요한 점은 여호와 하나님을 경외하는 언약의 자손들인 유다인들이 그를 특별히 존경하고 사랑했다는 사실이다.

물론 모르드개는 페르시아 제국의 총리대신이면서 자기가 속한 유다 족속을 잊지 않았다. 그는 자기 종족이 신앙을 유지하며 안전하게 살아가도록 하기 위한 최선의 노력을 기울였다. 따라서 그와 같은 종족인 유다인들은 당연히 그를 좋아하며 따를 수밖에 없었다. 이는 유다인들이 그의 정치적인 역량뿐 아니라 그의 신실한 신앙을 본받고자 하는 자세를 가지고 있었음을 말해주고 있다.

에스더서 10장 3절은 본서 전체의 맨 마지막 구절이다. 그런데 〈공동번역 성서〉에서는 3절에 예속된 내용으로서 그 뒤에 또 다른 열 개의

구절을 더하고 있다. 히브리어 맛소라 본문에는 3절까지 기록되어 있
으므로 거의 모든 번역본은 거기서 끝이 난다. 하지만 기독교와 로마가
톨릭교가 공동으로 번역한 〈공동번역 성서〉에서는 정경으로서의 권위
와 무관하게 그 뒤에 10장 3절의 부속된 구절로서 첨가된 내용을 덧붙
여 두고 있다.27)

4. 페르시아 지역의 '남은 자' 로서 중요한 구속사적 역할

우리는 에스더서에 나타나는 하나님의 경륜을 통해 많은 것을 생각
하며 소중한 교훈을 얻게 된다. 우선 하나님께서는 세속국가와 통치자
들을 통해서도 자신의 언약을 이루어가신다는 사실이다. 그것을 위해
자기 자녀를 세속국가의 권력자로 세우시기도 하며 저들의 군대마저
사용하시게 된다.

---

27) '공동번역 성서' 란 개신교와 로마가톨릭교가 공동으로 번역한 것이라 해서
붙인 이름이다. 에스더서 말미에 덧붙여진 내용은 헬라어 70인역(LXX)에 의
존한 것으로서 특별한 권위가 있는 것이 아니지만 참고로 소개한다: [(3_1) 모
르드개는 이렇게 말하였다. "이 모든 것은 하느님께서 하신 일이다. (3_2) 나
는 이러한 일들에 관하여 꿈을 꾸었는데 그 꿈 내용이 하나도 빠짐없이 실현
되었다. (3_3) 조그마한 샘물이 큰 강이 되었던 일과 빛이 비치던 일, 태양과
넘쳐흐르는 물, 이것들이 모두 실현되었다. 에스델이 바로 그 강인데, 에스델
은 그 왕과 결혼하여 왕후가 되었다. (3_4) 두 마리 용은 하만과 나다. (3_5) 이
교국 백성들은 서로 결탁하여 유다인들의 이름을 말살하려고 한 자들이다.
(3_6) 나의 백성은 이스라엘인데 하느님께 부르짖어 구원을 받은 사람들이
다. 과연 주님께서는 당신 백성을 구하셨고 모든 악으로부터 우리를 건져주
셨으며, 하느님께서는 일찍이 어떤 백성에게도 보여주지 않으셨던 놀라운 일
과 기적들을 행하셨다. (3_7) 하느님께서는 당신 백성들의 운명과 이방인들
의 운명을 따로 갈라놓으셨다. (3_8) 이 두 가지 운명은 하느님께서 정하신 그
날, 그 시간, 그 때에 모든 백성들에게 다 이루어졌다. (3_9) 그리하여 하느님
께서는 당신의 백성을 기억하시고 당신의 유산을 의롭게 지켜주셨다. (3_10)
하느님의 백성들에게는 아달월 십사일과 십오일은 하느님 앞에 모두 모여서
서로 기뻐하며 즐거워하는 날이며, 하느님의 백성인 이스라엘이 자손만대에
영원히 기념하는 날이 될 것이다."](공동번역 성서, 개정판, 1999).

하나님께서 에스더와 모르드개를 페르시아 제국의 왕후와 총리대신으로 세우신 것도 그와 연관되어 있다. 그들로 말미암아 유다인들은 특히 예루살렘과 유다 지역에서 민족 말살의 위기에서 벗어나 대적자들을 물리칠 수 있었으나 그들과는 더욱 철천지원수가 되었다. 그것은 되돌리기 어려운 지경에 이르게 될 수밖에 없었다.

우리가 기억해야 할 바는 유다인들을 말살하고자 획책했던 페르시아의 총리대신 하만의 칼끝과 화살 끝은 결국 예루살렘을 향하고 있었다는 사실이다. 따라서 그 사건은 사탄의 세력이 하나님의 구속사적 영역을 가만히 두지 않으려는 것에 연관되어 있다. 결국 하나님께서는 왕후에스더와 총리대신 모르드개를 통해 하만의 세력을 심판하시게 된다.

하만과 모르드개의 정치적 싸움 끝에 유다인들이 원수들을 짓밟고 승리를 거둔 후부터 히브리 달력으로 십이월 곧 아달월 십삼일을 기념하여 해마다 그때를 '부림절'로 지킨 것은 하나님께 속한 언약의 자손들과 대적자들 사이를 지속해서 확인하는 의미를 지니고 있었다. 따라서 부림절은 원수를 더욱 심하게 자극하는 날인 동시에 이스라엘 민족이 하나의 공동체라는 사실을 강화하는 날이기도 했다.

그로 말미암아 피의 복수가 있었던 그날을 기억하는 페르시아 제국의 많은 백성은 유다인들을 잔인한 자들로 인식하게 되었다. 일반적인 관점에서 볼 때 성품이 선량한 다수의 이방인들은 유다인들과 마음을 열고 교제하기를 꺼렸을 것이 분명하다. 그것을 통해 가나안 본토로 귀환하지 않고 페르시아에 남은 자들은 다른 종족과의 혼사를 멀리한 채 민족적 정체성을 유지할 수 있었다.

이는 이스라엘 민족의 구속사 가운데 매우 중요한 의미를 지니고 있다. 그것은 유다 본토로 돌아간 백성들의 역할 이외에 페르시아 지역에 남아 보존된 자들의 소중한 역할이 있었기 때문이다. 즉 에스더와 모르드개 시대에 시작된 부림절을 통해 남은 자들의 혈통 보존과 더불어 언약이 유지되었다.

우리는 부림절이 처음부터 유다 지역과 예루살렘에서도 지켜졌다는 사실을 기억할 필요가 있다. 그 절기는 약속의 땅 가나안에 정착한 유다인들에게 매우 중요한 언약적 절기로 자리매김하게 된다. 본토에 재건된 예루살렘 성전과 온 이스라엘 자손은 제사장들의 주도하에 언약적 절기로서 점차 부림절이 지켜지게 되었다.

아하수에로 왕은 BC 465년에 사망하고 왕후 에스더와 총리대신 모르드개의 역할이 끝난 다음 아닥사스다 왕이 통치하던 때 그 절기가 확고해졌을 것이다. 아닥사스다 왕 통치 시기였던 BC 458년 학사 겸 제사장이었던 에스라가 남은 유다 백성들 가운데 일부를 인도하여 가나안 본토로 귀환했다. 그리고 BC 444년에는 느헤미야의 인도로 상당수 이스라엘 자손이 가나안 땅으로 돌아가게 되었다. 페르시아 지역에 남아 있던 유다인들이 약속의 땅으로 돌아갔을 때 성전 절기로서 '부림절'을 지키는 일이 더욱 굳건해졌을 것이 분명하다.

또한 우리가 반드시 기억해야 할 바는 가나안 본토에서 하나님의 말씀을 맡은 서기관들과 대다수 민족 지도자들이 배도에 빠져 있을 때 페르시아에 남은 자들 가운데 말씀을 연구하던 서기관들은 신실한 자세를 유지했다는 사실이다. 그들은 기록된 성경을 연구하며 메시아가 강림할 때를 간절히 기다렸다. 그 믿음의 사람들은 과거 바벨론으로 포로가 되어 사로잡혀왔던 다니엘이 기록한 하나님의 예언에 더욱 깊은 관심을 기울였을 것이다.

그들은 다니엘이 예언한 '칠십 이레'(단9:24-27)를 염두에 두고 메시아 강림의 때를 적절하게 계산하며 손꼽아 기다렸을 것이 분명하다.[28] 그러므로 예수님께서 탄생하셨을 때 그들은 하나님의 계시와 인도하심에 따라 예루살렘과 베들레헴을 방문했다. 신약 성경에 동방박사로 일컬어지던 사람들은 페르시아 지역의 남은 자들로서 말씀을 연구하던

---

28) 이광호, 다니엘서, 서울: 교회와성경, (CNB516), 2011, 2020, pp.183-207.

서기관들로 이해하는 것이 자연스럽다(마2:1-11).[29] 즉 그들은 하늘의 별을 살피며 연구하는 점성술가나 천문학자가 아니라 성경을 묵상하고 그 의미를 밝히는 서기관들이었다.

하지만 당시 예루살렘을 중심으로 하여 권세를 누리며 살아가던 이스라엘 민족은 전반적으로 배도에 빠져 있었다. 예루살렘 성전을 중심으로 활동하던 제사장들이나 정치적 권력을 누리던 헤롯왕 주변의 인물들, 그리고 산헤드린 공회에 속해 종교적인 기득권을 누리던 자들은 메시아의 강림에 대하여 그다지 관심이 없었다. 그럴 때 하나님께서는 페르시아에 남은 신실한 자들에게 메시아의 강림을 계시하셨다.

이처럼 에스더서에 기록된 내용은 구속사적으로 매우 중요한 의미를 지니고 있다. 하나님께서는 그 이방 지역의 '남은 자들'을 위해 피 흘리는 끔찍한 보복 사건과 더불어 심한 고난과 동시에 승리를 약속하셨기 때문이다. 그 사건을 통해 부림절을 허락하시고 메시아 강림을 위한 구체적인 계획을 드러내 보여주셨다. 우리는 에스더서를 읽고 묵상하면서 구속사적인 관점에서 그 역사적 의미를 명확하게 이해해야 한다.

---

29) 이광호, 마태복음, 서울: 칼빈 아카데미, (CNB520), 2012, pp.43-56.

성구색인

에스라

366

느헤미야

에스더